稳定与增长

——原理、政策及其应用

张长春 著

商务印书馆

2017年·北京

图书在版编目(CIP)数据

稳定与增长:原理、政策及其应用/张长春著. —北京:商务印书馆,2011(2017.6 重印)
ISBN 978-7-100-07657-9

Ⅰ.①稳… Ⅱ.①张… Ⅲ.①宏观经济—研究—中国 Ⅳ.①F123.16

中国版本图书馆 CIP 数据核字(2011)第 018513 号

权利保留,侵权必究。

稳定与增长
——原理、政策及其应用

张长春　著

商　务　印　书　馆　出　版
(北京王府井大街36号　邮政编码100710)
商　务　印　书　馆　发　行
北　京　冠　中　印　刷　厂　印　刷
ISBN 978-7-100-07657-9

2011 年 6 月第 1 版　　　　开本 787×960　1/16
2017 年 6 月北京第 2 次印刷　印张 21½

定价:45.00 元

前　言

他山之石，可以攻玉。充分吸收人类社会进步的文明成果，结合我国实际，探索适合我国国情的经济理论与政策，是多年来经济学者、经济管理者努力探求的重要工作。

本书内容以宏观经济领域的短期稳定与长期增长为主，侧重于原理与政策。货币银行学、金融学、财政学领域与稳定或增长密切相关的内容，以附录形式列于正文后。

短期经济中的稳定与长期经济中的增长以经济总量为研究对象，而经济总量总是来自微观经济变量以某种方式的加总。本书在考察经济总量的短期和长期变动特征的同时，也用较大篇幅分析了经济总量指标的微观基础。

经济学派别林立，能够自成一派并延续至今，自有其哲学、道德、伦理等方面的支撑，有其严密的分析逻辑。如果按照新古典学派、凯恩斯学派、货币学派、理性预期学派、综合学派等类别划分的话，本书内容总体上属于新古典（或凯恩斯）综合。综合学派也是现代主流经济学派。

书中部分内容来自现有经济学文献，为方便读者进一步阅读，凡较多地参考了已有文献的地方，均在相应位置注有文献出处。西文参考文献以中文出现时，所列文献时间为中文版时间而非原始文献出版时间。

由于作者水平有限，书中错漏之处在所难免，请读者批评指正。

正文主要代码索引

Y——（总）产出、（总）收入或（总）支出

H——计划支出

A——技术

L——劳动，w——工资或工资率

K——资本，k——人均资本

n——人口增长率（作下标时表示时间序数）

d——折旧率

s——储蓄率（作上标时表示供给）

I——投资，i——人均投资

C——消费，c——人均消费

NX——净出口

G——政府支出

T——税收

W——财富

M^d/P——实际货币需求余额，M^s/P——实际货币供给余额

P——价格水平，P^*——国外价格水平，π——通货膨胀率

R——名义利率，R^*——外国利率，r——实际利率

E——名义汇率，e——实际汇率（作上标时表示预期）

IS——封闭经济中的产品市场曲线

LM——封闭经济中的货币市场曲线

DD——开放经济中的产品市场曲线

AA——开放经济中的资产市场(货币市场和外汇市场)曲线

CA——经常项目,XX——经常项目曲线

AS——总供给,AD——总需求

目　　录

前言
正文主要代码索引

第一篇　总产出、失业与通货膨胀

第1章　总产出 ………………………………………… 3
1 总产出及其构成 ……………………………………… 4
　　应用1　年度总产出：我国生产法核算数小于支出法核算数
　　　………………………………………………………… 7
　　应用2　全国与地区总产出：我国地区GDP汇总数远大于
　　　全国数 ………………………………………………… 8
2 消费 …………………………………………………… 10
　　应用3　老年人的正储蓄：中国的典型数据与生命周期假
　　　说的预测结论相反 …………………………………… 14
　　应用4　各种各样的"消费券" ………………………… 16
　　应用5　戒酒与戒烟中的基本心理法则 ……………… 19
3 投资 …………………………………………………… 22
　　应用6　一个药企"帝国"的终结：资本（存量）快速扩张的
　　　后果及其原因 ………………………………………… 27
　　应用7　频发的顽疾：不合理产能过剩（不合理重复建设）
　　　………………………………………………………… 29

应用 8　低利率会让你省不少钱 ·················· 33
　　应用 9　利息扣除、通货膨胀对住宅投资的刺激作用 ······ 34
　　应用 10　我国制造业产成品库存指数随经济波动而变动
　　　　　　·· 37

第 2 章　失业 ··· 44
　1　充分就业与自然失业率 ···························· 44
　2　实际工资刚性与结构性失业 ························ 47
　　应用 11　最低工资规定在争议声中出台 ·············· 52
　3　失业的代价与分配后果 ···························· 54

第 3 章　通货膨胀 ····································· 56
　1　通货膨胀的度量 ·································· 56
　　应用 12　我国生产价格指数 PPI 的先导性 ············ 58
　2　通货膨胀的代价 ·································· 60
　　应用 13　为何新兴市场和发展中国家有较高的通货膨胀率
　　　　　　·· 63

第二篇　利率与汇率

第 4 章　利率 ··· 69
　1　利率的计量 ······································ 70
　2　利率的决定 ······································ 74
　　应用 14　货币的流动性效应：货币供给增加、均衡利率下降
　　　　　　·· 80
　　应用 15　假如费雪在世，他会认同利率是由央行决定的吗
　　　　　　·· 83
　3　利率的风险与期限 ································ 84

应用16　中资银行持有的美国次级债因次贷危机面临违约风险 ·········· 85

　　应用17　不同利率同向变动并不意味着不同利率的联动关系固定不变 ·········· 91

第5章　汇率 ·········· 93
1. 汇率的计量 ·········· 93
2. 汇率的决定 ·········· 96
3. 货币供给变动对汇率的影响 ·········· 101
　　应用18　1986~1987年日元降息与日元升值并行 ·········· 104
4. 货币供给的永久性增加（通胀）对汇率的影响 ·········· 106
5. 短期价格刚性与汇率超调 ·········· 108
6. 长期价格弹性与长期汇率 ·········· 109

第三篇　长期中的增长

第6章　长期中的资本形成与增长 ·········· 121
1. 新古典增长理论中的投资 ·········· 121
2. 内生增长理论中的投资 ·········· 133
3. 促进增长的投资政策 ·········· 137
　　应用19　对高储蓄率和高投资率的担忧 ·········· 138

第四篇　短期中的总需求管理与总供需均衡

第7章　封闭经济中的总需求 ·········· 143
1. 描述产品和服务市场的产品市场曲线 ·········· 144
2. 描述货币市场的货币市场曲线 ·········· 146
3. 产品市场与货币市场均衡 ·········· 148

4　政策工具变动与 IS、LM 曲线的移动 ……………………………… 149
　　　　应用 20　总需求严重不足时,扩大财政赤字(增加政府
　　　　　　　　 支出)对利率有何影响 …………………………………… 150
　　　　应用 21　是减税还是增加政府支出 …………………………………… 152
　　　　应用 22　扩大政府支出、增加货币供给应对次贷危机引
　　　　　　　　 发的金融经济危机 ……………………………………… 154
　　　　应用 23　非传统的量化宽松:既不盯货币供应量也不盯
　　　　　　　　 利率 ……………………………………………………… 157
　　　　应用 24　为了避免流动性陷阱,我们就应当主张负利率吗
　　　　　　　　 ………………………………………………………………… 159
　　5　长期产品市场——货币市场模型 ……………………………………… 164
　　6　从 IS—LM 模型推导总需求曲线 ……………………………………… 165
　　　　应用 25　如果微观经济中存在吉芬效应,总需求曲线还
　　　　　　　　 会向右下方倾斜吗 ………………………………………… 167

第 8 章　开放经济中的总需求 ……………………………………………… 170
　　1　开放经济中的总需求 …………………………………………………… 170
　　2　货币政策和财政政策一次性变动的短期效应 ……………………… 177
　　3　货币政策和财政政策永久性变动的短期和长期效应 …………… 180
　　4　经常项目 ………………………………………………………………… 183
　　　　应用 26　本币升值,净出口额增加、净出口增速下降 …………… 185
　　　　应用 27　持续巨额经常项目盈余带来的烦恼 …………………… 189

第 9 章　总供给与总需求均衡 ……………………………………………… 193
　　1　总供给曲线 ……………………………………………………………… 193
　　2　总供需均衡 ……………………………………………………………… 198
　　3　总供给曲线的移动 ……………………………………………………… 200
　　4　总需求曲线的移动 ……………………………………………………… 201
　　5　从总供给曲线到菲利普斯曲线 ……………………………………… 202

6　通货膨胀与失业的短期取舍 ·············· 204
　　　　应用 28　寻找短期中通货膨胀与产出增长的平衡点：
　　　　　　　　2009 年上半年的货币政策 ·············· 205

第五篇　分歧与争议

第 10 章　稳定政策的有效性 ·············· 209
　　1　一般性分析：理由及主张 ·············· 209
　　2　具体分析：财政政策与货币政策 ·············· 211
　　　　应用 29　应对东南亚金融危机时扩大财政支出带来"挤
　　　　　　　　入效应" ·············· 212
　　3　理性预期：对非积极干预主义者的支持 ·············· 215
　　4　根本分歧：经济学之外 ·············· 215

第 11 章　是相机抉择还是政策规则 ·············· 217
　　1　相机抉择 ·············· 218
　　2　政策规则 ·············· 219
　　　　应用 30　年度考核中的"前后不一致性问题" ·············· 220

第 12 章　稳定政策在发展中国家与在发达国家相同吗 ·············· 223
　　1　政策目标差异及其对政策选择的影响 ·············· 224
　　2　体制、行为方式、结构与稳定性 ·············· 225
　　　　应用 31　泰国："裙带资本主义"和金融自由化导致金融
　　　　　　　　危机 ·············· 228
　　　　应用 32　韩国：政府主导经济、"裙带资本主义"和金融自
　　　　　　　　由化导致金融危机 ·············· 229
　　　　应用 33　日本：政府主导经济、"裙带资本主义"和金融自
　　　　　　　　由化导致金融危机 ·············· 231
　　　　应用 34　美国：全球性消费储蓄结构和金融自由化过程

　　　　　中监管不足导致次贷危机 ……………………… 232
　　3　政策工具效力与政策选择 ………………………… 233
　　　　应用35　对通过控制信贷规模、窗口指导抑制经济过热
　　　　　　　　的争论 ……………………………………… 235

第13章　经济领域的正义 ………………………………… 237
　　1　积极干预主义者与非积极干预主义者的正义观 …… 238
　　2　财政政策与货币政策中的正义 …………………… 239
　　3　财政支出的正义原则 ……………………………… 240
　　　　应用36　短期财政扩张政策关注弱势人群的生存状况
　　　　　　　　 ……………………………………………… 241

附录

附录1　第3章相关知识 …………………………………… 245
　　1　通货膨胀的成因 …………………………………… 245
　　2　通货膨胀与产出波动 ……………………………… 251
　　3　通货膨胀成本分析模型 …………………………… 254

附录2　第4章相关知识 …………………………………… 260
　　1　货币需求与货币供给 ……………………………… 260
　　2　我国及世界上部分经济体货币供应统计体系 …… 278

附录3　第6章相关知识 …………………………………… 281
　　　　知识积累与增长：基于产业创新的内生增长理论 … 281

附录4　第8章相关知识 …………………………………… 287
　　1　开放经济中的IS—LM模型对DD—AA模型的一般化 … 287
　　2　固定汇率与浮动汇率下的小型开放经济 ………… 291
　　3　汇率固定、汇率浮动与有管理的汇率浮动 ……… 299
　　4　储备货币发行国的特权地位及通货膨胀的输出 … 307

附录5　第9章相关知识 ……………………………………… 312
　　理性预期 ……………………………………………………… 312

附录6　第11章相关知识 ……………………………………… 320
　　经济人范式 …………………………………………………… 320

附录7　第13章相关知识 ……………………………………… 322
　　几种主要的正义观 …………………………………………… 322

主要参考文献 ………………………………………………… 329

第一篇　总产出、失业与通货膨胀

　　探讨产出、就业(失业)、通货膨胀等总量问题时,其内部结构的重要性相对较小,且市场中这些重要指标往往同时变动或密切相关,这构成了划分宏观经济与微观经济的客观基础,同时,也使宏观经济与微观经济之间存在着千丝万缕的联系。

　　宏观经济变量来自微观经济变量以某种方式的加总,真实世界只有一个经济。

　　宏观经济关注增长、产出、就业(失业)、通货膨胀。

第 1 章 总 产 出

经济活动的最终目的是向人们提供需要的产品和劳务。衡量一个国家（地区）的产品和服务即总产出最全面的指标是国内生产总值（Gross Domestic Product，简称 GDP），国内生产总值是指经济中所有人在一段时期（通常指一年或一个季度）内所生产的最终产品和服务①的市场价值的总和②。

GDP 代表了经济中所有人的总收入与用于经济中产品和劳务产出的总支出。对于整体经济而言，经济中所有人的总收入必定等于经济中用于产品和劳务产出的总支出；因为经济中的每次交易都有卖者和买者，

---

① 某个产品（或某项服务）是中间产品还是最终产品，不是根据该产品的物质属性，而是根据该产品是否进入最终使用者手中来确定。例如，根据产品的物质属性判断，面粉是中间产品，面包是最终产品。但根据产品是否进入最终使用者手中判断则可能完全不同，如果面粉为面包厂所购买，面粉是中间产品，而如果面粉为家庭主妇所购买，面粉就是最终产品；同理，如果面包由生产厂商出售给超市，面包属于中间产品，而如果面包由超市卖给消费者，面包就是最终产品。

② "经济中所有人"指一国地域范围内的所有人，美国人在中国办企业所生产的产品和服务，统计进中国的 GDP，而中国人在美国办企业所生产的产品和服务，则统计进美国的 GDP。总之，国内生产总值以地域核算，而不以国民核算。

GDP 不包括过去生产的产品和劳务，如出售二手房、二手车的价值就不统计进 GDP 之内。

不在市场上进行交易的产出通过估算统计进 GDP。如自住房，自己住自己的房子与租住别人的房子在享受到的服务上应该相似。考虑到房主享受到了住房服务，核算部门会按市场租金将这一部分服务统计进 GDP 中。这类似于房主自己给自己支付房租。

政府（警察、国防等）提供的服务也不通过市场交易，一般按成本估算后计入 GDP。

还有部分不在市场上进行交易的产品和服务没有统计进 GDP，家庭服务员、自己所做的家务劳动等就未统计进 GDP，地下经济也无法统计进 GDP。

一些实际上对福利没有丝毫好处的产出也进入了 GDP 的统计。如对环境造成破坏的生产活动，今后恢复正常的环境可能还需要投入比破坏时的产出多得多的资源，在统计中，这两次的产出都会计入 GDP，而实际上，这些产出对社会福利没有丝毫意义。可见，GDP 在衡量经济活动上还很不完善。

卖者的收入就是买者的支出。

1　总产出及其构成

GDP既可以从收入(卖者)也可以从支出(买者)角度衡量。从收入也就是从生产角度衡量，总产出以工资形式和利息、股息形式分别支付给劳动和资本；从生产角度衡量总产出，为研究增长与总供给提供了分析基础。从支出也就是从需求角度衡量，总产出用于消费、投资和净出口；从需求角度衡量总产出，为研究总需求提供了分析基础。

1.1　从生产角度考察总产出

从生产角度看，经济中劳动、资本等生产要素的投入转变为产出GDP。支付给劳动的工资、资本的利息等为要素报酬。从要素报酬考察总产出，经常会涉及国民生产总值(GNP)、国内生产净值(NDP)和国民生产净值(NNP)等概念。

国民生产总值(Gross National Product，简称GNP)。GDP加上从国外获得的属于本国生产要素的报酬(工资、利润、租金)，减去其他国家的生产要素在本国所取得的要素报酬，即为国民生产总值。

国内生产净值(Net Domestic Product，简称NDP)与国民生产净值(Net National Product，简称NNP)①。资本用于生产产品或提供服务时会有磨损即折旧，GDP减去折旧即为国内生产净值，GNP减去折旧即为国民生产净值。资本折旧是经济中产出的成本，GDP减去折旧后的NDP和NNP代表了经济活动的净结果。

国民收入(National Income，简称NI)。在支付要素报酬之前，需要

---

①　在主要发达国家，因来自国外的属于本国的要素报酬与支付到国外的属于外国的要素报酬相差不大，GDP与GNP的差距很小，约1%。GDP减去折旧后的NDP与GNP减去折旧后的NNP十分接近，故而用NDP与用NNP减去间接税后的国民收入也很接近。

从 NDP 或 NNP 中减去企业缴纳的间接税(如销售税),间接税是消费者为一种产品支付的价格与企业得到的价格之间的差额,它不属于收入。NDP 或 NNP 减去间接税后为国民收入。

个人收入(Personal Income,简称 PI)。个人收入是个人所获得的市场收入和转移支付收入之和。具体为:

个人收入 = 国民收入 − 公司利润 + 股息
− 社会保险税 + 政府对个人的转移支付
− 净利息 + 个人利息收入

其中:公司利润为公司税收、股息和留存收益之和。

净利息指企业付出的利息减去家庭部门得到的利息净额,再加上从国外得到的净利息。家庭部门因购买企业(公司)债券、银行存款得到利息收入,同时因借贷(如消费分期付款)向企业付出利息,得到的利息减去付出的利息的差额为家庭部门的净利息。净利息作为收入计入 GDP。

−净利息 + 个人利息收入为政府债券的利息,是家庭得到但不由企业支付的利息。政府债券利息不能计入 GDP,而只能作为转移支付。

个人可支配收入(Disposable Personal Income,简称 DI)。个人收入减去个人对政府的税收支付和其他非税收支付(如交通罚款),即为个人可支配收入。

1.2 从支出角度考察总产出

从支出(需求)角度,总产出可分为四个主要的支出项目:家庭的消费支出(C)、企业与家庭的投资(I)、政府支出①(G)和净出口(NX)。用 Y 代表总产出,则有如下国民收入衡等式:

$$Y = C + I + G + NX$$

---

① 在核算中会将政府支出中的产品和服务分别加入到消费、投资和净出口中,所以我们经常见到的支出法核算的 GDP 由消费、投资和净出口三项构成。

1.2.1 消费

家庭从他们的劳动和资本所有权中得到收入,向政府缴税后,决定把多少收入用于消费,多少用于储蓄。消费占 GDP 的比例在不同国家和一国不同时期相差很大。一般将消费支出分为耐用品(如汽车)、非耐用品(如食品)和服务(如医疗)。

1.2.2 投资

投资是指建筑物、设备、软件及库存等资本存量的增加部分。增加资本存量能够增加未来消费品的生产能力,所以,投资实质上是为增加未来消费所牺牲的当前消费。

从投资是增加经济的未来生产能力这一特点出发,投资就不仅指有形资本如建筑物、计算机等的增加,还应该包括无形资本如研发费用支出、人力资本投资(加教育、培训支出等)。但目前各国几乎均将个人教育、培训支出作为消费统计,将公共教育支出计入政府支出。

投资(或称总投资)扣除折旧(一年中已经消耗掉的资本额)为净投资。净投资等于总投资扣除折旧类似于人口增长数等于人口出生数减去人口死亡数。

存货被视为投资。这有些不合理或不严谨:你从超市购买的牛奶计入消费,而留在奶品企业库房准备送往超市出售的牛奶则属于企业库存,计入投资。

投资不包括金融投资。购买股票、基金、债券、期货、期权等金融产品也称为投资,但并不是国内生产总值中的投资,因为购买金融产品的支出并不是用于产品和服务的支出。为了区别,一般称国内生产总值中的投资为实际投资,购买金融产品的投资为金融投资。

1.2.3 政府支出

政府支出包括政府所购买的资本品(如计算机)、消费品(如用于赈灾的食品)、服务(如公共医疗)等。政府在这些产品和服务上的支出会分别加入到消费、投资、净出口中。

政府对个人的转移支付如社保并不是为了购买当前的产品与服务,

它不计入GDP。当个人得到政府的转移支付并用于消费或投资支出时，它计入GDP。如果将政府的转移支付计入GDP，就会重复计算。

1.2.4 净出口

净出口等于出口减进口。减掉进口的原因，是进口的产品与服务已统计进GDP的相关组成部分中。如进口某种食品由家庭购买会计入家庭消费中，由企业作为原材料购买则会计入企业投资中，进口的发电机组会计入企业的投资中。

应用1 年度总产出：我国生产法核算数小于支出法核算数

从理论上看，无论是从生产角度还是从支出角度衡量一个经济体的总产出GDP，结果应该相等，但因生产法与支出法在数据来源、核算方法等方面不同，两种方法核算的结果并不相等，这种情况在所有经济体的GDP核算中都存在。

从改革开放以来我国生产法（部分行业增加值用收入法计算）和支出法核算的GDP数值看，两种核算方法得出的GDP不等，且绝大多数年份中生产法核算的数值要小于支出法核算的数值。

1978～2008年31年平均[①]，生产法核算的GDP数值比支出法核算的GDP数值小2.23%，其中1981～1990年小2.64%，1991～2000年小3.00%，2001～2008年小1.50%。

分年度看，1978年、2000年和2001年三年生产法核算的GDP分别比支出法核算的GDP大1.09%、0.47%和0.62%。其余28年生产法核算的GDP都小于支出法核算的GDP，相差较大的年份出现在1984年(4.25%)、1993年(4.54%)、1994年(4.19%)、1996年(4.20%)和2006年(4.59%)。

出现这种情况的原因：一是地下经济不公开，生产法无法统计，支出法核算时可部分地反映在消费数据中。二是支出法计算GDP依据城乡

---

① 《2008中国统计年鉴》和《2009中国统计摘要》的数据。

人均消费支出推算,一些县(市)城乡调查队人员配备不足甚至没有配备,这些县(市)在计算城镇人均消费时常常会借用上一级(地级市)城调队的调查资料,这会夸大社会总消费。三是用收入法核算 GDP 时,需要用到城乡居民调查统计数据,这部分数据来源点多面广,相对生产法(收入法)而言,被人为操纵的可能性较大,在 GDP 增长纳入干部业绩考评的情况下,较易掺杂水分。

应用 2　全国与地区总产出:我国地区 GDP 汇总数远大于全国数

与其他经济体类似,我国用生产法与用支出法核算的总产出不等(见应用1)。与其他经济体不同,全国和 31 个省、自治区、直辖市运用同一种核算方法,31 个地区核算的地区总产出汇总数远大于全国数。

2000~2003 年,31 个地区核算的 GDP 数据汇总数比国家统计机构核算的 GDP 全国数,在增长速度上分别高出 1.7、2.0、2.6 和 2.8 个百分点(表1—1)。多年来的数据显示,31 个地区汇总的 GDP 增长率比全国数高出 2 个百分点左右,而省、自治区、直辖市内各地市汇总的增长率又高于省级数 2 个百分点左右,各县(县级市)汇总的增长率又高于地市数 1~2 个百分点。

表 1—1　2000~2003 年地区 GDP 汇总数与全国核算数

(绝对数为当年价、增速为可比价)

年　份	2000	2001	2002	2003
全国(亿元)	89 468	97 314	105 172	117 390
31 个地区汇总数(亿元)	97 209	106 766	117 515	135 539
汇总数高于全国数(%)	8.65	9.71	11.74	15.46
GDP 增速汇总数高于全国(百分点)	1.7	2.0	2.6	2.8

注:表中数据为按生产法核算的 GDP,至 2009 年 9 月,我国在用生产法核算 GDP 时,部分行业用收入法计算增加值。

资料来源:《2004 中国统计年鉴》。

出现GDP增速"下级高于上级"的主要原因,可能是GDP增长率是地方干部业绩考评中的一项指标,为了得到更好的考评业绩和好的公众口碑,部分地区在上报数据时往往"左顾右盼"——看其他同级地区的数据是多少,觉得自己地区数据较低时可能会虚报数据。

其他客观原因:一是部分地区与全国的统计方法不完全相同。如年销售收入500万元以下的非国有工业企业,许多地区仍用全面报表数据进行计算,而国家统计局对规模以下工业企业则用其所属企业调查总队的抽样调查资料进行计算。二是统计网络没有完全覆盖第三产业的各个行业,这给地区调整核算数提供了机会,部分地区常常会采取"总量不够三产凑"的办法虚报数据。三是统计制度不健全、统计人员少、部分统计人员专业素质有待提高,在人员、物资、资金跨地区流动快速增长的情况下,重复统计增加。

GDP及其他统计数据失真,使政府、企业、家庭、个人决策及政策评估失去客观依据,严重损害政府公信力。数据失真的严重程度及中央政府、全社会对数据失真的关注程度,可从两任总理给统计机构的题词中见到,朱镕基总理对统计机构曾有"不出假数"的题词,温家宝总理换了个角度,题有"真实可信"。

2009年3月25日,监察部、人力资源和社会保障部、国家统计局联合发布《统计违法违纪行为处分规定》([2009]第18号令,自2009年5月1日起施行),对政府统计机构、有关部门及其工作人员、领导人员数据造假、包庇纵容数据造假的行为,将给予记过或记大过、降级或者撤职、开除处分。2009年6月举行的十一届全国人大常委会第九次会议于6月27日通过了修订后的《统计法》,修订后的《统计法》规定,对存在统计数据造假行为的地方政府或有关部门、单位负责人将给予处分并予以通报。这些法律手段无疑会对统计数据造假行为起到一定的遏制作用。

国家统计局正在考虑借鉴国外经验,将GDP下算一级,即由国家统计局核算各省(自治区、直辖市)GDP,各省(自治区、直辖市)不再核算本级 GDP，而是核算其下一级（地市）的 GDP。

但是，加强统计执法、完善统计制度和提高统计人员素质，都只能部分地扼制数据造假行为，根本措施还是要消除导致数据造假的体制机制性因素。

2 消 费

亚当·斯密（Adam Smith）指出，消费是所有生产的唯一终点和目的。从长期看，消费率决定了储蓄率。储蓄率是决定资本存量的关键因素，它表明当代人为自己未来和后代留下了多少收入。从短期看，消费在总需求中占相当大比重，并且该比重变动较小。以下大致按理论发展的时间顺序，对消费理论进行比较分析。

2.1 凯恩斯猜测及遇到的难题

2.1.1 凯恩斯猜测

凯恩斯在 20 世纪 30 年代早期写作《通论》时，并无完整数据和有效计算工具来验证自己提出的观点，他凭借自己的观察和思考，对消费函数提出了以下三点猜测：

一是边际消费倾向（marginal propensity to consume）大于 0 且小于 1。他认为，"……当整个社会的实际收入增加或减少时，该社会的消费也会增加或减少，但后者的增加或减少不会像前者那样快"（凯恩斯，1999）。例如，当一个人的收入增加 1 元，他因收入增加而增加的消费会大于 0 元小于 1 元。这一猜测，是他主张通过财政政策扩张经济、减少失业的重要依据。

二是平均消费倾向（average propensity to consume），即消费与收入的比率随收入的增加而下降。他认为储蓄是一种奢侈品，高收入者的收入中用于储蓄的比例高于低收入者。

三是收入是决定消费的主要因素,利率对消费并无重要影响。而古典经济学家在这一问题上的观点是,高利率刺激储蓄、抑制消费。

上述三点猜测可用公式表达为:
$$C=a+b(Y-T)$$
其中:C 为消费,a 为大于零的常数,b 为边际消费倾向,$0<b<1$,Y 为收入,T 为税收。

凯恩斯的猜测提出后,经济学家们收集两次世界大战之间的数据,对他的猜测进行了检验,结论基本上与他的上述猜测相吻合。

2.1.2 猜测遇到的难题

但是,有两个异常现象让人们对凯恩斯猜测的适用范围产生了怀疑:

一个异常现象是,按照平均消费倾向随收入增加而下降的第二个猜测推断,收入不断增加后,家庭用于消费的比例会越来越小,低消费会引起对产品和服务的需求不足。战后政府需求停止,必定引发衰退;储蓄率会越来越高,根本不可能有足够的能赢利的项目来吸收越来越多的储蓄。总之,按照他的第二个猜测,除非政府动用财政政策刺激总需求,否则战后经济将陷入长期衰退和萧条。

另一个异常现象是,20 世纪 40 年代,西蒙·库兹涅茨(Simon Kuznets)对 1869 年以来(此间收入有较快增长)的数据进行了分析,当以 10 年为时间段考察时,每个时间段消费与收入的比率即平均消费倾向非常稳定。

凯恩斯猜测在解释长期时间序列时不适用,经济学家不得不寻求其他的解释。弗朗科·莫迪利阿尼(Franco Modigliani)和米尔顿·弗里德曼(Milton Friedman)于 20 世纪 50 年代以欧文·费雪提出的消费者行为理论[1]为基础,分别提出了生命周期假说(life-cycle hypothesis)和持久

---

① 欧文·费雪(Irving Fisher)认为,人们的消费量少于他们希望的消费量是因为他们面临预算约束,当人们决定现在消费多少与储蓄多少时,会面临时际预算约束(intertemporal budget constraint)。面临时际预算约束的消费者会从一生消费最大化出发,来决定当期与未来的消费水平。当消费者可以储蓄和借贷时,消费将取决于他们一生的资源。参见曼昆(2005)。

性收入假说(permanent-income hypothesis)。此后,理性预期①和心理学的引入,也对消费行为提出了新的解释。

2.2 生命周期假说与持久性收入假说

生命周期假说与持久性收入假说都使用了欧文·费雪的消费者行为理论中,消费不应该只取决于现期收入的观点,他们都认为消费更多地与"持久性收入"有关,消费者更喜欢长期平稳的长期消费流量。现在这两个理论在很大程度上已经融合在了一起,常常被称为生命周期—持久性收入假说(LC—PH)。

请注意,生命周期假说和持久性收入假说只是解释非耐用品和服务的消费,并不解释耐用品的消费。耐用品购置更多地是一种家庭的投资行为,因为耐用品支出并不像非耐用品和服务支出那样平稳,而且耐用品的购买对利率十分敏感。

2.2.1 消费与储蓄的生命周期假说

生命周期假说的假定是:绝大多数人会选择稳定的生活方式,即他们一般不会在一个时期大量储蓄,在另一个时期大量消费,他们会选择在各个时期保持相近的消费水平。

---

① 理性是经济学中的一个心理学假设,意思是人类行为完全合乎理性。"理性"并非"伦理",人类有合乎伦理也有不合乎伦理的行为。现实世界中的人们并不一定是完全理性的,但这并不妨碍经济学以"人类行为完全合乎理性"这一心理学的假设前提开展研究,经济学提出此假设仅是为了能够方便地研究各种经济行为,这与物理学中常常以"真空"或"无重力"环境为假设来研究航天器的运行轨迹相类似。

美国卡内基—梅隆大学的经济学家约翰·穆斯(John Muth)将预期归为以下四种类型:一是静态预期。静态预期假定经济行为主体完全按照过去已经发生过的情况来估计或判断未来的经济形势。二是外推性预期。外推性预期由美国经济学家梅茨勒(L. Metzler)于1951年提出。外推型预期不仅依据经济变量过去的水平,而且还建立在经济变量的变化方向上。三是适应性预期。适应性预期由美国经济学家卡甘(Phillip Cagan)于1956年提出。适应性预期是指假设投资者的预期适应于他们的实际经历,经济活动者根据自己过去在进行预期时所犯错误的程度来修正自己对未来前景的看法,以适应未来经济环境变化,因而它是一种反馈型预期。也就是说,它的产生和形成一般要经历一个"错误—学习"过程。上述三种预期有一个共同缺点,即人们只是凭过去的经验对未来做出判断,而把当前的一切可供利用的信息排除在预期形成机制之外,不符合理性人的行事准则。四是理性预期。对理性预期的详细分析参见第9章附录。

考察一个典型的消费者:他现在有财富 W,还会活 T 岁,他预期到退休还会工作 N 年,这期间每年会挣得收入 Y。他希望在以后的各年中保持相同的生活水平。假定相同的生活水平来自于相同的消费水平,并假定相同的消费水平来自相同的消费支出。这样,他以后每年的消费 C 为:

$$C = (W+NY)/T$$
$$= (1/T)W+(N/T)Y$$

所有人的总消费可表示为:

$$C = \alpha W + \beta Y$$

其中:α 为财富的边际消费倾向,β 为收入的边际消费倾向。

平均消费倾向 C/Y 为:

$$C/Y = \alpha(W/Y) + \beta$$

不难发现,在考察个人或短期数据时,平均消费倾向随收入提高而下降,因为短期中财富 W(存量)增长较慢而收入 Y(增量)增长较快。如考察年度数据时,因年度收入 Y 增长相对 W 增长较快而使 W/Y 下降。而考察长期数据时,W 与 Y 同时增长。如以 10 年为考察时间段,因年度收入 Y 增长的同时 W 也在增长,W/Y 的变化可能会较小。

生命周期理论还预测,人们想在一生中消费平稳,他们会在年轻时储蓄,退休后负储蓄即消费(图 1—1)。

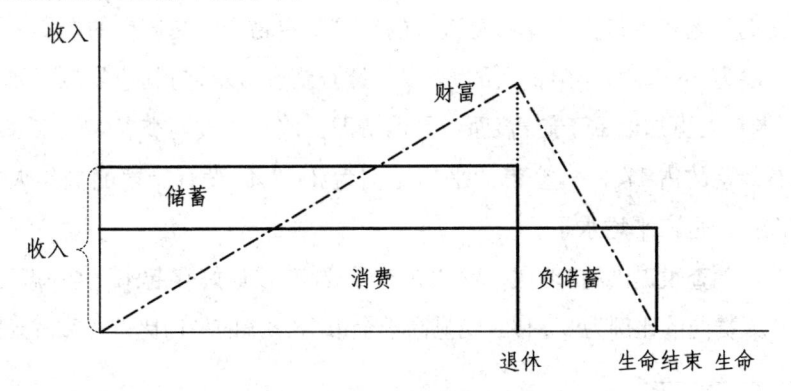

图 1—1　生命周期假说推导的一生中的收入、消费和财富分布

但实证研究结果显示，老年人并未出现生命周期假说所预测那样的负储蓄。对现实与假说的矛盾，一种解释是老年人会担心预料不到的开支，这种不确定性会使老年人额外储蓄或称预防性储蓄。这些预料不到的开支可能来自或者寿命比预期的长，或者来自生病所带来的医疗支出。

对这种解释也有不同意见：老年人可以对这些预料不到的开支购买保险，如从保险公司购买年金，购买政府的老年人保障计划，以及购买私人保险计划等。这样，老年人也不应该出现上述矛盾的现象。

另一种解释是老年人想给子女留下遗产。这一点，因文化背景差异，东方国家比西方国家表现得更为明显。

关于老年人消费和储蓄的研究表明，生命周期假说并不能完全解释消费者的行为，人们为了退休而储蓄，但同时也存在预防性的储蓄和遗产馈赠。

应用3　老年人的正储蓄：中国的典型数据与生命周期假说的预测结论相反[1]

一份数据是老年人与其他人群比较的面版数据。天津社会科学院舆情研究所于1999年9月29日至10月10日进行了"天津市区居民消费状况问卷调查"。调查样本中60岁以上的老年人占总样本的12.7%，这一比例与老年人口占天津市总人口的比例基本吻合。被调查的老年人平均年龄为66.8岁，年龄最大的85岁。调查结果显示，与其他年龄群体相比，老年人更加偏重于储蓄，而不是消费即负储蓄。被调查老年人家庭中没有储蓄的占17.9%，全市的平均比例为27.9%，没有储蓄的老年人的比例低于全市平均水平。

对调查表提供的"现在存钱比花钱重要，有钱最好存起来"这一态度，老年人赞同的比例为85.1%，明显高于全市78.8%的平均比例。52.2%的

---

[1] 李莹："天津市老年人消费状况和特征"，《新东方》，2000年5月；马庆："老年人生活收入与消费需求的变动分析"，《市场与人口分析》，2002年第3期。

老年人表示"不花现有的存款",而其他年龄组的这一比例均低于 50%。

调查也显示,老年人储蓄的主要目的是"养老"和"医疗保健"。

另一份数据是老年人储蓄倾向的时间序列数据。浙江省分别于 1997 年、2000 年针对老年人口进行过调查。1997~2000 年经济高速增长时期,受调查老年人人均月收入从 1997 年的 563 元提高到 2000 年的 941 元,增幅超过 67%。1997 年、2000 年老年人人均月消费支出分别为 427 元、674 元,相应地平均储蓄倾向分别为 24.3%、28.3%。

显然,随着收入的提高,老年人的平均消费倾向并未提高,而是将收入中更多的部分用于储蓄。也就是说,老年人随收入提高,储蓄倾向上升。

2.2.2 持久性收入假说

与生命周期假说相同的是,持久性收入假说也使用了欧文·费雪的消费者理论中消费不应该只取决于现期收入的观点。两个假说都认为消费更多地与"持久性收入"有关。

与生命周期假说认为消费者"会选择在各个时期保持相近的消费水平"不同的是,持久性收入假说认为人们的经历是随机的,且不同时间他们的收入会有暂时性的变动。

按照弗里德曼的说法(弗里德曼,2001),现期收入 Y 可看做两部分,一部分是持久性收入 Y^p,另一部分是暂时性收入 Y^t。其中持久性收入是收入中人们预期会持续到未来的那一部分,暂时性收入是收入中人们预期不能持续的那一部分。

$$Y = Y^p + Y^t$$

弗里德曼认为,消费与持久性收入成正比,即:

$$C = \alpha Y^p$$

按照上述假说,平均消费倾向即为持久性收入 Y^p 与现期收入 Y 的比值,即:

$$C/Y = \alpha Y^p / Y$$

显然,当现期收入暂时高于持久性收入时,平均消费倾向下降;反之上升。

消费 C 应当比收入 Y 更稳定,因为暂时性收入增加(减少)所能增加(减少)的消费支出将会分散到许多年中。

就家庭数据而言,因消费取决于持久性收入而不是暂时性收入,暂时性收入较高的家庭并不会有较高的消费,如果家庭数据平均,高收入家庭的平均消费倾向可能就会较低。

就时间序列数据的短期而言,因收入中逐年的波动来自暂时性收入的变动,高收入年份的平均消费倾向较低。就长期而言,收入(实质上是持久性收入)变动较小,消费变动也小,平均消费倾向几乎不变。

应用 4 各种各样的"消费券"

随着次贷危机引发的金融经济危机对国内经济影响的加深,市场需求疲软,企业库存增加,产出、就业快速下降。为了增加消费需求,2008 年第四季度到 2009 年上半年,地方政府发放了各种各样的消费券。如 2009 年 1 月,杭州市发放 1 亿元消费券,其后又发放 6 亿元消费券。

除了可用于购买大部分商品的一般消费券外,部分地区还发放只可用于特定领域消费的特殊消费券。如 2009 年 2 月 16 日,南京市政府以摇号方式向市民发放乡村旅游消费券。此后,天津、长沙、武汉、扬州、宁波、临安等城市都纷纷宣布各自的旅游券发放计划。

部分地区还将消费券的发放与改善弱势群体的生活结合起来。2008 年年底,成都向城乡低保对象、农村五保对象、城乡重点优抚对象发放每人价值 100 元、总额 3 791 万元的消费券。2008 年春节前,杭州市向特困户、退休市民、残疾人和在校中小学生约 67 万人发放有效期为 3 个月,可在杭州 400 多家商业网点、48 个杭州旅游景点及当地主要影剧院和体育场馆使用的消费券,成人每人 200 元,学生每人 100 元。

部分地区还在本地区外发放旅游消费券,以吸引外地游客到本地旅游,增加本地消费。如 2009 年 3 月 1 日,杭州在上海发放旅游消费券。

各地发放的旅游券一般都规定使用比例。如南京要求这一比例为

50%,即消费100元用券50元。杭州为25%。

对于通过发放消费券扩大消费,专家们有支持与反对两种截然相反的观点。支持者认为消费券的发放能扩大消费,有利于产出、就业增长。反对的意见主要集中在消费券的发放与使用中产生的歧视和扭曲上。如在消费券的消费领域、定点消费商家的选定上,就难免存在歧视和扭曲。个别地区消费券使用中出现了"黄牛",也直观地说明消费券给经济生活带来了某种扭曲。

我们无意评估消费券对扩大消费的作用有多大,以及可能对经济、社会公平造成的扭曲,仅是运用持久性收入假说分析消费券影响人们消费决策的机理。这一机理是,危机使人们预期未来收入(主要是持久性收入)会下降,理性的消费行为是减少消费,这会使整个社会的消费需求、总需求下降。要抑制消费需求下降或扩大消费,简单地增加人们的收入(暂时性收入)对扩大消费不会有明显效果,因为人们的消费决策主要依据持久性收入而不是暂时性收入。

在短期无法明显增加持久性收入的情况下,要想通过增加收入刺激消费,采用消费券这种"强制性"的消费措施,是一种选择。

2.3 随机行走假说与即时愉快的吸引力

2.3.1 持久性收入假说与理性预期的结合:随机行走假说

持久性收入假说强调消费取决于人们的收入预期。罗伯特·霍尔(Robert Hall)认为,如果持久性收入假说成立,且消费者有理性预期,消费随时间推移所发生的变动应该不可预测,消费变动具有随机行走(random walk)特征。霍尔的论证如下:

消费者选择各时期边际消费效用 $MU(C_t)$ 相等,可以也才能使其一生的效用最大化[①],即:

---

① 原因是,如果某一时期 t 的边际效用高于另一时期 t+1,他会将 t 期的边际效用转移到 t+1 时期,这样做会使他一生的总效用增加。

$$MU(C_{t+1}) = MU(C_t)$$

但实际上消费者无法实施这一准则,因为未来 t+1 期的真实边际效用 $MU(C_{t+1})$ 在 t 期无法确定,消费者只能让现在 t 期的边际效用与他对 t+1 期的预期边际效用(期望值)$E[MU(C_{t+1})]$ 相等,即:

$$E[MU(C_{t+1})] = MU(C_t)$$

简单地假定相同的消费支出具有相同的效用,要使边际效用相等,必须有:

$$E(C_{t+1}) = C_t$$

观察到的 t+1 期的实际消费等于预期消费加意外消费,即:

$$C_{t+1} = E(C_{t+1}) + \varepsilon$$

将 $E(C_{t+1}) = C_t$ 代入上式,有:

$$C_{t+1} = C_t + \varepsilon$$

这便是霍尔的随机变动模型。

模型表明,在任何时点上,消费者根据现在对一生收入的预期决策消费。他们改变自己的消费是因为他们得到了使他们修正其预期的信息,换句话说,仅当改变他们一生收入(持久性收入)的意外事件发生时,他们的消费才会出现突然改变。因意外事件无法预期,消费的变动也应该是无法预期的。

如果消费者遵循持久性收入假说并且存在理性预期,上述"仅当改变他们一生收入(持久性收入)的意外事件发生时,他们的消费才会出现突然改变"这一结论的政策含义是,只有未预期到的政策变动才会改变消费者的消费水平。政策制定者可以运用预期变动对消费的影响,出台意料之外的政策,影响消费者的消费水平。

这一结论还有另一层含义,就是如果消费者预期收入增加或减少多少,他们会增加或减少同样多的消费。但数据检验的结论是(曼昆,2005),当人们预期收入增加(减少)时,消费的增加(减少)不如预期收入增加(减少)的那样多。现实的情况是,消费与现期收入的联系(凯恩斯最初的消费函数)比生命周期和持久性收入假说所暗示的要紧密得多。

消费与现期收入联系紧密的原因，一是一些消费者并没有理性预期。二是一些消费者可能面临借贷制约。尽管他们预期到有较高的未来收入变动，但他们无法借贷增加如持久性收入假说所预计的那样多的消费。三是消费者可能面临流动性约束（与借贷制约相联系）。例如，有实证数据表明，当某项增加收入的政策（如增加福利的政策）发布时，消费者并不会立即改变其消费，只有当增加的收入确实支付到消费者手中时，消费才会改变。这种政策改变与消费变动的时滞说明，消费者缺乏调整支出的资产即面临流动性约束。也许还会存在其他情况，如他们并不相信这项政策，或是因种种原因并不知道这项政策。

总之，尽管生命周期假说、持久性收入假说和随机行走假说比凯恩斯猜测更能解释消费行为，但他们仍无法完全解释。

2.3.2 重回凯恩斯的"基本心理法则"：即时愉快的吸引力

凯恩斯将自己的消费函数（见本章 2.1.1）称为"基本心理法则"。以哈佛大学教授大卫·莱布森（David Laibson）为代表的经济学家重新将心理学引入消费研究，莱布森基于对公众的调查结果认为，消费者的偏好可能前后不一致，他们可能因时间流逝而改变决策，原因是，他们更倾向于即时行乐。这会导致他们不会按照生命周期假说和持久性收入假说那样为未来进行储蓄，而是为即时愉快所吸引。即时愉快的吸引力对美国等西方国家的低储蓄状况进行了部分解释。

应用5 戒酒与戒烟中的基本心理法则

你让一个有酒瘾的人选择他愿意今天喝二锅头或是今天不喝、明天喝茅台，他很可能会选择今天喝二锅头（宁可放弃明天喝茅台）。同时你再问他第 30 天喝二锅头或者第 30 天不喝、第 31 天喝茅台，他很可能会选择第 30 天不喝、第 31 天喝茅台。但到了第 30 天，你再让他选择今天（第 30 天）喝二锅头或者今天（第 30 天）不喝、明天（第 31 天）喝茅台时，他的选择很可能与前 30 天时的选择一样，即宁可今天（第 30 天）喝二锅头。

再比如，准备戒烟的人可能会打算这个星期每天抽一包，下个星期（第二个星期)每天抽半包,下下个星期(第三个星期)戒掉。但到下个星期(第二个星期)时,他很可能会改变想法,再次打算这个星期(第二个星期)抽一包,下个星期(第三个星期)抽半包,下下个星期(第四个星期)戒掉。

2.4 消费对实际利率变动的反映

实际利率上升对消费的影响表现为收入效应和替代效应。

按照解释消费者行为的主流理论即生命周期—持久性收入假说,消费者更喜欢长期平稳的消费,他们在工作期间储蓄、退休后负储蓄,这意味着,消费者是储蓄者而不是借贷者。实际利率上升会增加消费者财富(储蓄的收益增加)。无论财富的增加是发生在当期还是未来,消费者都倾向于把增加的财富分摊到当期和未来这两个时期的消费上,因为他们倾向于长期平稳的消费。可见,收入效应会使消费者增加他在当前和未来的消费。

实际利率上升提高储蓄收益,即消费者得到额外一单位的未来消费所必须放弃的当前消费减少了,这种替代效应会使消费者选择减少当前消费,在未来更多地消费。

实际利率上升对消费者选择的影响受收入效应和替代效应综合作用。从上面的分析中不难发现,实际利率上升的收入效应和替代效应都会增加未来的消费,所以,实际利率的上升肯定会增加未来消费。实际利率上升对当前消费的综合结果既可能是增加也可能是减少当前消费,换句话说,实际利率的上升既可能增加也可能减少储蓄,是增加当前消费、减少储蓄,还是减少当前消费、增加储蓄,取决于收入效应和替代效应的相对大小。

迄今为止,西方学者对实际利率变动对消费影响的实证研究表明,实际利率对储蓄(消费)的影响极小,而且难以观察到。

2.5 政府债券与巴罗—李嘉图等价

先观察以生命周期—持久性收入假说(LC—PH)为基础的两种情形:
一是假定政府通过增税的方式增加支出,增加的支出使每个家庭多缴100元税。此时因家庭收入少了100元,即家庭在生命周期或长期中的收入少了100元,他们会调整消费,减少生命周期中的支出100元。

二是假定政府税收不变,政府通过向公众发行债券的方式增加支出,发行的债券额(增加的支出)也是使每个家庭的收入少了100元钱,但每个家庭多了100元的政府债券。

在第二种情形下,家庭会意识到,在债券到期时,政府会通过增加税收来支付他们手中所持有债券的本息。拥有债券既没有增加也没有减少他们生命周期中的收入或持久性收入,从而他们不会改变消费决策。

第二种情形中政府债券不改变家庭消费决策的关键,是人们认识到他们持有的债券会被将来增加的纳税所抵消。也就是说,发行债券为政府债务融资只是推迟了税收,它与当前的税收等价,债务融资的减税①并不会影响消费、储蓄和资本积累,这便是巴罗—李嘉图等价或称李嘉图等价(Ricardian equivalence)。它由英国古典经济学家大卫·李嘉图(David Ricardo)②于1820年提出,罗伯特·巴罗③(Robert Barro)于1974年、1989年对它进行了重新解释。

大量的实证文献试图检验李嘉图等价,有支持的研究结论,也有更多否定的研究成果,经济学家们在此问题上至今并未取得共识(弗里德曼

---

① 相对第一种情形中的"增税"而言,第二种情形即为借债减税。

② 李嘉图在其1820年的《论融资体制》一书中,对一笔2 000万英镑战争费用的支付方式进行了分析,他指出,以年利率5%计,这2 000万军费开支可以一次性征税2 000万,或每年征收100万的永久性税收,或每年征税120万、征收45年,这三种方式完全等价。他举例说,一个人拥有2万英镑,并将财产和税负留给他的孩子,他一次性缴纳1 000英镑税收与永久性地每年缴纳50英镑税收完全等价。因为他留给孩子2万英镑加1 000英镑的税负与留给儿子没有税负的19 000英镑根本没有区别。

③ 巴罗对李嘉图的观点进行了重新论证,他认为,代际利他主义往往使许多人在自己去世时将遗产留给子女,子孙后代并不应该被看做独立的经济活动的参与者。决策单位并不是生命有限的个人,而是无限延续的家庭,政府借债减税尽管可增加个人一生中的收入,但并不增加家庭的总资源。所以个人不会将借债减税的额外收入消费掉,而是储蓄起来,以遗产形式留给将来承担税负的子女。参见:Robert Barro, Are Covernment Bonds Net Wealth? *Journal of Political Economy*, December 1974. The Ricardian Approach to Budget Deficits, *Journal of Economic Perspectives*, Spring 1989.

等,2002)。

如否定者有如下观点:巴罗在对家庭的分析中认为,决策单位并不是生命有限的个人,而是无限延续的家庭(见前一页脚注③)。但也许消费者预期子女比自己更富裕,或者其他原因,消费者选择子女受损失(即后代继承税负)、自己消费(少交税从而少减少消费)。现实中也能观察到这样的情形,并不是所有的人都会给子女留遗产,许多富翁选择向社会捐献大量财产而不是留给子女。如果消费者选择子女受损失、自己消费,政府发行债券而不是增税会在代际之间重新分配财富,这会改变消费。如果这样,发行债券为政府债务融资并不仅仅是推迟了税收,其对消费、储蓄和资本积累的影响也不会与当前的税收等价,李嘉图等价就不成立。

3 投 资

投资支出占总支出的比重各国差异很大。投资支出变动占经济周期中GDP变动的绝大部分,研究投资的重要目的是为了理解产出波动。投资支出一般分为企业固定投资、住宅投资和存货投资。

3.1 企业固定投资

分析企业投资的模型称为新古典投资模型(neoclassical model of investment)。这一模型以弹性价格为基础,分析企业拥有资本存量的收益与成本,以及投资(资本存量的增加或流量)与资本的边际产量、利率、税收等的关系。

3.1.1 投资决策:合意的资本存量与投资流量

追求最大化利润的企业投资不投资、投资多少,取决于资本存量的边际产出(marginal product of capital,MPK)与资本成本的比较。资本的边际产出大于资本成本,企业增加资本存量就有利可图。这种情况下,企业会通过投资(流量)不断增加资本存量,直至多增加一个单位的资本的产出等于使用这一单位资本的成本时为止。反之,企业则会通过降低存货、出售资本等办法减少资本存量。

增加单位资本的边际产出等于单位资本成本时的资本存量,为合意的资本存量。

3.1.1.1 边际产出

边际产出与生产函数相联系,用柯道函数①表示为:

$$MPK = \alpha A(L/K)^{1-\alpha}$$

其中:α 为大于 0 小于 1 的参数,A 为技术水平,L 为劳动,K 为资本。

公式中的各要素价格为实际价格。

3.1.1.2 单位资本的成本

投资所形成的固定资本往往具有不可分性,现实中极少有可以让企业多增加一个单位资本的情形。为了便于理解,可以将"增加一个单位的资本"理解为"租用一个单位的资本",如建筑企业从建筑租赁公司租用一台塔吊。

如果以租用资本的思考方式来理解单位资本的成本,生产企业租用单位资本的成本即为租赁企业出租单位资本的成本。租赁企业出租单位资本的成本包括三个方面:

一是它购买一个单位资本所借贷款的利息。以 P_k 代表一个单位资本的购买价格,R 为名义利率,则购买一个单位资本的贷款利息为 RP_k。

二是出租这一个单位资本期间资本价格的变动。价格上升,租赁企业资产价值增加 ΔP_k(正),企业有收益,如表示为成本,则为 $-\Delta P_k$(实际是因价格上升生产企业少支付给租赁企业的成本);价格下降,租赁企业有损失。

---

① 柯布—道格拉斯生产函数由美国数学家柯布(C. W. Cobb)和经济学家保罗·道格拉斯(Paul H. Douglas)共同探讨投入产出关系时创立,其基本形式为:$Y = \mu A K^\alpha L^\beta$。其中:Y 为产出,$\mu(\leqslant 1)$ 为随机干扰项,A 为综合技术水平,L 为劳动,K 为资本,α 和 β 分别为劳动、资本的产出弹性系数。当 $\alpha + \beta = 1$ 时,说明生产率不会随生产规模的扩大而提高。柯布—道格拉斯生产函数采用边际分析方法,是生产函数中应用比较广泛的一种。

三是出租期间的折旧。如果折旧率为 δ,则折旧为 δP_k。

这样,租赁企业出租单位资本的成本[①],即生产企业租用单位资本的成本或增加单位资本的成本为:

$$RP_k - \Delta P_k + \delta P_k = P_k(R - \Delta P_k/P_k + \delta)$$

假定单位资本的价格随通胀率 π 一起变化,则 $\Delta P_k/P_k$ 即为通胀率 π,$R-\pi$ 为实际利率 r。因下一个时期的 π 并不知道,π 实际上为预期通胀率,r 实质上是预期实际利率。

增加单位资本的成本为:

$$P_k(R - \Delta P_k/P_k + \delta) = P_k(R - \pi + \delta)$$
$$= P_k(r + \delta)$$

产品价格为 P,单位资本的相对成本(被称为实际成本)为:

$$P_k/P(r+\delta)$$

3.1.1.3 单位资本利润与投资激励

每单位资本的利润率为边际产出 MPK 减去单位资本的成本:

$$MPK - P_k/P(r+\delta)$$

如果单位资本的边际产出大于单位资本的成本,受利润激励,企业会增加自己的资本存量。资本存量增加的多少取决于每单位资本的利润率,即:

$$\Delta K = I_n[MPK - P_k/P(r+\delta)]$$

I_n 为受利润率 $MPK - P_k/P(r+\delta)$ 刺激的投资激励函数。

企业的(总)投资为净投资与折旧资本之和,用投资函数 I 表示:

$$I = I_n[MPK - P_k/P(r+\delta)] + \delta K$$

其中:I 为(总)投资,K 为资本存量。

不难看出,第一,投资取决于(预期)实际利率 r,r 越高,单位资本的利润率($MPK - P_k/P(r+\delta)$)越低,资本增加 ΔK、净投资、总投资、资本存

---

① 这里以经济利润等于零为前提,即租赁企业出租资本给生产企业时有财务利润但无经济利润,生产企业支付给租赁企业的租赁价格为所租借资本的要素报酬。

量就越少。

投资也受折旧影响,折旧率高会增加资本成本,从而减少单位资本的利润率,减少净投资。折旧率高同时会增加弥补折旧的重置投资。折旧率变化对投资的影响由这两个方面综合决定。

第二,提高资本边际产出 MPK(由生产函数决定)的事件如技术进步,会提高单位资本的利润率,从而刺激资本存量(投资)的增加。

第三,伴随资本存量的增加或减少,边际产出会减少或增加,最终达到资本边际产出等于资本成本时的均衡状态。

从投资函数表达式不难发现,在边际产出 MPK 等于资本成本 $P_k/P(r+\delta)$ 时的均衡状态,净投资 ΔK 为零,(总)投资 I 等于折旧 δK(重置投资)。此时的资本存量即为合意的资本存量。

3.1.2 税收与投资决策

公司所得税是针对公司财务利润课征的比例税,纳税会降低单位资本利润,这无疑会降低利润对投资的激励,抑制投资。

投资税扣除是将企业资本支出的一部分,从企业应缴税额中扣除,以此鼓励企业的资本支出。投资税扣除降低了单位资本的成本,提高了单位资本利润,刺激投资。

3.1.3 财政政策、货币政策、证券市场与投资决策

高税收、低政府支出会导致低的实际利率,这会降低单位资本的成本,提高单位资本利润,刺激投资;反之,抑制投资。

降低名义利率在预期通胀率不变情况下会降低预期实际利率,这会刺激投资;反之,抑制投资。

股票市场繁荣时,企业股价较高,股东通过出售较少股票即可为投资筹集到一定量的资金,这会刺激投资;反之,股东会不太愿意出售股票筹集投资资金。

3.1.4 托宾 q 理论

诺贝尔奖得主詹姆斯·托宾(James Tobin)认为,企业会依据已安装资本的市场价值与已安装资本的重置成本的比值(称为托宾 q),来进行

投资决策。

q大于1,表明股票市场对已安装资本的估值大于其重置成本,企业愿意进行较多的净投资,增加较多的新的实物资本,因为企业出售股票资产q来增加新的实物资本,能够赚取q-1的利润[①]。q小于1,表明股票市场对已安装资本的估值小于其重置成本,此时,即使资本损耗,企业也不会重置投资。托宾q的简单表述是,"高的q意味着高投资"。

托宾q与前述"新古典投资模型"有着密切的关联:如果单位资本的产出即边际产出高于单位资本的成本,企业就能从增加资本中赚得利润,这会使企业愿意增加资本(投资),赚得利润也会提高企业股票的市场价格,q值就会高。

3.1.5 资本存量的调整速度

受资本利润的刺激,企业随时准备填补合意资本存量与实际资本存量之间的差额。假定上期资本存量为K_{-1},合意资本存量为K^*,企业通过投资在上期资本存量上增加Φ比例的差额(K^*-K_{-1}),则企业的投资I为:

$$I=\Phi(K^*-K_{-1})$$

K^*固定,如果增加的比例Φ保持不变,下一个时期的资本存量增加为:

$$K_{-1}+\Phi(K^*-K_{-1})$$

到再下一个时期的投资为:

$$I=\Phi(K^*-K_{-1}-\Phi(K^*-K_{-1}))$$
$$=\Phi(1-\Phi)(K^*-K_{-1})$$

因为Φ大于0小于1,越往后,I会越小。

一般而言,实际资本存量与合意资本存量差距(K^*-K_{-1})越大,企业投资增速就越快。

[①] q为已安装资本的市场价值与已安装资本的重置成本的比值,出售一个单位已安装资本的收入为q,重置一个单位的已安装资本的利润即为q-1。

3.1.6 筹资制约对投资流量的影响

前面介绍的新古典投资模型假设,企业只要愿意支付资本成本,它就可以从金融市场得到所需资金。但现实情况并非完全如此,采取从银行贷款、在股票市场出售股份、发行债券等方式筹资,企业可能筹集不到资金,或筹集不到它所希望数量的资金。此时,企业实际的新增投资就会少于它的意愿投资。

对资本市场发育水平较低,更多地依赖信贷市场的国家的企业而言,信用配给会使企业特别是那些还没有建立起信誉的中小企业得不到投资资金。这些企业的外源融资受限,只能转向内源融资。这些企业的投资决策不仅会受到融资成本(利率)的影响,还会受到企业资产负债表状况(如留存收益、利润等)的影响,整体经济向合意资本存量调整的速度就会放慢。

应用6 一个药企"帝国"的终结:资本(存量)快速扩张的后果及其原因

按照新古典投资模型,增加单位资本的边际产出等于单位资本成本时的资本存量,为市场中追求利润最大化企业的合意的资本存量,同时,税收、财政、货币政策及资本市场、信贷配给等,也会对企业的投资决策产生影响。以下的案例说明了企业不顾效益和风险地扩张资本存量,最终会陷入困境。

1991年12月,南方某地以一家知名国有医药企业[1]为核心的企业集团成立,集团有固定资产16亿元、利润8 000万元,当时企业集团产品市场竞争力强、经济效益好。

1992年开始,集团开始向医药、汽车、食品、酒业、饭店、农业、房产等

---

[1] 企业由盛转衰无论对当时企业内的员工、企业管理者和管理部门而言,都不是一个令人愉快的经历,我们隐去了企业名称。关注过20世纪90年代我国国企改革的读者,肯定会知道这是哪家企业。我们以当初国人几乎都知晓的这家企业为例子,仅是希望运用前述新古典投资决策模型来具体分析,企业远离合意的资本存量,很可能会带来不好的后果。

领域扩张。在国家鼓励国有企业兼并重组政策的刺激下，1997～1998年，企业加快了在全国攻城略地、扩张规模的速度，高峰时有近百家企业作为集团的收购对象或已经实现并购。

2004年上半年，集团有遍及全国的下属公司400多家，总资产约200亿元，同时，收购企业和新投资项目所借贷款，以及为下属企业贷款担保余额，共计200亿元左右，已近资不抵债。不断的银行诉讼使集团面临破产，为了避免破产清算可能带来的社会振动，最高法院不得不动用司法保护。

导致集团陷入困境的原因很多，从固定资本角度看，集团在全国各地快速兼并或新建企业，表现为固定资本存量的不断快速增加（庞大的银行贷款中有相当部分用于企业增加固定资本，具体数字因集团对遍及全国的下属企业实施五级管理且管理混乱，连集团董事长也无法弄清），集团固定资本不断远离合意的资本存量，单位资本的边际产出、总资本产出不断下降，还贷能力逐渐减弱，最终资不抵债。

集团不顾合意的资本存量水平而不断增加资本存量的根本原因，是当时国有企业和国有银行的体制机制问题。例如，在当时的国企产权约束机制下，企业管理者要取得与自身付出相称的回报，在上项目、兼并的相关环节谋取利益，就是国企管理者的一个比较普遍的做法。

从银行角度看，体制因素也是企业能够获取银行贷款，进行资本扩张的重要原因。2001年前，各银行争夺贷款市场，对看好的国有大企业疯狂授信。在该集团公司挪用其上市子公司资金曝光后，银行仍未停止对该集团贷款。难怪该集团董事长在管理机构责问为何会出现如此大规模的贷款时说，"你们（银行）都给我钱，使我头脑发热，我盲目上项目"。

当时的财政政策、货币政策客观上也刺激了该集团资本存量的扩张。1994年6月，国务院在18个城市试点国有企业并购国有企业的优惠政策（如被兼并国企欠国有银行贷款本金可停息挂账2～3年，还款期可延长至5年等），1996年扩大到58个城市，1997年扩大到111个城市。正是在这一优惠政策的实施时期，该企业进行了不计后果的资本扩张。

歧视性的信贷配给同样是企业盲目扩张资本的推动力。当时的银行均为国有银行，国有银行的信贷资金往往更愿意向国有企业发放贷款，因为即使形成呆坏账，银行也会以解决国企职工就业、维护社会稳定为由推脱责任，多数情况下管理部门也不会深究。而一旦向非国有企业发放贷款形成呆坏账，贷款的具体承办人、相关管理者都会承担诸如收受贿赂等牟取不正当利益的压力。

应用7　频发的顽疾：不合理产能过剩（不合理重复建设）

就一个企业而言，资本存量的快速扩张可能会使其逐渐远离合意的资本存量水平，导致增加单位资本的边际产出不断小于单位资本成本，财务效益逐渐下降，甚至走向破产。当一个行业内的部分或多数企业都如此扩张资本存量时，从生产能力角度看，行业就会出现不合理产能过剩，而从流量角度看就是不合理重复建设[①]。

但一定程度的产能过剩是竞争性市场的基本特征，请看下面两个典型的例子：

典型例子一：牛奶倒进大海。穷人在挨饿，农场主将牛奶倒进大海，这是一种有悖于人们核心直觉，缺乏道德的行为。

从经济角度看，农场主的这种理性行为自有其符合市场经济规律的逻辑。当牛奶（产能、产量）过剩时，农场主的典型选择一是将这些牛奶免费分发给穷人，前提是不额外增加他的支出；二是卖给政府，由政府收购、分发给挨饿的穷人，前提是政府有能力且愿意这样做；三是倒进大海。选择一常常无法实现，运输、分发牛奶总有成本支出，当选择二也无法实现时，选择三就会出现。善良的人们不愿意承认的经济事实是，将过剩牛奶倒进大海是农场主的理性行为，从经济角度看，无可厚非。

[①] 竞争性市场中，一定程度的产能过剩或重复建设，以及由此引起的资源在行业间的流动，是形成平均利润率、实现资源优化配置的合理现象，这种产能过剩或重复建设有利于市场竞争，有利于提升整个行业的市场竞争力，有利于消费者，是合理的。但转轨体制下因体制机制不完善导致的产能过剩或重复建设是不合理的，因为这种过剩或重复并不会使资源得到优化配置，只会带来资源配置的低效率。

对农场主而言，牛奶倒进大海意味着这部分牛奶的投入产出为零，理性的决策是通过调整产能来降低产量，直至取得行业平均利润，结果是牛奶市场重新达到供需均衡。

如果信息充分，计划可以消除过剩，但实践表明，因信息不完全等原因，运用计划手段消除过剩并不能使供需均衡，反而会出现普遍短缺。

典型例子二：我国服装、鞋子等领域的产能过剩。如果按国内人均甚至世界人均产量计算，我国的服装、鞋子产能经常处于过剩状态。对此，老百姓似乎并不太关注，还能从厂商的频频降价打折等促销竞争中得到不少实惠。各级政府也不太担忧，过剩引发淘汰，整个行业的市场竞争力不断提高。

有人会说服装、鞋子这些产品不重要，可由市场调节。这根本就不是理由，从买者角度看，市场中没有哪一种产品是重要的或是不重要的。竞争性市场中，商品和服务的重要性反映在供需关系决定的价格上，无论从买者还是卖者角度看，相同价值的商品和服务的重要程度完全相等。迄今为止经济学中没有任何一个规律揭示钢铁、汽车比服装、鞋子更重要。

还有一条看似合理的理由，服装、鞋子厂商的均衡产能或均衡产量一般较小，调整产能适应市场变化的能力较强。钢铁等行业企业的规模确实比服装、鞋子的规模大，但国际市场上钢铁企业的规模远大于我国钢铁企业，你能说印度米塔尔、日本新日铁、韩国浦项这些钢铁巨头适应市场变化的能力弱吗？多数水泥厂的规模并不大，过剩应该与水泥行业无关吧，但现实并非如此。

而如果产能过剩超出甚至远超出竞争性市场产能过剩的适宜水平，这种过剩会损害资源配置效率，我们通常称这种产能过剩为不合理产能过剩。以下是我国存在的两类比较典型的不合理产能过剩，第一类在20世纪90年代告别短缺经济后频繁出现，第二类在2008年、2009年受美国次贷危机引发的金融经济危机影响后出现苗头。

第一类，钢铁、水泥、平板玻璃、煤化工等传统行业的产能过剩。钢铁行业中的骨干企业几乎都是国有或国有控股企业，国有产权与非国有产权在市场竞争中的基本区别在于,花别人的钱不如花自己的钱那样谨慎。地方政府在上新项目、国有企业在扩张产能时,对产品的成本与收益的核算,对市场风险的关注程度,总是不如用自己的钱投资那样小心翼翼。项目赚了,可以增加地方财政收入,能有钱为百姓办实事,还有政绩;赔了,至多是因决策失误承担行政责任。用自己的钱投资,如果赔了,可能是倾家荡产甚至身负重债。这两种后果对投资决策的责任约束相差甚大。

正因为如此,减少产权因素对国企效率的不利影响为多年来国企改革的重点之一,也取得了很大进展。但几百年的市场经济发展历程告诉我们,从总体上讲,世界上任何一个经济体都没有解决国有经济的低效问题。投资决策缺乏强有力的责任约束,不能灵活适应市场需求变动,频繁出现产能过剩,就是国企低效的表现形式之一。

钢铁、水泥、平板玻璃、煤化工等行业也有不少民营经济,这些行业产能过剩似乎表明国有经济与产能过剩并无必然关联,事实恰恰相反。当某个行业产能已经饱和甚至过剩时,仍有民营资本进入,说明民营资本在这一行业仍然有利可图;如真是因过剩而可能使投资血本无归,即使政府动员民企投资他也不会进入。此时民营资本仍然有利可图,是因为他能以更低的成本向市场提供与国企相同数量或质量更好的产品,仍然有收益甚至收益丰厚。要解决产能过剩不是简单地限制民企进入,而是应该深化改革提升国企的市场竞争力。

第二类,新兴产业领域的产能过剩。部分新兴行业如光伏产业的产能过剩,除了国企的体制性原因外,新兴行业发展的初期特征也是重要原因。一个新兴行业出现时,投资者对行业的未来市场需求、投资收益等往往预期过高,常常出现盲目扩张规模和蜂拥式的圈地运动,当市场需求增长与预期相差较大,或市场需求因危机等出现大幅下降时,就会出现产能过剩。

新兴产业的产能过剩促使一部分企业加大技术开发力度,巩固、扩大自己在行业中的竞争优势,少有核心技术和管理水平较低的部分企业在竞争中被淘汰出局,整个行业在这种残酷的竞争中成熟起来。如互联网泡沫就是互联网发展初期出现的严重的产能过剩,相当一部分企业倒闭破产了,但整个行业逐渐发展壮大起来。严格地讲,新兴产业发展初期,因企业对未来市场需求增长、投资收益预期过高引发的产能过剩,并不属于不合理产能过剩。

在体制完善,土地、规划、环保管理到位,资源产品形成机制合理,信息尽可能充分的前提下,产能的过剩与不足均属正常,市场机制会使产能自动调整到均衡水平。而在体制转型期,体制政策不完善可能会使部分行业的产能远高于适宜水平,政府要做的主要工作是推进相关领域改革,完善体制机制。

3.2 住宅投资

住宅包括自住房和用于出租的住房。住宅的重要特征是存续时间长。与投资流量占资本存量比例很小一样,每年新增住宅占现有住宅存量的比重往往很小。住宅投资决策常常通过住宅存量供需变化来分析住宅投资流量的变动。

3.2.1 住宅存量的供需均衡与住宅投资

住宅存量的供需。因短期价格黏性且住宅存量变动缓慢,住宅供给是一条斜率很大的向右上方倾斜的曲线。住宅相对价格越高,人们对住宅的需求越少,住宅需求曲线为一条向右下方倾斜的曲线(图1—2)。

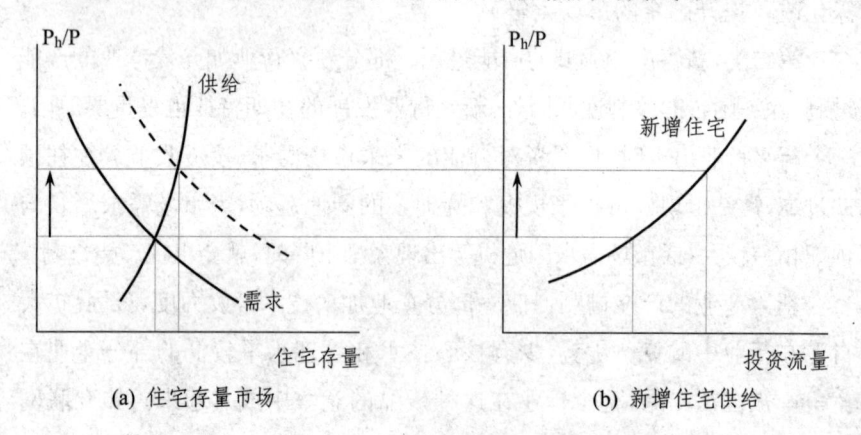

(a) 住宅存量市场　　(b) 新增住宅供给

图1—2　住宅存量的供需均衡与住宅投资

住宅投资流量。建设住宅的成本取决于水泥、钢材、劳动力等的价格水平,这些价格水平与价格总水平(P)相关联,所以,建设住宅的成本取决于价格总水平。建设住宅的收益取决于建筑商出售住宅的房价(P_h)。住宅投资取决于住宅的相对价格,住宅相对价格 P_h/P 越高,投资激励越强。

如果国民收入增加、人口大量增加或城市化过程中大量农民成为城市居民,住宅需求就会增加,这会导致住宅需求曲线向右移动,住宅价格上升。住宅价格上升使住宅投资增加。

3.2.2 货币政策对住宅需求的影响

市场经济中货币政策对住宅需求有重要影响,实际利率和名义利率是决定住宅需求的最重要因素。原因是,对住宅抵押贷款的购房者而言,利率直接决定了他们购买住宅的成本;对无须贷款购买住宅的部分人而言,利率是以住宅形式拥有财富而不将这部分财富存入银行取得利息收益的机会成本。利率上升抑制住宅需求,利率下降刺激住宅需求。

应用 8 低利率会让你省不少钱

住房抵押贷款期限长,多年的利息会累积成一个很大的数额,这使得利息总额对利率水平反映十分敏感,也使得利率水平对住宅需求有着重要影响,请看下面的例子:

假定你准备购买一套 150 平方米的住宅,房价为每平方米 1 万元,总价款 150 万元,首付 20% 为 30 万元,其余 120 万元申请贷款。采用每月等额本息还款方式,20 年还清贷款,不考虑房价变动和通胀率。

如果你在 2008 年 9 月 15 日向银行申请个人住房抵押贷款,年利率为 7.83%,你需要还本付息 237.9 万元,其中支付利息 117.9 万元。而如果你在 2008 年 12 月 23 日申请个人住房公积金贷款,年利率为 3.87%,你需要还本付息 172.6 万元,其中支付利息 52.6 万元,比 3 个多月前选择向银行申请个人住房抵押贷款少付利息 65.3 万元。这笔少付的利息对工薪阶层而言实在是一个不小的数目。

3.2.3 住宅的税收政策

住宅税收政策有新房购置时的契税减免、从个人所得税中扣除住宅支付的利息等。契税减免一次性地直接降低购房者的购房支出,刺激住宅投资。部分国家如美国为了鼓励个人拥有住宅所有权,税法允许从个人所得税中扣除一定比例的住宅贷款(名义)利息。如果存在较高的通胀率,这种所得税扣除政策会对住宅投资产生很大的刺激作用。

应用9 利息扣除、通货膨胀对住宅投资的刺激作用

假定你准备购买一套总价款150万元的住宅,其中120万元申请贷款。如果申请利率为3.83%的银行个人住房抵押贷款,第1年需支付利息9.40万元;如果申请利率为3.87%的住房公积金贷款,第1年需支付利息4.64万。假定税收政策准许购房者从个人所得税中扣除贷款利息的20%,则分别可扣除1.88万元、0.93万元,个人支付利息分别为7.52万元、3.71万元。

假定通胀率为5%,如果购房者申请银行个人住房抵押贷款,通胀实际上使购房者赚取了6(120×5%)万元,购房者第1年税收扣除后支付名义利息7.52万元,支付实际利息7.14(7.52−7.52×5%)万元,购房者第1年实际支付实际利息1.14(7.14−6)万元。如果申请住房公积金贷款,5%的通胀率同样使他赚取了6万元,第1年税收扣除后购房者支付名义利息3.71万元,支付实际利息3.52(3.71−3.71×5%)万元,购房者第1年实际支付实际利息−2.48(3.52−6)万元,也就是说,购房者不仅未支付利息,反而因通胀赚取了收益2.48万元。

利息扣除、较高的通货膨胀会明显减少购房者的利息支出负担,有时甚至还能从购房中赚取因通胀带来的实际收益,这无疑会极大地激励人们购买住宅,从而刺激住宅投资。

从上面应用中还可以看到,如果存在高的通胀率,高名义利率似乎并不一定会抑制住宅投资。但高的名义利率还是会从流动性方面对住宅投资产生抑制作用:一是购买住宅时必须一次性地全部名义支付,而因通货膨胀和税收扣除使购房者少支付的利息则分散到以后各年中,购房者至少会因高名义利率而多付全部(名义)价款。二是银行按客户收入提供贷款比例,如果高通货膨胀时购房者收入不变或增加较少,银行依据收入提供贷款的比例不变,住宅总价因名义利率增加,购房者首付随之增加。

上述这两种情况都会降低购房者的流动性,抑制住宅投资。

3.3 存货投资与加速数原理

企业除了固定投资外,还投资于存货。存货包括原材料、半成品和产成品。存货投资占 GDP 比重很小但波动性很强,存货投资成为研究经济波动的重要内容。从西方国家看,衰退中支出减少的绝大部分是存货投资的减少[①]。

企业持有存货有两方面的理由:一是技术原因。只要生产过程需要花费时间,生产过程中就会有产品存货;如不同生产工序中的半成品。只要商品生产完成与商品销售之间有时滞,就会存在成品存货;如生产完成后放入库房待销售的产成品。二是为了回避销售大幅波动引起的产量大幅波动。即使没有技术上的原因需要持有存货,由于销售有可能出现暂时快速增长或快速下降,如果没有存货,产量就会跟随销售大幅波动。生产的边际成本是生产水平的增函数,要使平均生产水平的成本最小化,必须使生产波动最小化(弗里德曼等,2002)。保持存货可以减少生产波动,降低生产成本。

3.3.1 存货的加速模型

加速模型有时也适用于其他类型的投资,但最适用于存货投资,因为存货投资是总支出中最易变动的部分。经济中企业持有的存货量 N 与企业的产出水平 Y 成比例 α,即:

---

① 布林德(Blinder,1981)的研究报告表明,经济衰退期,实际 GNP 由波峰下降到波谷的原因在于存货投资的下降,如 1959 年 1 月至 1979 年 4 月,GNP 的变差中有 37% 来自存货投资的变动。

$$N = \alpha Y$$

而存货的变动 ΔN 就是投资 I,即:

$$I = \Delta N = \alpha \Delta Y$$

即存货投资支出与产出变动成比例。

如果将 ΔY 理解为经济的加速(减速即为负加速),则存货投资的多少,就取决于经济加速的速度大小,这就是存货加速模型的含义。

3.3.2 存货投资与预期

存货投资可分为预期到的存货投资和未预期到的存货投资。企业计划增加的存货投资为预期到的意愿投资;销售未预期到的下降使存货投资增加,则是未预期到的存货投资。如果企业销售的变化都可以预期到,它将平滑分布生产。未预期到的销售变化会使企业改变产量。这也意味着,企业的销售变动会大于企业的生产变动,或反过来说,企业的生产变动会等于或小于企业的销售变动。

但相关实证分析却得出了与此相反的结论(弗里德曼等,2002),即企业生产变动大于销售变动。对实证分析与理论推论相矛盾的解释,一是企业生产函数在投入品受到冲击时改变了产量;二是未预期到的销售增加预示未来的销售额会更高,当预期未来销售平均水平的增加高于当期销售增加时,即使生产的边际成本上升,企业也会以超过当期销售增加的幅度来增加产量,结果是生产变动超过销售变动;三是未预期到的销售增加使企业提高对未来销售的预期,企业的意愿存货水平就会提高,要达到新的更高的意愿存货水平,企业要以比销售增加更大的数量增加生产。

计划增加存货投资会增加总需求,而未预期到的存货投资增加往往由未预期到的总需求下降所造成,所以,存货投资的迅速增加既可以与总需求的快速上升、也可以与总需求的急速下降相联系。

3.3.3 经济周期与存货周期

一般而言,经济衰退之前的繁荣期,GDP 快速增长,企业销售量与产量比率上升,存货投资减少。此过程的存货投资减少被企业预期到。

经济衰退初期,企业销售下降,销售量与产量比率下降,存货投资增加。此过程的存货投资增加未被企业预期到。

经济衰退中,企业从衰退初期的存货投资增加中预期到经济衰退已经出现,并意识到存货投资过高,主动减少产量,存货投资减少至正常水平。此过程的存货投资减少被企业预期到。

经济恢复增长时,企业销售量与产量比率上升,存货投资减少。此过程的存货投资减少未被企业预期到。

下述电脑厂商的例子可以直观地理解经济衰退中,成品存货投资的变动特征及其对产量的影响:

假定某电脑生产商每月生产 100 台电脑,销售 90 台,10 台为成品存货。因某种未预期到的原因如金融危机导致经济衰退,电脑销售每月下降至 50 台。因这种销售的下降未被生产商预期到,三个月后生产商才适应这种销售下降,减少生产量至每月 50 台。到第三个月,他的存货已增至 150 台,而不是正常情况下的 10 台。到第四、第五个月,他不生产,每月销售库存的 50 台共 100 台,存货分别降至 100 台、50 台。到第六个月,他会生产 10 台,加上存货 50 台共 60 台,当月销售 50 台、存货 10 台,存货回到正常水平。

经济衰退的第四、第五、第六个月,销售每月减少 50 台,而他却分别少生产 100 台、100 台、90 台,到第七个月及以后,他才调整到每月少生产 50 台的产量。

应用 10　我国制造业产成品库存指数随经济波动而变动①

随着次贷危机引发的全球性金融经济危机对我国负面影响的加深,我国 GDP 增速由 2008 年第三季度的 9.0% 下降为第四季度的 6.8%,

---

① 我国 2002~2007 年抑制部分行业投资过快增长的紧缩性政策一直持续到 2008 年上半年,尽管下半年宏观经济政策从紧缩快速转向扩张,并在年底出台了大规模的经济刺激计划,考虑到政策时滞,2008 年下半年特别是第 3 季度的产出增长下降,部分地受到前期紧缩性政策的影响,但产出增长下降的主要力量还是危机引发的市场需求下滑。文中产成品指数来自中国制造业采购经理指数(PMI),该指数由国家统计局和中国物流与采购联合会共同编制(国家统计局网站,www.stats.gov.cn;中国物流与采购网,www.chinawuliu.com.cn)。

2009年第一季度进一步下降至6.1%之后开始回升,第二季度增速回升至7.9%。

在此过程中,制造业采购经理指数(PMI)中的产成品指数相应地经历了由升转降的过程。随着市场需求和GDP增速的不断下降,产成品库存指数由2008年7月的47.8不断上升至2009年1月的51.9(表1—2),这一时期产成品库存指数的上升可以理解为,经济衰退初期,企业销售下降,存货投资增加。总体上看,这种存货增加未被企业预期到。

表1—2 产成品库存随经济周期波动而变动

时间		GDP增速(%)	产成品库存指数
衰退初期	2008.07	9.0	47.8
	2008.08		49.0
	2008.09		50.5
	2008.10	6.8	51.4
	2008.11		50.8
	2008.12		44.7
衰退期	2009.01	6.1	51.9
	2009.02		47.7
	2009.03		46.7
恢复期	2009.04	7.9	47.2
	2009.05		46.2
	2009.06		45.0

资料来源:国家统计局网站,www.stats.gov.cn;中国物流与采购网,www.chinawuliu.com.cn。

2009年第一季度经济增长下降至低点,产成品库存指数由2009年1月的51.9逐渐下降到3月的46.7。这一存货变动可以理解为,经济衰退过程中企业预期到市场需求会大幅下降,存货投资过高,主动减少存货投资。这一时期存货投资的减少已被企业预期到,是企业平滑分布生产的主动行为。

2009 年第二季度经济呈现恢复性增长,产成品库存指数进一步下降到 6 月的 45.0。这一变动可以理解为,经济恢复性增长中企业销售量与产量比率上升,存货投资减少。这一时期存货投资的减少难以被企业准确地预期到。

与前述"经济周期与存货周期"中存货变动特征不完全相同的是,2008 年年底,当预期到未来经济增长会出现较大幅度下滑时,政府很快实施了庞大的经济刺激计划,扼制经济下滑。在危机负面影响和政府大规模干预这两种方向完全相反的力量作用下,2009 年第一季度、第二季度的产成品库存下降并非完全是经济周期性衰退的结果,而是危机引发衰退与刺激政策抑制衰退双重力量作用的综合效果。

3.3.4　实际利率对存货水平的影响

实际利率是以存货形式持有财富而不将财富存入银行赚取利息的机会成本。实际利率上升,企业持有存货的机会成本也随之增加,追求利润最大化的企业会尽量减少存货持有。

为了尽量减少存货,企业摸索出各种各样的存货管理技术,希望通过原材料、零部件供应者与使用者的配合,使企业持有尽可能少的存货,同时又不影响企业的正常生产和销售。

3.4　投资波动与产出波动的相互影响

决定投资的因素主要是影响预期投资收益、投资成本的一些极难预见的未来事件,如市场需求、利率、汇率和税率等,这使得投资需求在三大需求中的波动性最强。在经济衰退期,大部分产品和服务支出的下降通常都是由投资支出的下降所引致(曼昆,2005)。由汉森—萨缪尔森提出的主要从经济内部解释经济周期的乘数—加速数模型,比较直观地揭示了投资波动与产出波动的周期性运动的机制。

3.4.1 投资波动通过乘数作用引致数倍于投资波动的产出波动

包括投资、存货、政府税收、政府采购、进出口等外生的支出变化,都会被放大并加入到一个更大的产出变动中去,都具有倍数化的乘数效应。

3.4.1.1 乘数模型的前提

乘数模型存在的前提一是工资和价格固定,即短期经济;二是社会资源未被充分利用,如果社会资源已被充分利用,投资的增长并不会导致产出增长而只会导致价格上涨;三是不考虑货币因素对利率的影响,以及利率对投资和其他利率敏感型产出组成部分的影响;四是不考虑供给,即不考虑与总供给相联系的支出与价格的相互作用。

3.4.1.2 乘数模型的含义

乘数模型的基本含义是:某些支出变动一个单位,会引起产出一个单位以上的变动。如最初利用闲置资源增加一个单位的投资,这一个单位的初始投资将直接增加一个单位的总需求从而增加一个单位的总产出。增加一个单位的投资使社会上的企业和家庭增加了同等数额的收入,如果他们将这笔收入中的一部分用于消费,并假定这一部分占前述一个单位初始投资的比重为MPC(边际消费倾向),余下的部分1-MPC(边际储蓄倾向MPS)用于增加储蓄,社会上生产这些消费品的企业又会增加同等数额(MPC)的收入,并将其中一部分用于增加消费,另一部分增加储蓄,如此延续下去。尽管这一系列的支出可能永无止境,但数值会越来越小,总和为一个有限量。

可以证明,这一有限量即投资的变动引起的产出变动为:

$$\Delta Y = \left(\frac{1}{1-\text{MPC}}\right) \times \Delta I$$

其中:ΔY 为总产出变动,ΔI 为净投资(总投资减重置投资)变动,MPC为边际消费倾向。

不难发现,乘数的大小取决于边际消费倾向MPC的大小,即取决于每增加一个单位的收入所引起的额外的或意愿增加的消费量的大小。如果MPC等于1,即增加的收入全部用于增加消费,则投资的变动会引起产出的无穷大的变动;另一个极端是,如果 MPC 等于 0(MPS=1),即增加的收入全部用于增加储蓄,则投资变动只会引起相同数额的产出变动。

3.4.1.3 现实经济中的乘数

乘数模型是在一系列假定,即对宏观经济结构进行高度简化的假定下推导出来的。现实经济中这些前提并不完全存在,如投资的增加可能会引起利率上升和物价上升,这些价格的上升必然会降低投资乘数的作用。让人沮丧的是,至今我们仍无法精确地分析,这些价格的上升究竟在多大程度上降低了投资乘数的作用。

对现实经济中乘数的作用比较恰当的描述是,当经济中存在过剩的生产能力和失业人员时,增加投资或其他支出最终会更多地导致实际产出的增长,而较少地导致价格水平的上升;而当经济达到或超过产出的自然率水平时,增加投资或其他支出则很少或完全不会引起实际产出的增长或就业的增加,而较多地或仅会导致价格水平的上升。

尽管乘数模型有如此多的缺点,但它是根据凯恩斯理论发展出来的经济学中的第一个完整的短期产出决定模型,被誉为人类探索和理解经济社会复杂性的一块不可或缺的基石(萨缪尔森,2004)。

3.4.2 产出波动通过加速数原理引致更大的投资波动

3.4.2.1 加速数原理的前提

假定技术水平不变,即资本产出比率不变。在此前提下,产出的增加就需要资本存量的增加即净投资的相应增长。

假定企业的设备已充分利用,即企业没有闲置生产设备,企业增加产量就要增加净投资添置新设备;如果有闲置设备,企业只需利用闲置设备就可以增加产量,不必通过增加净投资来添置新设备。同时假定社会上还有可利用的资源,这样,增加产出而增加的净投资,才能购买到新设备。

3.4.2.2 加速数原理的含义

加速数原理的基本含义是:总产出的较小变动会引起投资的较大变动。这包括两个方面:一是经济上升期总产出增长时,投资加速增长;二是经济衰退期总产出下降时,投资加速减少。

$$\text{加速系数 } a = \frac{\Delta K}{\Delta Y} = \frac{I}{\Delta Y}$$

其中:ΔK 为资本变动,ΔY 为总产出变动,I 为净投资。

此处的净投资为因总产出变动而引发的投资,也称引发投资或引致投资[①]。

可将上述加速系数改写为:

$$a = \frac{I}{\Delta Y} = \frac{I_t}{Y_t - Y_{t-1}}$$

其中:$I = I_t$ 为当年的净投资;Y_t 为当年总产出,Y_{t-1} 为前一年总产出。

假定在一个封闭的经济中,总产出由投资支出和消费支出组成,故加速系数可以进一步改写为:

$$a = \frac{I_t}{(I_t + I_{t'} + C_t) - (I_{t-1} + I_{t'-1} + C_{t-1})}$$
$$= \frac{I_t}{((I_t - I_{t-1}) + (I_{t'} - I_{t'-1})) + (C_t - C_{t-1})}$$

其中:I_t 为当年净投资,$I_{t'}$ 为当年重置投资;I_{t-1} 为前一年净投资,$I_{t'-1}$ 为前一年的重置投资;C_t 为当年消费支出,C_{t-1} 为前一年消费支出。

重置投资是为了弥补设备、厂房等资本设备磨损的投资,其数量取决于资本设备的数量、构成和使用年限。从一个较长时期看,各年重置投资可能相差较大,而从邻近的两个时期如当年和前一年(或当前季度和前一个季度)看,重置投资的差别特别是相对净投资的差别会很小,我们假定 $(I_{t'} - I_{t'-1})$ 接近于零。

消费变动更多地取决于持久性收入而不是暂时性收入,可以假定此时消费支出不发生大的变动,即 $C_t - C_{t-1}$ 接近于零。

加速系数可以进一步改写为:

$$a \approx \frac{I_t}{(I_t - I_{t-1})} = \frac{1}{\left(1 - \frac{I_{t-1}}{I_t}\right)}$$

[①] 因人口增长、技术进步、资源开发及政策等外在因素变化引起的投资为自发投资。

当经济处于上升期,预期等因素的作用使净投资快速增长,(I_{t-1}/I_t)大于 0 且小于 1,加速系数大于 1,投资的变动幅度大于产出的变动幅度,这便是经济上升过程中的加速数原理。[①]

3.4.3 乘数—加速数原理

将乘数模型与加速数原理结合起来,就可以发现投资波动与产出波动之间的相互影响,以及由此形成的经济周期。产出增长刺激投资加速增长,投资加速增长又刺激产出增长,这一过程持续到生产要素被完全利用为止,此时经济处于高涨阶段。在技术水平不变前提下,边际收益递减规律使产出增长减速,减速的产出又通过加速数原理更快地使投资(和存货)下降,下降后的投资(和存货)又会进一步降低产出水平,降低的产出水平又会引起投资(和存货)更快地减少,如此持续下去,直至经济达到谷底。

总投资至多为零,因为总投资为负数就意味着企业把一部分设备卖掉,但正常情况下,即使出现暂时的产量下降,企业也不会立即卖掉设备,而是让其暂时闲置;人们对非耐用消费品需求的稳定性也使消费有一个下限。当投资和消费接近下限时,产出的下降就会逐渐减少。当有了恢复重置投资的能力和有了净投资的机会时,在乘数作用下,产出开始恢复增长,经济过程呈现相反的运动状态,经济回稳并重新开始新一轮增长。

---

① 由于此时消费支出也会增长或至少不会下降,即此时的 C_t 必定大于 C_{t-1},C_t-C_{t-1} 必定大于 0,考虑消费支出后的加速系数会更大一些。

需要注意的是,依据上述简化的加速系数公式只能推导出经济增长时,投资加速增长。当经济处于衰退期,$I_t<I_{t-1}$,I_{t-1}/I_t 大于 1,$(1-(I_{t-1}/I_t))$ 小于 0,此时无法判定 $(1-(I_{t-1}/I_t))$ 的绝对值是否小于 1,从而也无法判定加速系数 a 的绝对值是否大于 1。

第 2 章 失业

现实经济中并非每个劳动力都有一份工作,所有自由市场都存在失业。工人因各种原因被动地失去所从事的工作(丧失工作),主动放弃所从事的工作(离职),以前没有工作的学生毕业后找工作(新进入),以及重回学校学习或回家照顾小孩后重新找工作(重新进入),这些基于各种原因的失业,无论在何种经济状态下,都会不同程度地存在。

经济处于充分就业状态时会存在摩擦性失业,经济中还存在结构性失业。经济衰退时失业率超过自然失业率的部分被称为周期性失业,这一超过自然失业率的部分与经济的周期性波动密切相关。

1 充分就业与自然失业率

实际 GDP 增长率等于潜在 GDP 增长率时的失业率被称为自然失业率(natural unemployment rate)。自然失业率是经济处于长期均衡状态时的失业率,是经济在长期中趋近的失业率。

1.1 摩擦性失业与自然失业率

自然失业率来自摩擦性失业。工人对工作有不同偏好,工作也多种多样,找工作的工人与空缺职位之间存在着信息不对称,加之工人在不同区域间流动存在这样那样的障碍,这些因素都使加入劳动大军且愿意寻找工作的新工人,或是因故更换工作寻找新工作的工人,找到一份合适的工作需要花费一定时间。因工人需要时间寻找合适工作所带来的失业,称为摩擦性失业。

只要企业的劳动力供求在变动,摩擦性失业就难以避免。更换工作寻找新工作的工人中,一部分是被动失业再寻找新工作。如房地产泡沫破灭使一些人失去了原有的房地产销售工作,他们需要重新寻找一份适合自己的新工作。被动失业后,无论是为重新寻找工作进行必要的学习,还是直接寻找适合自己的新工作,都需要花费时间。另一部分是主动失业再寻找新工作。如一些人原先在证券行业有一份收入不菲的工作,但因工作压力太大身体无法承受,自己主动辞去工作,寻找一份工作节奏较慢、身体能承受的新工作,这也需要一定时间。

摩擦性失业由工作性质、社会习惯和劳动市场制度(如失业救济制度)对工人、企业行为的影响所导致。劳动市场的组织状况(如就业服务机构),劳动力的人口统计学构成,以及失业者持续寻找一份更好工作[①]的能力与愿望等劳动力市场的结构特征,决定着摩擦性失业的水平,也决定了自然失业率的高低。

1.2　公共政策与自然失业率

公共政策通过减少摩擦性失业而降低自然失业率。如为寻找工作者提供空缺职位的信息,为雇工方提供寻找工作者的信息等,就可以改善寻找工作者与空缺职位之间的信息不对称状况。公共部门还会提供就业或转岗培训服务,这也能使工人更快地找到工作。

公共政策在减少摩擦性失业的同时,也会增加摩擦性失业而提高自然失业率。这似乎有些令人不解,但现实中确实存在。如失业保障制度可以极大地减轻失业者的经济困难,降低寻找新工作的压力,同时也可能会使部分人放弃正在从事的并无多少吸引力的工作,这就会增加摩擦性失业,提高自然失业率。

[①] 失业救济金越高,人们放弃现有工作寻找更合适工作的可能性就越大,由此引起的这部分失业也被称为搜寻性失业。

尽管失业保障会增加摩擦性失业、提高自然失业率，但并不能仅从自然失业率这一项指标来对失业保障制度进行评价。更何况，失业保障增加的这部分摩擦性失业，对提高资源配置效率有促进作用，如部分人放弃正在从事的没有多少吸引力的工作，会有利于工人与工作之间的更好匹配，从整个社会看是有效率的。

1.3 自然失业率的大小

自然失业率是经济在长期中趋近的失业率，与短期经济波动无关。自然失业率变动缓慢，但它并非一个固定值。运用相关模型估算的美国的自然失业率在20世纪60年代约为4.0%，80年代早期为6.0%，90年代后期约为5.2%（多恩布什等，2003）。

计算自然失业率的常用方法是，将劳动力分成各个组别，估算各组别自然失业率，再按各组别权重对各组别自然失业率进行调整，各组别人群自然失业率的加权平均数即为自然失业率。权重会考虑到如青年劳动力所占份额（青年劳动力的自然失业率较高），以及自然失业率决定因素（失业救济金等）的变动等。

运用模型计算出的自然失业率仅是一个估算数，现实经济中的自然失业率可能会在这一估算数的上下波动，波动幅度一般在1%左右。

一些经济学家运用数学方法估算出了自然失业率，但另一部分经济学家对此结果很不以为然。后者如道格拉斯·斯泰格(Douglas Staiger)、詹姆斯·斯托克(James Stock)、马克·瓦特森(Mark Watson)就指出，自然失业率的变动区间可能太大，对宏观决策几乎无用。也有一些经济学家如罗伯特·戈登(Robert Gordon)认为，能够比较精确地估算出一个特定时间段的自然产出率（多恩布什等，2003）。

2　实际工资刚性与结构性失业

失业的另一个原因是工资刚性。最低工资法、工会力量和效率工资使工资不能调整到劳动供需均衡状态的水平,而是高于均衡水平,这会带来结构性失业[①]。

2.1　工资刚性使工资高于均衡水平:刚性的三个来源

劳动市场处于充分就业状态,失业水平等于自然失业率时,劳动供求均衡决定的均衡工资使劳动市场出清。

但因某种原因使实际工资不能调整到劳动供需均衡水平,而是高于这一均衡水平时,市场对劳动的需求就会少于均衡工资水平时的数量(劳动价格相对均衡水平而言太高了),劳动市场上就会出现劳动力供过于求,这会提高失业率。增加的这部分失业并非工人没有积极寻找最适合他们的工作,而是现行工资水平下劳动力供过于求,这种因工资刚性引起的失业被称为结构性失业。

工资刚性的来源有三:一是最低工资法。政府基于保障工人能获得与其劳动付出相称的最低水平的收入考虑,以法规形式规定雇主支付雇员的最低工资水平。

二是工会力量。工会工人的工资由工会与企业集体议价决定时,工会的介入使议价决定的工资高于均衡工资水平,结果是,企业雇用工人数量少了,结构性失业增多了。

工会力量不只表现在工会工人与企业议价出了高于均衡水平的工资。工会工人的工资高于均衡水平,无疑会对尚未成立工会企业的工人的工资产生影响,这些没有工会的企业会宁愿多支付工人工资,也不希望

[①] 参见曼昆(2005)和泰勒(2006)。

在本企业成立工会，因为工会不仅要求增加工资，还在就业时间、工作环境等方面与企业讨价还价。

工会力量有利于内部人（已有工作的人）而不利于外部人（愿意在低于最低工资水平下工作的人），外部人以找不到工作这一损失为内部人较高的工资承担代价。

工资议价有的在企业内进行（如美国），有的在更大的范围如全国进行（如瑞典）。在全国范围内进行时政府会有一定程度的介入，政府会考虑到那些技术不熟练、经验缺乏的青年工人和其他弱势人群的就业需求，议价工资就不会高出均衡水平太多，相对企业内议价这种方式所导致的结构性失业会少一些。

三是效率工资。企业认为多给工人工资能提高效率，将工人工资提高到均衡水平以上对企业是有利的。

一种效率工资理论认为，工资影响工人的营养。在生活水平不高的情况下，企业多支付工人工资会改善工人生活、提高工人健康水平，这有利于提高生产效率。

另一种效率工资理论认为，高工资减少劳动力的更替。企业向工人多支付工资有利于增加工人留在本企业的激励，减少工人离职，这能减少新工人的培训支出和培训时间，对企业有利。

还有一种效率工资理论认为，企业工人的平均素质取决于企业的工资水平。企业向工人特别是技术水平高的工人多支付工资，会留住这些技术水平高的工人，避免他们流向其他企业；否则，技术水平高的工人可能会流失，留下的往往是素质较低的工人。

最后一种效率工资理论认为，工资高低会影响工人的努力程度。企业无法完全监督工人的工作，工人会在自觉努力工作与偷懒并承担被发现、被解雇的风险之间进行选择，多支付工资可以减少后一种行为（道德风险）。因为工资越高，工人偷懒被发现、被解雇的代价也就越大。

2.2　工资刚性引发结构性失业：以最低工资法为例[①]

下面将分完全竞争的劳动力市场和买方垄断的劳动力市场两种情况,分析最低工资对失业率的影响。

2.2.1　竞争性市场

劳动竞争市场的特征是大量需求者和大量供给者均无市场力量影响劳动价格,都仅是劳动市场价格的接受者。

在竞争市场[②]中,劳动需求曲线 D 为劳动的边际收入曲线 mrp,劳动供给曲线 S 为边际要素成本曲线 mfc。供给曲线 D 与需求曲线 S 交点 E 为劳动供需均衡点,对应的工资率 w 为均衡工资率,对应劳动(就业)L[图 2—1(a)]。

假定最低工资位于 w 点上方某一处如 w′,最低工资高于均衡工资会使更多地人愿意工作或愿意工作更长时间,劳动供给增加,对应最低工资 w′的劳动供给(点 C)为 L_s,但对应最低工资的劳动需求(点 B)却只有 L′,结果是,最低工资使就业人数由原先的 L 减少到 L′。

低技术工人与高技术工人的工资差别总是很大,最低工资法对他们有不同影响。竞争性市场中,高技术工人的均衡工资远高于最低工资,最低工资制度对他们并无直接影响。低技术工人的工资率会上升,但失业也会增加。

2.2.2　买方垄断市场

买方垄断指企业是市场上唯一的需求者(如某一边远区域仅有一家企业,企业附近的每个人都为这家企业工作),即劳动市场上仅有一家企业但有很多工人。

劳动供给均衡时,边际收入曲线 mrp 与边际成本曲线 mfc 相交于 E,

---

① 参见赫舒拉法等(2009)。
② 美国、英国、新加坡、肯尼亚等国实施最低工资的结果被证实符合竞争性市场描述的情形,但也有不完全符合竞争性市场的研究结论。参见赫舒拉法等(2009)。

对应的就业水平为 L。与竞争性市场的均衡工资决定不同,此时均衡工资并非交点 E 对应纵轴上的工资水平。因企业在劳动市场上具有垄断地位,它对劳动的定价即均衡工资位于交点 E 向下引直接与平均成本曲线 afc(劳动供给曲线 S)的交点 F 所对应的工资水平 w 上[图 2—1(b)]。

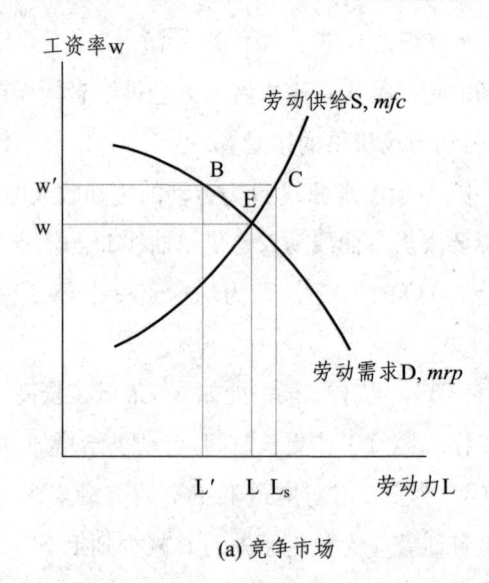

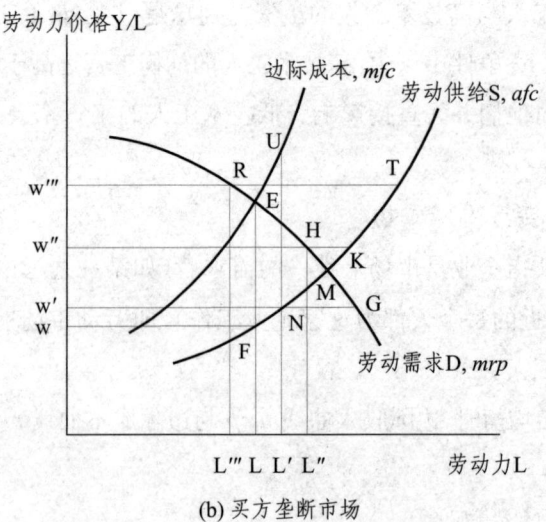

(a) 竞争市场

(b) 买方垄断市场

图 2—1 最低工资与摩擦性失业

如果政府出台最低工资法,最低工资法使企业被迫成为最低工资的价格接受者。以下分最低工资水平相对图中 E、M(劳动需求曲线 D 与劳动供给曲线 S 的交点)、F 位置的三种情形,考察最低工资对就业的影响。

第一种情形,最低工资 w′高于 F、低于 M 点对应的工资水平。如果企业能随心所欲地雇用到工人,它应该雇用经过 w′水平线与边际收入曲线 mrp 的交点 G 对应的工人数量,因为 G 点的边际收入 mrp 等于工资 w′。但工资为 w′水平时,劳动市场只供给经过 w′水平线与劳动供给曲线 S 的交点 N 对应的劳动,也就是说,此时企业按 $mrp=w′$ 可以雇用更多的工人,但劳动市场在工资 w′水平上只提供这么多的工人。此时劳动供给是点 N 对应的 L′(N 点的边际要素成本 $mfc=w′$),此时的就业水平 L′高于最低工资制度前的水平 L。

第二种情形,最低工资 w″高于 M、低于 E 点对应的工资水平。此时劳动供给为经过 w″水平线与劳动供给曲线 S 的交点 K,但只有经过 w″的水平线与劳动需求曲线 D 的交点 H 的边际收入满足 $mrp=w″$。点 H 对应的就业水平 L″也高于最低工资制度前的水平 L。

第三种情形,最低工资 w‴高于 E 点对应的工资水平,此时的劳动力市场与竞争性市场的情形类似。劳动供给为经过 w‴水平线与劳动供给曲线 S 的交点 T,但只有经过 w‴的水平线与劳动需求曲线交点的 R 的边际收入满足 $mrp=w‴$。点 R 对应的就业水平 L‴低于最低工资前的水平 L。

买方垄断市场中,低技术工人面对的情况类似于上述最低工资为 w‴的第三种情形,与竞争性市场相类似,他们的工资率(劳动力价格)上升、失业增加。中等技术工人面对的情形类似于上述最低工资为 w′的第一种或最低工资为 w″的第二种情况,他们的工资率上升、就业增加。高技术工人面对的情形与上述三种情况都不同,对这部分工人而言,最低工资很可能低于 w,最低工资制度对他们没有影响。

可见,低技术工人作为一个整体,部分人因最低工资高于以前的均衡工资,他们的工资增加了,但另一部分工人却因此失去了工作。中等技工人在工资、就业上都有改善,而高技术工人基本不受最低工资的影响。

2.2.3 一般性结论及在最低工资法上的分歧

无论是竞争性市场还是买方垄断市场,最低工资一般低于绝大部分工人的工资,仅将非熟练工人、缺乏经验的工人、从事技术层次较低工作的工人(如农民工)的工资,提高到了市场出清的均衡水平以上,所以,最低工资会增加这部分工人的失业率。青年工人往往需要在职培训或学徒,如果没有最低工资法,他们可能在几乎没有工资或工资很少的情况下,获得在职培训或学徒的机会;有了最低工资法,雇主可能不会或较少地给这部分工人提供工作机会,他们中的部分人就会失业。城市化过程中进城务工的农民工(绝大部分从事技术层次较低的工作)的供给量可能很大,他们的均衡工资可能非常低,高于均衡工资的最低工资会使雇主减少对这部分工人的雇用数量。

显然,最低工资在保护已有工作者权益的同时,增加了失业,使一部分按均衡工资水平可以进入劳动市场的工人(常常是技术不熟练、经验缺乏、只能从事技术层次较低工作的人),不能就业或失去已有的工作。因此,最低工资法的反对者认为最低工资对收入低或没有收入的人并不是一件好事情,它会使青年人很难获得培训机会,使部分有工作能力、想工作的弱势人群无法找到工作。他们主张可以通过劳动所得税扣除等办法来增加有工作的弱势人群的收入,扣除额甚至可以大于其纳税额,即纳税者可以从政府获得净转移支付。他们声称,这一办法不会增加企业用工成本,从而也不会减少企业的劳动需求。

支持者也认可最低工资提高了失业率,但他们认为为了使领取最低工资的人生活得更好一些,付出这种代价也是值得的。

应用11 最低工资规定在争议声中出台

2008年1月1日起施行的《中华人民共和国劳动合同法》,对劳动者的最低工资标准进行了规定,并规定用工单位逾期不按标准支付,管理部门要责令用人单位按应付金额50%~100%的标准向劳动者加付赔偿金。

新劳动合同法起草、发布、实施过程中,始终存在两派针锋相对的意见。一派意见以最低工资法会使工人中的低技术工人(如农民工)失去工作机会,在长期都将存在的比较严峻的就业形势下,不宜规定最低工资。另一种意见则认为,即使规定最低工资会增加失业,为了保护劳动者的合法权益,也应该规定最低工资。

是选择有利于低技术工人就业、不限定最低工资,还是以维护社会公平正义的名义限定最低工资,确实是一项十分困难的选择。泛泛地从超越经济领域的政治哲学角度看,两相矛盾时,应该取公平正义。这或许是政府在诸多反对声中,仍坚持规定最低工资的原因,也是西方大多数发达国家也有最低工资规定的原因。

应该注意的是,社会上频繁出现的欠薪行为,与严重侵害劳动者其他权益的行为,如1993年11月19日深圳致丽玩具厂烧死87人、重伤20人的事件,2007年山西临汾的"黑砖窑"事件等,在本质上相同,且相互影响。很难设想,在基本无工资或完全无工资现象大量存在的情况下,政府能够扼制住少数无良企业严重损害工人生命权、健康权的违法行为。恶性欠薪案件对劳动者财产权的损害常常比盗窃、诈骗、侵占等犯罪行为的危害更大,且破坏市场信用体系,具有严重的社会危害性。

而企业漠视劳动者基本权益,以资本所有者的强势地位肆意侵犯工人合法权益的行为,即使在劳动合同法颁布实施后,也大量存在。这既反映了用工单位恶意欠薪的严重程度,也在一定程度上佐证了出台最低工资标准的必要性。全国总工会法律顾问关怀撰文指出,仅北京工会系统2008年(实施劳动合同法的当年)6月自检、抽查就发现,未及时足额支付工资案件914件,涉及职工17 079名,金额3 164万元。有的欠薪事件已经引发抢劫、凶杀等恶性案件。

2009年全国"两会"期间,广东省劳动保障厅厅长刘友君说,2008年广东劳动保障监察机构共处理拖欠、克扣工资案件2.6万件,涉及99.7万名劳动者,涉及工资待遇17.4亿元。因欠薪引发的30人以上群体性突发事件1 186件,其中欠薪逃匿引发30人以上群体性事件333件,涉及劳动者26 259人,同比件数、人数分别上升了80.98%、86.96%。

当然,如果社会法制健全,企业能够遵纪守法,不出现或少出现严重损害工人生命权、健康权、财产权的恶性事件,在目前及未来一段时期就业形势不容乐观的情况下,限定最低工资可能就不尽适宜。但我国的现实环境并非如此,而且世界上几乎很难找到有这种法制环境的国家。

劳动市场理论起源于并主要发展于西方发达国家,但大多数西方国家制定有最低工资方面的法规,可见,理论与现实之间总是存在着距离。这很让人无奈,但这就是现实。

3 失业的代价与分配后果[①]

即使有失业保障和其他社会保障,对失业者而言,失业导致的收入下降在一定程度上意味着生活水平下降,有病得不到及时医治,无力供养老人,无钱供孩子上学。

此外,非经济代价或心理代价同样让人无法承受。失业意味着个人自尊的丧失,意味着心理和身体的煎熬,高失业率总是与高离婚率、高自杀率和高犯罪率联系在一起。正如马丁·路德·金所言:"在我们的社会中,剥夺一个人的工作,在心理上等同于谋杀……你实质上是在说那个人无权生存"[②]。

就整个社会而言,高失业意味着经济在损失有价值的劳动资源,意味着部分本可以生产并为消费者享用的潜在商品和服务的永远失去。奥肯定律揭示,失业增加1%,GDP就会下降2%。如美国1982年、1992年和2003年国民失业率分别为9.7%、7.5%和6.0%,对应的生产能力利用

---

① 参见鲍莫尔等(2006)和多恩布什等(2003)。

② Quoted in Coretta Dcott King(ed), *The World of Martin Luther King* (New York: Newmarket Press;1983), p. 45. 转引自鲍莫尔等(2006)。

率分别为71.3%、79.4%和73.4%,因资源闲置导致的实际GDP损失分别为8.1%、2.6%和2.2%(鲍莫尔等,2006)。

　　失业的代价并非在人群中平均分布,不同人群之间失业率有巨大差异,失业导致总收入的减少会以不同的方式分配给不同群体,从而对收入分配产生明显影响。从美国的情况看,黑人的失业率为白人的两倍,青年人的失业率远高于年龄大一些的人,有时女性失业率会明显高于男性。在我国经济紧缩期,总是生存状况较差的农民工、城镇弱势阶层先失业,失业人数比重大。总体上,失业对穷人的打击比对富人的打击大。即使有失业保障,失业者从失业保障中所得的收入也会低于就业时的工资收入,这种情况在发展中国家十分普遍。

第3章 通货膨胀

无论是货币主义者还是凯恩斯主义者,当将通货膨胀界定在价格水平的"持续快速上涨"时,他们都会认可米尔顿·弗里德曼对通货膨胀的这一定义。

1 通货膨胀的度量

既然通货膨胀指的是价格水平变动,对通货膨胀的度量就是计算价格水平的变化。通常人们用 GDP 平减指数 CPI、消费价格指数、生产价格指数 PPI 等指标来度量价格水平的变化。

1.1 GDP 平减指数

平减是指用适当的价格指数除某一名义指标,以便得到实际指标。平减 GDP 的价格指数为 GDP 平减指数。一般将一个比较基础的时间设定为基期,基期内商品和服务的总价格为 100,某一时间商品和服务的总价格除以基期商品和服务的总价格即为 GDP 平减指数。

$$\text{GDP 平减指数} = \frac{\text{给定时间(年、季)商品和服务的总价格}}{\text{基期(年、季)商品和服务的总价格}}$$

以某一固定的基期计算各个时期的 GDP 平减指数,这一平减指数序列反映的就是国内所有最终商品和服务相对基期的价格变动,常常被称为不变价格指数。以前一年(或季度)为基期计算当年(或当季)GDP 平减指数,这一平减指数序列反映的就是年(季)度间的价格变动,常常被称为可比价格指数。

因 GDP 是一段时间内国内生产的所有最终产品和劳务的货币价格总和,GDP 平减指数最广泛地体现了价格水平的变动情况。

1.2 消费价格指数 CPI

CPI 是指一个典型家庭支出的一组代表性(或称一篮子)商品和服务的价格变化,CPI 的计算方法与 GDP 平减指数相似。

$$CPI = \frac{给定时间(月、季、年)一篮子商品和服务的总价格}{基期(月、季、年)一篮子商品和服务的总价格}$$

家庭支出习惯会随时间发生变动,代表性商品和服务每隔一定时期如十年会调整一次。

CPI 与人们的生活密切相关。现实中每个家庭的一篮子商品和服务不完全相同,加之商品和服务相对价格会发生变动,这使得 CPI 无法完美地反映每个家庭对消费价格变化的承受程度。尽管人们面对相同的 CPI 数值,但不同家庭生活成本的变动并不完全相同,这一问题被称为"指数值问题"(the index number problem)。

CPI 与 GDP 平减指数往往不等有时甚至相差较大,原因在于这两个指数的一篮子商品和服务不同。GDP 平减指数商品篮子中的商品和服务比 CPI 要广泛得多,除了 CPI 篮子中的消费品外,GDP 平减指数的商品篮子还包括未进入 CPI 商品篮子的消费品和投资品。

1.3 生产价格指数 PPI

与 CPI 十分相似,PPI 也反映一篮子商品和服务的价格变化,计算方法与 CPI 相近。与 CPI 不同的是,PPI 商品篮子中的商品和服务主要是原材料和半成品。PPI 被用来衡量销售系统早期阶段的价格变动。

因 PPI 计量的价格属于最初的重要商业交易价格,PPI 的变动常常会在一定程度上反映未来 CPI 和 GDP 平减指数的变动方向和幅度,在经济周期性波动中具有一定的先导性,所以受到经济分析人员和管理者的密切关注。

应用 12　我国生产价格指数 PPI 的先导性

从年度数据看,我国价格上涨较快的 1991～1996 年、2002～2007 年两个时期的生产价格指数 PPI 相对 CPI、GDP 平减指数变动仅具有较弱的先导性(表 3—1,图 3—1)。如 1991～1996 年 PPI 的峰值(24.0%)出现在 1993 年且该年上升幅度最大,CPI、GDP 平减指数的峰值出现在 1994 年,滞后一年,该年 CPI 的上升幅度也最大。但在 2002～2007 年中,PPI 峰值(6.1%)与 CPI 峰值(3.9%)、GDP 平减指数峰值(6.9%)都出现在 2004 年。

表 3—1　两个价格上升期的价格指数

年份	GDP平减指数	居民消费价格指数 CPI	生产价格指数 PPI	原材料、燃料、动力购进价格指数	商品零售价格指数	固定资产投资价格指数
1991	6.7	3.4	6.2	9.1	2.9	9.5
1992	7.9	6.4	6.8	11.0	5.4	15.3
1993	14.1	14.7	24.0	35.1	13.2	26.6
1994	19.4	24.1	19.5	18.2	21.7	10.4
1995	12.8	17.1	14.9	15.3	14.8	5.9
1996	5.5	8.3	2.9	3.9	6.1	4.0
2002	0.6	−0.8	−2.2	−2.3	−1.3	0.2
2003	2.6	1.2	2.3	4.8	−0.1	2.2
2004	6.9	3.9	6.1	11.4	2.8	5.6
2005	4.0	1.8	4.9	8.3	0.8	1.6
2006	4.1	1.5	3.0	6.0	1.0	1.5
2007	11.4	5.9	6.9	10.5	6.0	3.9

资料来源:相关年份《中国统计年鉴》。

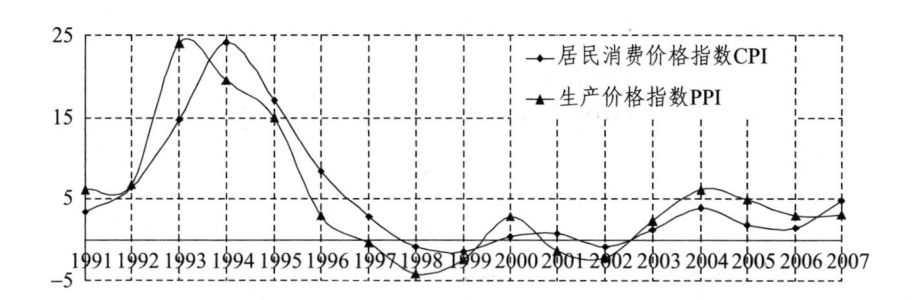

图 3—1　1991～2007 年 CPI、PPI 变动(年度数据)

资料来源:相关年份《中国统计年鉴》。

原材料价格指数、固定资产投资价格指数与 PPI 的变动时间基本一致,而商品零售价格指数与 CPI 的变动时间基本一致。

从月度数据看,2002～2007 年 60 个月中,PPI 与 CPI 的变动趋势基本一致,但 PPI 领先于 CPI 变动的规律性不是很明显(图 3—2)。

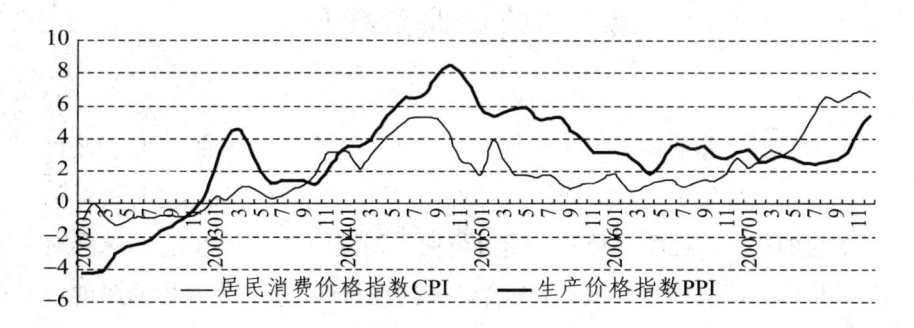

图 3—2　2002～2007 年 CPI、PPI 变动(月度数据)

资料来源:相关年份《中国经济景气监测月报》。

年度数据、月度数据反映的 PPI 相对于 CPI、GDP 平减指数,在变动时间、变动幅度上的弱领先性,使我们无法完全利用 PPI 变动来准确判断 CPI、GDP 平减指数的未来变动。

出现这种情况的原因,主要是反映上游产品价格的 PPI 的变动,并不一定会完全传导到下游的 CPI,当 PPI 上涨时,生产消费品的厂商可以消化部分上游厂商的价格；而当 PPI 下降时，消费品生产厂商也不一定会降价。市场中的价格由供需关系决定，而不完全由产品间价格传导机制决定。所以，在利用 PPI 数据判断未来 CPI、GDP 平减指数变动时，要十分小心。

体制转型期，部分产品价格由政府定价或指导定价也会打乱 PPI 与 CPI、GDP 平减指数在变动时间、变动幅度上的关联性，给价格变动预测带来很大困难。

现实中，除了观察 PPI、CPI 等价格指数外，我们还习惯观察投资需求变动和固定资产投资价格指数的变化。理由是，长期以来，我国的投资需求在总需求中占很大比重，投资需求变动在很大程度上代表了总需求的变动方向和变动幅度及总供需关系。从历史经验看，我国历次 CPI、GDP 平减指数的剧烈波动总是与投资需求的大幅变动密切相关。

2 通货膨胀的代价

如果通货膨胀能够完全预期到且经济不存在其他扭曲，通货膨胀可看做是对实际货币余额课征的一种税，通货膨胀的成本就是这种税对福利效应的扭曲。征收这种税的结果将使人们试图减少使用货币，这会对其他资产的持有产生影响，进而会带来其他扭曲，这也是通货膨胀的成本。此外，通货膨胀通常无法完全指数化且不能完全预期到，更高的通货膨胀可能会带来更大的通货膨胀的不确定性，或是带来相对价格的更大变动，这会削弱价格机制有效配置资源的作用。

2.1 完全预期到的通货膨胀的福利成本

假定实际利率、实际收入、实际财富不受通货膨胀影响，并且存在一次总付税（所有税收一次总付）的情况下，费希尔（S. Fisher）通过模型分析的结论是,通货膨胀会引起福利净损失①。

贝利(Bdiley)认为,通货膨胀上升会使人们以较小的实际货币余额来完成设定的交易量,这会使人们在更接近于收入取得的时间集中购物,也会使零售商设法减少商品存货,这必然导致更多的排队现象和到处寻找仍然营业的商店的行为("鞋底成本")。如果实际收入或财富不受通货膨胀的影响,人们通过增加寻找时间减少实际货币余额会牺牲他们的闲暇;人们或许会用其他交易媒介如外币替代,甚至以物易物,这可能又需要增加寻找的时间以找到愿意使用此替代品的人②。

巴罗(Barro)也证明,通货膨胀为正时,通货膨胀的边际福利损失(成本)大于因提高通货膨胀而增加的政府额外收入的50%③。

如果假定通货膨胀影响实际利率、实际财富④,并且公司利润税和个人所得税一次总付,高通货膨胀会降低实际利率,这极有可能增加通货膨胀的福利成本,至少对那些为净贷款人的家庭而言是如此。但此时人均实际收入会提高,这会降低这种福利成本。总的结果是,相对前述实际利率、实际财富不受通货膨胀影响时的情况,通货膨胀的福利成本要略小一些,但仍然存在(弗里德曼等,2002)。

假定通货膨胀影响实际利率、实际财富,但没有一次总付税,理论上讲有可能存在通货膨胀的福利收益,但对是否就应该接受正的通胀率,至

---

① Fisher, S. 1981. Towards an understanding of the costs of inflation, Ⅱ, in: K. Brunner and A. Meltzer, eds., *The Costs and Consequences of Inflation*, Vol. 15, Carnegie-Rochester Conference Series on Public Policy. Amsterdam: North-Holland, pp. 5-41. 转引自弗里德曼等(2002)。

② Bdiley, M. 1956. The welfare cost of inflationary finance, *Journal of Political Economy*, 64: 93; *Economy*, 79: 1 228-1 263. 转引自弗里德曼等(2002)。

③ Barro, R. J. 1972. Inflationary finance and the welfare cost of inflation, *Journal of Political Economy*, 80: 978-1 001. 转引自弗里德曼等(2002)。

④ 长期来看,通货膨胀既可能影响利率也可能影响财富,理由一是存在托宾效应,高通货膨胀对实际货币余额需求的降低,实质上是通过持有的资产组合变换来实现的,即降低实际货币余额可能引起实物资本持有量的增多,这就可能提高人均产出并降低实际利率。二是若储蓄率取决于实际利率,则可能还存在储蓄效应。三是根据税收结构假说,通货膨胀率上升会加强政府的预算约束,这些抵消性的财政政策可能还会对经济产生更深远的影响。参见弗里德曼等(2002)。

今并无定论。而费希尔的研究结论是，当政府用通货膨胀的收入来降低扭曲性最强的税的话，10%的通胀率，可能会使 GNP 下降大约 0.3%；如果考虑到非指数化税收制度所造成的扭曲效应，可能会使 GNP 下降大约 0.7%；如果考虑到测算中的不精确性，则 10% 的通货膨胀率有可能使 GNP 下降 2%~3%（弗里德曼等，2002）。

2.2 相对价格的不确定性、价格变动的不可预见性带来的福利成本

当经济主体分不清总体价格变动与相对价格变动时，意料之外的通货膨胀以及不同市场间预期通货膨胀率的变动，会使财富出人意料地在经济主体之间重新分配。债权人更易受损、债务人更可能受益，靠养老金生活的人的购买力、生活水平下降。这种分配既不能反映市场的运行，也没有体现政府的分配意图。

当不能完全预见未来价格时，如果劳动供给者的名义工资在知晓消费品价格变动之前固定不变，不可预料的通货膨胀会给工资决策带来障碍，工资无法随通货膨胀变动规则变化，这会导致资源配置的低效率。企业调整价格也会有固定成本即菜单成本发生。

通货膨胀的不可预见性会削弱税收制度的功能。通胀率较高时，征税率自动提高，这会给经济运行、政府的相关管理法规带来很大的负面影响。高税率还可能会不利于储蓄、贷款和投资，对长期增长不利。

通货膨胀的不可预见性还会使实际利率变得更加不可预测。实际利率而不是名义利率对经济具有十分重要的作用，实际利率预测难度的加大必然会对消费、投资等经济行为产生不利影响。

迄今为止，理论上所探讨的通货膨胀成本范围仍然很窄，与人们直觉所理解的成本之间存在很大差距；理论上仍未能令人信服地直接估计通货膨胀的福利成本。对通货膨胀增加通货膨胀的变动性与不确定性，实证研究也并未得到令人满意的确认。

奥肯[①]从消费者角度对通货膨胀的成本有如下表述:"长期且激烈的通货膨胀,扰乱了经济生活中的许多习惯,使消费者们面对那些促使他们购物的价格上涨和价格差别;使他们怀疑自己维持生活水平的能力,而且贬低自己所从事职业及长期储蓄的价值;并迫使他们去搜集更多的信息,设法预测未来——这些成本昂贵又极具风险的行为,是他们很难胜任却又不得不忧心以对的事情。"

应用13　为何新兴市场和发展中国家有较高的通货膨胀率

常见的现象是,发达国家的通货膨胀率较低,新兴市场和发展中国家的通货膨胀率往往是发达国家的几倍(表3—2),某些时期个别发展中国家的通货膨胀率高达三位数甚至四位数。而且,伴随着经济发展水平的提高和市场经济体制的逐步完善,一个国家的通货膨胀率会呈现不断下降的趋势,我国改革开放以来的情况即是如此(图3—3)。

表3—2　2003～2006年新兴市场和发展中国家的通货膨胀率(%)

地区＼年份	2003	2004	2005	2006
发达国家	1.8	2.0	2.3	2.3
其中:美国	2.3	2.7	3.4	3.2
欧元区	略高于2%			
新兴市场和发展中国家	5.7	5.4	5.2	5.1
其中:独联体	11.9	10.3	12.1	9.4
中东欧	9.2	6.1	4.9	5.0
拉美地区	10.6	6.5	6.3	5.4
亚洲发展中国家	2.5	4.1	3.6	4.0

资料来源:国际货币基金组织。

[①] Okun, A. M. 1975. Inflation: Its mechanics and welfare costs, *Brooking Papers*, 2: 351-390. 转引自弗里德曼等(2002)。

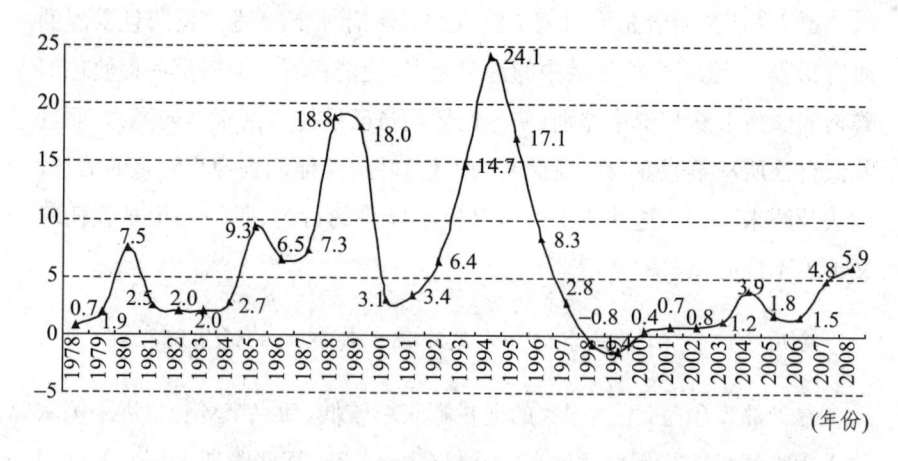

图 3—3　我国 1978~2008 年 CPI 变动(%)

新兴市场和发展中国家的通货膨胀率总是比发达国家高的主要原因,一是宏观经济政策。新兴市场和发展中国家发展愿意强烈,政府倾向于采用扩张性政策刺激经济,容易引发总需求过热,导致通货膨胀。体制转型国家转型初期供给短缺,加之政府主导的投资需求规模过大、货币供应量过多,容易引发通货膨胀。

二是结构性因素。如劳动力市场的技术结构、地区结构方面的刚性,以及资源在行业间流动不畅等,使新兴、高成长性行业难以即时获得所需资源、人才,资源价格、工人工资水平会因此上涨。与此同时,传统、正在衰退行业的资源、人才相对过剩,但这些行业的收入不仅难以下降,还可能因与新兴、高成长性行业攀比而上涨,这种状况的持续会引发通货膨胀。

开放部门受国外价格水平带动上升时,非开放部门向开放部门看齐,价格上涨从开放部门传递到非开放部门,引发通货膨胀。

市场机制欠发达使政府旨在降低价格的政策对价格水平的影响传递缓慢,企业根据成本利润调整生产经营的灵活性较差,价格水平上升容易发展为高通货膨胀。

三是过度向外举债。当经济出现易受投资(机)者阻击的某些脆弱性时，出于寻求更安全投资场所的考虑，投资（机）者会从央行手中换取外汇，并通过各种渠道流向国外，而央行对资本外逃的干预往往收效甚微，此时，国内往往会出现恶性通货膨胀。

四是发展战略。新兴市场和发展中国家普遍实施出口替代战略，通货膨胀导致的货币贬值可以促进出口战略的实现，这使得他们愿意接受一定程度的通货膨胀，以换取出口、就业和产出的快速增长。

五是管理经济的经验较少、能力较弱。在面对可能或已经出现的通货膨胀时，政府在治理通货膨胀的时机把握、政策工具选取、政策力度控制上，常常力不从心。

第二篇 利率与汇率

利率是现在财货与将来财货进行交换的一种贴水,这一贴水主要由现在财货优于将来财货的时间偏好或称人性不耐这一主观因素决定,投资机会这一客观因素对这一贴水也起部分作用。

汇率是两种货币交换的比率。

第 4 章 利率

利率①影响储蓄、投资、消费等决策行为,是对经济运行有重要影响的经济变量。

利率在央行的货币政策操作中具有迅速、精确的可测性,央行通过货币供应量的变动可对利率变动进行较好的控制,利率对政策目标有可预计的影响,这些特点使利率成为货币政策操作的重要中间目标。央行操作政策工具(公开市场操作、贴现政策、法定准备金率等)实现合宜的利率(中间)目标,并最终实现产出、就业、价格、金融市场等领域的政策目标。

---

① 按照费雪(1999)对利息理论的论述,利息理论是价格理论的一个特殊方面。一般价格理论中,价格为两种商品的交换比率,如一把斧头换两把锤子。这一交换比率部分地由相对边际需求这一心理的或主观的因素决定,另一部分由投资机会(将一种选择或收入流改为另一种选择或收入流的机会)这一客观因素决定。同样,在利息理论中,利率是现在财货与将来财货进行交换的一种贴水,这一贴水主要由现在财货优于将来财货的时间偏好或称人性不耐这一主观因素决定(起核心作用),投资机会这一客观因素也对这一贴水起部分作用。

按照利率决定的可贷资金理论,从可贷资金的供给方即债券的需求方看,利率为所购买债券的到期收益率;从可贷资金的需求方即债券的供给方看,利率为债券发行者出售债券所得资金的投资回报率。债券的供需均衡决定了到期收益率等于投资回报率,这一等值即为利率。从可贷资金供给方即债券购买方看,到期收益率同样反映了人们在现在消费与将来消费选择上的时间偏好、投资机会(和风险偏好),这与费雪的利息决定理论一致。

按照利率决定的流动性偏好理论,利率是货币需求方持有货币的机会成本(货币供给外生),即基于交易、预防和投机动机持有一个单位不能带来利息的货币这种资产,而不是持有能带来利息的债券这种资产所放弃的收益。而所放弃的债券资产的收益同样可以理解为现在资产与将来资产进行交换的一种贴水。

1 利率的计量

1.1 现值与贴现

在利率计量中常用到现值(present value)或现期贴现值(present discounted value)。现值或现期贴现值是指一定的利率水平下未来收到的现金流在今天的价值。

如某贷款人向借款人提供1万元的一年期贷款,双方约定利率(单利率)为10%,一年后贷款人从借款人处得到偿还的1万元本金和1 000元利息共1.1万元,这1.1万元就相当于现在的1万元。该贷款人再将这1.1万元以相同的利率贷放出去一年,则第二年后他能从借款人处得到1.21万元,这1.21万元就相当于现在的1万元。

如果用PV表示现在的价值1万元,用FV表示两年后的价值1.21万元,用 i 表示利率10%,则可以通过如下公式,计算 n 年后的未来价值FV相当于现在的价值PV:

$$PV = \frac{FV}{(1+i)^n}$$

上述计算未来收入的现在价值这一过程被称为贴现。

1.2 到期收益率(内部收益率)

到期收益率(yield to maturity)是使债务工具所有未来回报的现值与其现在价值相等的利率。它被认为是最准确的利率计量指标。到期收益率有时也被称为内部收益率。

1.2.1 普通贷款的到期收益率

普通贷款(simple loan)是指贷款人向借款人提供一定数量的资金,借款人必须在到期日向贷款人归还本金并支付利息的贷款。商业贷款通常是普通贷款。

前述例子中,贷款人向借款人提供1万元的一年期贷款,一年后贷款人从借款人处得到偿还的1万元本金和1 000千元利息共1.1万元。利用上面公式,可计算到期收益率i:

$$1=\frac{1.1}{1+i}, \quad i=10\%$$

显然,普通贷款的到期收益率等于单利率。

1.2.2 分期偿还贷款(固定支付贷款)的到期收益率

分期偿还贷款(fixed-payment loan)是指贷款人向借款人提供一定数量的资金,在约定的年度内,借款人每个时期(如每月)偿还固定的本金和利息的贷款。如住房抵押贷款通常为分期偿还贷款。分期偿还贷款的到期收益率计算公式为:

$$LV=\frac{FP}{1+i}+\frac{FP}{(1+i)^2}+\frac{FP}{(1+i)^3}+\cdots+\frac{FP}{(1+i)^n}$$

其中:LV为贷款金额,FP为每年固定的偿还额,n为偿还年限,i为到期收益率。

1.2.3 息票债券的到期收益率

息票债券[①](coupon bond)在到期日之前,每年向债券持有人支付定额利息(息票利息),到期偿付债券面值的金额。

息票债券的到期收益率计算方法与分期偿还贷款相似,不同之处是,息票债券到期要偿付债券面值的金额。息票债券的到期收益率计算公式为:

$$P=\frac{C}{1+i}+\frac{C}{(1+i)^2}+\frac{C}{(1+i)^3}+\cdots+\frac{C}{(1+i)^n}+\frac{F}{(1+i)^n}$$

其中:P为债券现价,C为每年的息票利息,F为债券面值,n为距到期日的年数。

1.2.4 贴现发行债券的到期收益率

贴现发行债券(discount bond)或零息债券(zero-coupon bond)为购

---

① 英国、美国有一种息票债券叫统一公债(consol)或永续公债(perpetuity)。统一公债或永续公债是一种没有到期日、无须偿付本金、永远仅需支付息票利息的永久性债券。

买价格低于其发行面值,即贴现发行、到期按面值偿付的债券。贴现发行债券没有利息。

贴现发行债券的到期收益率计算方法与普通贷款类似,计算公式为:

$$i=\frac{F-P}{P}$$

其中:F 为贴现发行债券面值,P 为贴现发行债券的现价。

不难发现,上述各种债券的现价与利率总是负相关,利率上升,债券价格下降。

1.2.5 当期收益率

为了简便,息票债券常常用当期收益率(current yield)来近似到期收益率。当期收益率的计算公式为:

$$P=\frac{C}{i}$$

其中:P 为债券价格,C 为每年的息票利息。

从到期收益率和当期收益率的公式不难看出,债券价格与面值越接近、期限越长,到期收益率与当期收益率越接近。当期收益率与到期收益率同向变动。

1.2.6 贴现基础上的收益率

为了简便,美国国库券报价通常采用贴现基础上的收益率(yield on a discount)或贴现收益率(discount yied),其计算公式为:

$$i=\frac{F-P}{P}\times\frac{360}{距到期日的天数}$$

其中:F 为贴现发行债券的面值,P 为贴现发行债券的购买价格。

贴现收益率采用债券面值的百分比收益,而不是到期收益率所用的债券购买价格的百分比收益,贴现收益率按年 360 天而非 365 天计算,所以,贴现收益率低估了以到期收益率衡量的利率,且贴现发行债券的时间越长,低估程度越大。

1.3 回报率

回报率(return rate)是在一定时期持有某种债券或有价证券所获取

的收益,它等于利息收入与有价证券价值变动的总和与购买价格的比率。回报率才是衡量在一定时期持有某种债券所获得的收益。回报率的计算公式为:

$$RET = \frac{C + P_{t+1} - P_t}{P_t} = \frac{C}{P_t} + \frac{P_{t+1} - P_t}{P_t}$$

其中:RET 为从时间 t 到 $t+1$ 持有债券的回报率;P_t 为时间 t 时的债券价格,P_{t+1} 为时间 $t+1$ 时的债券价格,C 为息票利息;$\frac{C}{P_t}$ 为当期收益率;$\frac{P_{t+1} - P_t}{P_t}$ 为资本利得率。

显然,债券利率($\frac{C}{P_t}$)并不一定能衡量某一时期持有某种债券的回报率,因为债券利率只有在资本利得率为零时才等于债券回报率。

一般而言(表 4—1):持有期与到期期限一致的债券的回报率,与最初的到期收益率相等。到期期限比持有期长的债券,利率上升引起债券价格下跌,带来持有该债券的资本损失。债券的到期日越远,利率上升时,回报率就越低。

表 4—1 不同期限债券 1 年期回报率

(利率由 10% 上升为 20%,息票利率为 10%)

购买时离到期的年数(年)	最初的当期收益率(%)	最初的价格(元)	下一年的价格(元)	资本利得率(%)	回报率(%)
10	10	10 000	5 970	−40.3	−30.3
1	10	10 000	10 000	0.0	10.0

1.4 名义利率与实际利率

不考虑通货膨胀的利率为名义利率,用预期通货膨胀率调整后的利率为实际利率。实际利率更准确地反映了真实的借款成本。

按照费雪方程式,名义利率与实际利率的关系为:

$$r = R - \pi^e$$

其中：r 为实际利率，R 为名义利率，π^e 为预期通货膨胀率。

2 利率的决定

在分析债券市场与货币市场时，经常会用到资产、财富、预期回报率、风险、流动性等概念。资产（asset）是指具有价值储藏功能的财产，如货币、债券、股票、艺术品、土地、住宅、农场、厂房、机器等。

财富（wealth）是指个人拥有的全部资源，包括所有资产。预期回报率（expected return）是指对某项资产在下一阶段回报率的预期。风险（risk）是指资产回报率的不确定性。流动性（liquid）是指某种资产转化为现金的相对难易程度和速度。如果交易该资产的市场有很多卖方和买方，这种资产就会具有较好的流动性。

资产需求理论（theory of asset demand）认为，在其他因素不变的情况下，资产需求量与财富规模、相对于其他替代性资产的预期回报率、相对于其他替代性资产的流动性正相关，与相对于其他替代性资产的风险负相关。

一般而言，所有债券利率的变动方向相同。为了使分析简化，同时又不影响分析结论，以下的分析将假定经济中只有一种债券和一种利率。在下一部分（见本章 3），我们再对不同的利率进行分析。

2.1 债券市场的供给与需求

2.1.1 债券市场的供求均衡

债券市场需求曲线：在除债券价格和利率以外的其他经济变量不变的前提下，债券的需求曲线通常向右下方倾斜，即债券的价格越低，债券需求量越大。

债券市场供给曲线：在除债券价格和利率以外的其他经济变量不变

的前提下,债券的供给曲线通常向右上方倾斜,即债券的价格越高,债券供给量越大。

债券市场供求均衡:当债券的供给量与对债券的需求量相等时,债券市场达到均衡。此时债券的价格为均衡价格或市场出清价格,对应于该价格的利率为均衡利率或市场出清利率。

债券市场总是趋向于均衡状态。在图 4—1(a)中,如果债券价格 P_{AC} 高于均衡价格 B,则会出现债券供给量(点 C)超过债券需求量(点 A)的超额供给状态。人们希望出售的债券数量大于人们愿意购买的债券数量,债券价格将会下跌,直至债券价格下跌到均衡价格为止,此时超额供给消失。而如果债券价格低于均衡价格时,则会出现债券供给量小于债券需求量的超额需求状态,债券价格将会上升至均衡价格,直至超额需求消失。

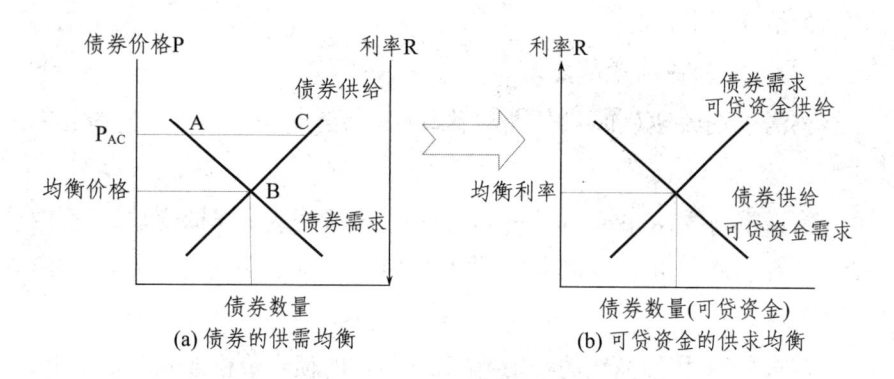

图 4—1 债券(可贷资金)的供需均衡

2.1.2 可贷资金理论

将图 4—1(a)以利率为左轴,并将利率按习惯由下至上表示由低到高,即可得到右图。右图向右下方倾斜的曲线为债券供给曲线,向左上方倾斜的曲线为债券需求曲线。这种变换后的图示,与人们习惯的需求曲线向右下方倾斜、供给曲线向左上方倾斜正好相反。

重新命名两条曲线即可让图示与人们的习惯相一致:由于供给债

券实质上是从购买债券的投资者手中获得贷款,即债券供给实质上是贷款需求,债券供给数量即为可贷资金数量。从可贷资金概念出发,可以将图4—1(b)向右下方倾斜的债券供给曲线看成是可贷资金需求曲线,向右上方倾斜的债券需求曲线看成是可贷资金供给曲线。这样,从可贷资金角度看图4—1(b),即可使图中供需曲线的方向与人们习惯的方向一致。

运用可贷资金概念看待和解释债券市场利率决定的分析方法,被称为可贷资金理论(loannable funds framework)。用债券供求与用可贷资金理论分析利率决定的结论完全相同,仅是表述上有差别。

需要注意的是,此处的可贷资金指可贷资金存量而非流量。分析金融市场行为的资产市场方法(asset market approach)强调资产存量而非资产流量决定资产价格,原因是,使用流量进行正确分析,尤其在有通货膨胀的情况下十分困难。

2.1.3 均衡利率的变动

当需求曲线或(和)供给曲线移动时,就会形成一个新的均衡利率水平。

沿需求曲线、沿供给曲线的移动:由债券价格或利率的变动(模型内变量的变动)引起的债券需求量、供给量的变动,常常表述为沿需求、供给曲线的移动。

需求曲线、供给曲线的移动:在每一给定的债券价格或利率水平上,由债券价格、利率以外的其他因素变化引起的债券需求量、供给量的变动,常常表述为需求曲线、供给曲线的移动。

债券需求曲线的移动。本节前述资产需求理论提到,资产需求量与财富规模、与其相对于其他替代性资产的预期回报率和流动性正相关,与其相对于其他替代性资产的风险负相关。债券作为一种资产,它的需求曲线的移动受上述四个因素的影响,此外,预期通货膨胀率也会使债券的需求曲线发生移动。具体是:

财富增长、债券相对于其他替代性资产的流动性增强,会使债券需求量增加,需求曲线向右移动;预期利率上升(当前长期债券的预期回报率下降)、预期通货膨胀率上升、债券相对其他资产的风险增加,会使债券需求量减少,需求曲线向左移动。

债券供给曲线的移动。影响债券供给量的因素主要有预期营利性、预期通胀率、政府预算赤字大小等。当经济上升期预期营利性增加(企业更愿意借款投资)、预期通胀率上升(实际利率下降、借款的实际成本下降)、政府扩大预算赤字时,对应于每一给定债券的价格或利率,债券的供给量都会提高,供给曲线向右移动。

2.2 货币市场的供给与需求(流动性偏好理论)

与可贷资金理论用债券市场上债券的供给与需求来解释利率的决定不同,约翰·梅纳德·凯恩斯(John Mqynard Keynes)开创的流动性偏好理论(liquidlity preference framework)用货币市场[①]上货币的供给与需求来解释均衡利率的决定。

2.2.1 货币市场的供求均衡

2.2.1.1 流动性偏好理论与均衡利率

凯恩斯在《通论》中认为短期中的利率调节使经济中最具流动性的资产(货币)供求平衡,故他的解释被称为流动性偏好理论。

实际货币余额供给:由货币当局(如中央银行)决定的货币供给 M 和短期中固定的价格 P 决定,可以表示为:

$$M^s/P = \overline{M}/\overline{P}$$

实际货币余额需求:利率是持有货币的机会成本,即把一部分资产作为不能带来利息的货币而不是作为带来利息的债券所放弃的收益,当利率上升时,人们想以货币形式持有的财富会减少[②]。实际货币余额需求可以表示为:

---

① 指作为交易媒介的货币的市场,非通常的交易短期债务工具的货币市场。
② 实际货币余额需求还与收入 Y 相关,此处暂不考虑。

$$M^d/P = L(R)$$

利率使实际货币余额供求均衡:实际货币余额需求量等于实际货币余额供给量($M^s/P = M^d/P$)时的利率为均衡利率。只要货币市场不均衡,人们就会调整他们的资产组合,并在这一调整过程中改变利率。具体过程如下:

如果利率高于均衡水平(图4—2中B点对应的R_b),实际货币余额供大于求,持有富余货币者将把他们的一些不能带来利息的货币(请注意货币没有利息)换为有利息的债券。而债券发行者对这种超额货币供给的反应是降低他们所提供债券的利率,最终使利率达到均衡水平(图4—2中A点对应的R_a)。

如果利率低于均衡水平(图4—2中C点对应的R_c),实际货币余额供不应求,人们就会卖出债券而得到货币;债券发行者不得不提高利率留住或吸引资金,最终使利率达到均衡水平(图4—2中A点对应的R_a)。

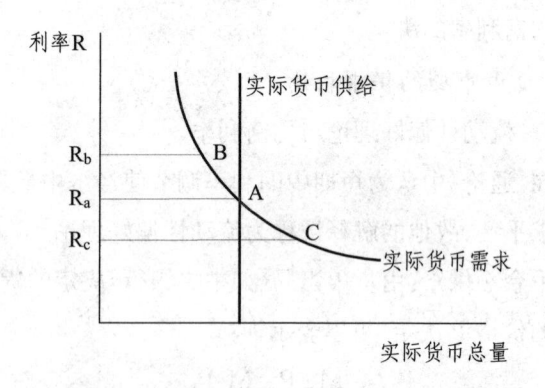

图4—2 流动性偏好理论中的均衡利率

2.2.1.2 货币市场上的流动性偏好理论等价于债券市场的可贷资金理论

凯恩斯认为,可供人们储藏财富的资产只有货币和债券,经济的财富总量等于货币总量加债券总量,即货币供给量和债券供给量之和应该等于人们愿意持有的货币总量和债券总量。

凯恩斯所使用的货币包括没有利息的通货与没有或少有利息的支票账户。假定货币的回报率为零,并假定货币的唯一可替代性资产债券的预期回报率为债券利率,在其他条件不变时,利率上升使货币相对债券的预期回报率下降,根据资产需求理论,货币的需求将减少。

显然,如果货币市场均衡,即货币的供给总量与需求总量相等,债券的供给总量与需求总量也会相等,即货币市场均衡必然会有债券市场均衡。这说明,分析货币市场的流动性偏好理论等价于分析债券市场的可贷资金理论。

流动性偏好理论假定经济中只有货币和债券两种资产,它忽略了可贷资金理论所包含的汽车、住宅等资产,从而也就忽略了这些资产的预期回报率对利率产生的影响。

通常,在分析预期通货膨胀率的效应时,更多地运用可贷资金理论;而在分析收入、价格水平和货币供给变动的影响时,更多地运用流动性偏好理论。

2.2.2 均衡利率的变动

在凯恩斯的流动性偏好理论中,收入和价格水平的变化会引起货币需求曲线的移动,进而引起均衡利率的变动。

收入对货币需求的影响。收入增长,人们愿意持有更多的货币来储藏财富,同时,收入增长也会使人们需要更多的货币进行交易,这会推动货币需求曲线向右移动。

价格水平对货币需求的影响。人们关注所能购买的商品和服务的数量,即根据不变价格来决定持有的货币量。价格水平上升,相同名义量的货币所能购买的商品和服务数量减少,人们会希望将实际货币持有量恢复到原先的水平,名义货币持有量会增加,这会推动货币需求曲线向右移动。

货币需求曲线的移动。在货币供给和其他经济变量不变的情况下,货币需求曲线向右移动会提高均衡利率,向左移动降低均衡利率。

货币供给曲线的移动。货币当局增加货币供给会推动货币供给曲线向右移动,假定其他变量不变,均衡利率会随货币供给量的增加而下降,这便是货币的流动性效应。

应用14 货币的流动性效应:货币供给增加、均衡利率下降[①]

2000年互联网泡沫破灭和2001年"9·11"事件后,美国经济进入衰退期。美联储将货币供应量(M3)从2000年3月的6.69万亿美元,增加到2002年9月的8.31万亿美元,2003年8月进一步增加到8.76万亿美元。美联储希望通过扩大货币供给、降低市场利率,提振陷入衰退的国内经济。

货币供应的快速增长使市场利率大幅度下降。如30年固定抵押贷款利率从2000年6月的8.29%下降为2003年的5.23%,降幅达到36.9%。大幅度增加货币供给对降低市场利率的效果十分明显(这一做法也催生了2007年爆发的次贷危机)。

2.2.3 货币供给增加对均衡利率的影响

在"2.2.2 均衡利率的变动"中,在"假定其他变量不变"的前提下,流动性效应使均衡利率随货币供给量的增加而下降。但是,现实中货币供给增加还会产生其他效应,"其他变量"并不会保持不变,流动性效应并不能反映全部事实。

货币供给增加会产生收入效应。货币供给增加的收入效应是指利率随收入水平的提高而提高。货币供给增加对经济产生扩张作用,增加产出、收入和财富,按照可贷资金理论和流动性偏好理论,这会导致利率上升。

货币供给增加会产生价格效应。货币供给增加的价格效应是指利率随价格水平的上升而上升。货币供给增加会提高价格总水平,按照流动性偏好理论,这会导致利率上升。

货币供给增加会产生通货膨胀预期效应。货币供给增加的通货膨胀

[①] 据Federal Reserve Bank。

预期效应是指利率随预期通货膨胀率的上升而上升。货币供给增加提高人们对未来的通货膨胀预期(或称预期通货膨胀率),按照可贷资金理论,这会导致利率的上升。

价格效应与通货膨胀预期效应的区别(区分为两种不同效应的理由)。两种效应都表明,货币供给增加导致价格水平上升,价格水平上升导致利率上升。但在货币供给一次性增加的情况下,价格效应与通货膨胀预期效应会有区别:如果第一年货币供给的一次性增加导致价格在第二年前上涨到一个较高水平,在第一年,随着价格水平的上升,利率在价格效应的作用下上升,同时,人们预期通货膨胀率会继续升高,利率也会受通货膨胀预期效应的影响而升高。

由于货币供给是一次性增加,价格水平也会是一次性上升。到第二年,价格水平已升至最高后不再上升,通货膨胀率和预期通货膨胀率会回到零水平。此时,价格停止增长,但价格效应达到最大,而通货膨胀预期效应已消失(预期通货膨胀率为零)。

2.2.4 提高货币供给增长速度对均衡利率的影响

上述分析表明,在货币供给增长率提高的情况下,仅有流动性效应(即货币供给增长会降低利率)使利率下降,而收入效应、价格效应和通货膨胀预期效应都会使利率上升。提高货币供给增长速度的结果是提高利率还是降低利率,取决于上述四种效应的相对强弱,以及这些效应出现的时间。

各种效应出现的时间。提高货币供给增长率的流动性效应可立即发挥作用,因为货币供给增加与利率下降之间几乎没有时滞。提高货币供给增长率并不会立即显现出价格效应和收入效应,因为货币供给增长引发价格水平、收入水平上升,进而导致利率上升需要一定的时间。提高货币供给增长率到通货膨胀预期效应显现的时间不确定,这一时间取决于货币供给增长率提高时,人们调整其通货膨胀预期的速度。

以下是可能出现的三种情况。

第一种情况,流动性效应的作用大于其他效应,利率下降。货币供给增长率提高,流动性效应立即显现。一段时间后,收入效应、价格效应和通货膨胀预期效应开始显现,利率会有所上升,但因这些效应的作用弱于流动性效应,利率最终回不到原有水平(图4—3中最下面的曲线)。

第二种情况,流动性效应的作用小于其他效应,且预期通货膨胀率调整缓慢,利率先降后升。货币供给增长率提高,流动性效应立即显现,利率下降。一段时间后,收入效应、价格效应和通货膨胀预期效应开始显现,利率上升,由于这些效应的作用强于流动性效应即在利率变动中发挥主导作用,利率会逐步上升到高于原来的水平(图4—3中间的虚线)。

第三种情况,通货膨胀预期效应最大且能迅速发挥作用,利率上升。货币供给增长率提高,人们迅速提高他们对通货膨胀的预期,通货膨胀预期效应迅速超过流动性效应,利率立即上升。一段时间后,收入效应和价格效应也开始发挥作用,利率进一步上升(图4—3中最上面的虚线)。

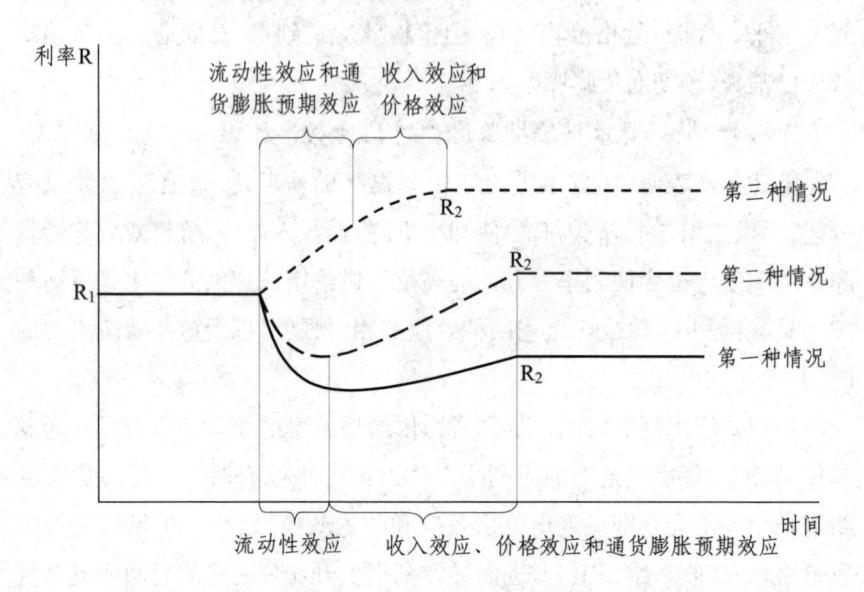

图4—3 提高货币供给增长率对利率的影响

以上三种情况为纯粹的理论设想,近年来的实证分析表明,货币供给增长速度的提高可以在短期内降低利率(米什金,2006)。

应用15　假如费雪在世,他会认同利率是由央行决定的吗

按照凯恩斯的流动性偏好理论,央行增加或减少货币供给会改变利率。现实中,无论是美联储还是我国的人民银行,都通过收放货币来调节利率,促进经济稳定。这让我们常常认为,利率由央行决定。

新古典主义者欧文·费雪(Irving Fisher,1867～1947)认为,利率是现在消费与将来消费两种状态进行交换的一种贴水。人们更偏好于现在消费而不是将来消费(费雪称之为"人性不耐"或"时间偏好"),即使通胀率为零,人们将资金借给他人,也要收取一定的利息。人们更愿意现在消费而不是将来消费的这种时间偏好(主观因素)是决定利率的核心因素。费雪有言,"利率是现在财货更多一个单位的现在边际欲望大于将来财货更多一个单位的现在边际欲望的超过部分(以百分比表示)"(费雪,1999)。除时间偏好外,投资机会(将一种选择或收入流改为另一种选择或收入流的机会)、风险这两个客观因素也决定利率。

千千万万个微观主体的时间偏好这一主观因素,以及投资机会、风险这两个客观因素,决定了利率。利率由这些众多微观主体的时间偏好、投资机会、风险所决定,而不是由央行的货币政策所决定。央行收放货币可以影响利率,但决定不了利率。

这就是以费雪为代表的(长期、存量与流量)实际利息理论(如前述可贷资金理论)。该理论认为利息为放弃现在消费的报酬。利率主要由每个人在消费上的时间偏好这一主观因素决定,而每个人的这一主观选择是理性的,货币当局不应该通过货币政策干预每个人的这种自由选择行为。他们还警告,如果货币当局不顾上述利率决定机制,频繁干预利率,不仅会干扰市场中微观主体的经济决策,还有可能给经济带来极其严重的后果(如危机)。

与此不同的是,凯恩斯的流动性偏好(短期、存量)利率决定理论认为,货币供求决定利率,利率完全是一种货币现象,所以,货币当局可以调节货币供给影响利率,进而影响实体经济。

3 利率的风险与期限

在"利率的决定"一节中,我们假定经济中只有一种债券和一种利率,但现实经济中存在多种债券和不同利率。本部分将对不同利率的风险和期限进行讨论。

3.1 利率的风险结构(相同到期期限债券利率之间的关联性)

到期期限完全相同的不同种类债券,其利率不同,且这些利率之间的利差随时间变动,原因就在于这些债券在违约风险、流动性、所得税方面存在差别。

3.1.1 违约风险

债券的违约风险指债券发行人如企业无法或不愿履行先前承诺的利息支付或债券到期时偿付面值的义务。国债通常被认为不存在违约风险,所以也被称为无违约风险债券(default-free bonds)。

有违约风险债券与无违约风险债券之间的利差被称为风险溢价。风险溢价表示人们持有风险债券所必须赚取的额外利息。有违约风险债券的风险溢价为正,且风险溢价随违约风险上升而上升。原因是,有违约风险债券的违约风险上升,债券的预期回报率下降且回报变得更加不确定,根据资产需求理论,该债券相对无违约风险债券的预期回报率下降、相对风险上升,市场对该债券的需求量减少、债券价格下降、债券利率上升。相对应地,无违约风险债券的预期回报率上升、相对风险下降,市场对无违约风险债券的需求增加、债券价格上升、债券利率下降。

结果必然是,有违约风险债券的利率与无风险债券的利率之间的利差即风险溢价扩大。

应用16　中资银行持有的美国次级债因次贷危机面临违约风险

2007年美国次贷危机爆发,次贷违约率大幅上升,这引发了以次贷为基础的证券化资产如次级债及其衍生品价格的下跌,次级债违约风险急速加大。据穆迪2009年3月10日发布的报告,283家美国上市公司存在高债券违约风险,这一数值远高于2008年同期的157家。这283家公司约占美国全部"投机级"公司债发行量的23%。

至2008年6月30日,上市中资银行持有约240亿美元与美国房利美、房地美房产担保公司相关的债券,这两家公司深陷危机使中资银行所购买的这些债券面临无法按承诺偿付的风险。

2008年9月15日,雷曼兄弟投资公司递交破产保护申请,当时我国工行、中行、建行、交行、招行、中信、兴业七家上市银行持有雷曼债券以及风险敞口(债务人违约导致的可能承受风险的信贷业务余额)的数量约为7.2亿美元。

2008年9月末,雷曼迷你债券(一种小额的零售金融衍生工具)成为不少香港居民挥之不去的噩梦。据香港证监会数据,在香港发行的雷曼迷你债券有156多亿港元。雷曼倒闭后,按破产清算的优先级别,其资产极少能为香港债券投资者承担偿付责任,不少投资者血本无归。

3.1.2　流动性

在其他条件相同的前提下,债券流动性越强,越容易交易且交易费用越低,在紧急情况下出售债券的代价越小。国债交易规模很大,随时都可以比较容易地以较低的代价出售,所以国债流动性最强。

假定初始状态某一公司债券与国债的均衡价格、均衡利率完全相同,因为任何一个公司的公司债券的交易量远小于国债,按照资产需求理论,市场对该公司债券的需求量减少、债券价格下降、债券利率上升。相对应地,市场对国债的需求量增加、国债价格上升、国债利率下降。结果必然是,公司债券利率与国债利率之间的利差风险与流动性溢价扩大。

3.1.3 所得税

债券的利息减免税政策对债券的风险溢价有影响。利息税减免可以提高债券的预期回报率,按照资产需求理论,市场对该债券的需求量增加、债券价格上升、债券利率下降,在其他条件相同的情况下,相对无利息减免政策的债券的风险溢价会下降。

3.2 利率的期限结构(不同到期期限债券利率之间的关联性)

现实情况常常是,相同风险、流动性和税收政策的债券,因其到期日的时间不同,利率也会有差别。利率的期限结构理论解释同一债券利率随时间而变化,以及不同债券利率之间具有的内在关联性。

利率的期限结构理论包括预期理论(expectations theory)、分割市场理论(segmented markets theory)和流动性溢价理论(liquidity premium theory)。期限结构的预期理论和分割市场理论是流动性溢价理论的基础,对预期理论和分割市场理论的分析旨在更透彻地理解流动性溢价理论。

具体而言,利率期限结构理论要解释市场中存在的三个事实:一是不同到期期限债券的利率随时间同向波动;二是债券的短期利率较低,债券的收益率曲线很可能向上倾斜,反之,则向下倾斜;三是收益率曲线总是向上倾斜。

3.2.1 预期理论能解释第一、第二个事实但无法解释第三个事实

期限结构的预期理论假定,人们对不同期限债券没有特别偏好,不同期限债券的预期回报率相等,这些债券为完全替代品。

在此假定下,期限结构的预期理论认为,长期债券利率等于其有效期内预期短期利率的平均值。期限不同债券的利率之所以不同,是因为人们对债券未来的短期利率的预期值[①]不同。

---

① 文中的"预期"与"预期值"两个概念的含义完全相同,在谈到具体指标时,为了更明了地表达,有时称"预期"为"预期值"。

对"长期债券利率等于其有效期内预期短期利率的平均值"这一结论的推导如下：

假定采取以下两种投资策略：一种是将一个单位的投资，投资于一年（或季、月等）期债券、一年后再将本金和利息投资于下一个一年期债券，直至 n 年；另一种是投资于 n 年（或季、月等）期限债券并持有至到期日。

R_t 表示一年期债券今年的利率，R^e_{t+1} 表示对下一年一年期债券的预期利率，$(1+R^e_{t+(n-1)})$ 表示对第 n 年一年期债券的预期利率；R_{nt} 表示 n 年期债券今年的利率。

采取前一种投资策略，第一年的投资回报为 $1+R_t$，第二年为 $(1+R_t)\times(1+R^e_{t+1})$……，第 n 年到期后为 $(1+R_t)\times(1+R^e_{t+1})\times\cdots\times(1+R^e_{t+(n-1)})$。

n 年后的预期回报率为：

$$[(1+R_t)\times(1+R^e_{t+1})\times\cdots\times(1+R^e_{t+(n-1)})-1]/1$$

因 $R_t \times R^e_{t+1}$ 非常小，可以令其为 0，上述 n 年后的预期回报率为：

$$R_t + R^e_{t+1} \times \cdots \times R^e_{t+(n-1)}$$

采取后一种投资策略，即投资于 n 年期限债券并持有至到期日的投资回报为：

$$(1+R_{nt})^n = 1 + nR_{nt} + R_{nt}^2 + \cdots + R_{nt}^n。$$

因 R_{nt}^2 很小，可以令其等于 0，n 年后的预期回报率为：

$$[(1+nR_{nt})-1]/1 = nR_{nt}$$

根据前述"人们对不同期限债券没有特别偏好，不同期限债券的预期回报率相等"的假定，有：

$$nR_{nt} = R_t + R^e_{t+1} \times \cdots \times R^e_{t+(n-1)}$$

$$R_{nt} = (R_t + R^e_{t+1} \times \cdots \times R^e_{t+(n-1)})/n$$

结果是，"长期债券利率等于其有效期内预期短期利率的（算术）平均值。①"

上述结果对事实一(不同到期期限债券的利率随时间同向波动)的解释:因为"长期债券利率等于其有效期内预期短期利率的平均值",短期债券利率上升,利率平均值也会趋于上升。

预期理论对事实二(债券的短期利率较低,债券的收益率曲线很可能向上倾斜;反之,则向下倾斜)的解释:当短期利率较低时,人们依据债券市场供求规律,通常会预期未来短期利率会上升至其正常水平,这会使未来短期利率预期的平均值高于当前的短期利率,进而使长期利率高于当前的短期利率。而当短期利率较高时,人们通常预期未来短期利率会下降至正常水平,这会使未来短期利率预期的平均值低于当前的短期利率,进而使长期利率低于当前的短期利率。

预期理论无法解释事实三(收益率曲线总是向上倾斜)。因为未来短期利率可能上升也可能下降,按照预期理论"长期债券利率等于其有效期内预期短期利率的平均值"的说法,收益率曲线应该既不上升也不下降,即近似于水平,这与"收益率曲线总是向上倾斜"相矛盾。

3.2.2 分割市场理论能解释第三个事实但无法解释第一、第二个事实

与期限结构的预期理论假定"人们对不同期限债券没有特别偏好,不

---

① 可以以购买1元人民币1年期债券、到期时再购买1年期债券(前一种投资策略),以及购买1元人民币2年期债券并持有到期(后一种投资策略)为例,来直观地说明上述公式的推导过程:

i_1 表示1年期债券今年的利率,i_2^e 表示下年1年期债券的预期利率,i_2 表示两年期债券今年的利率。

第一种投资策略中第一年1元投资的回报为 $(1+i_1)$,第二年的预期回报(1元人民币实际能获得的所有回报)为 $(1+i_1)(1+i_2^e)$,预期回报率为 $[(1+i_1)(1+i_2^e)-1]/1 = i_1 + i_2^e + i_1 \times i_2^e = i_1 + i_2^e$($i_1 \times i_2^e$ 很小令其为0)。

第二种投资策略中两年的预期回报为 $(1+i_2)^2$,回报率为 $[(1+i_2)^2-1] = 2i_2$(i_2^2 很小令其为0)。

按照预期理论"人们对不同期限债券没有特别偏好,不同期限债券的预期回报率相等"的假定,有:$2i_1 = i_1 + i_2^e$,$i_1 = (i_1 + i_2^e)/2$。正文中的表达式与这一简化例子的表达式完全一致。

同期限债券的预期回报率相等,这些债券为完全替代品"完全相反,期限结构的分割市场理论假定,人们对某一到期期限债券有强烈的偏好,不同到期期限的债券市场完全独立和分割,期限不同债券的利率取决于该债券的市场供求,相互之间没有丝毫关联。

分割市场理论对事实三(收益率曲线总是向上倾斜)的解释:在上述假定下,人们通常愿意持有期限较短、利率风险较小的短期债券,这会导致长期债券相对短期债券的市场需求较少,长期债券价格较低、利率较高,长期债券的典型收益率曲线向上倾斜。

分割市场理论无法解释事实一(不同到期期限债券的利率随时间同向波动),因为市场分割使不同到期期限债券的利率变动之间没有关联性。

分割市场理论无法解释事实二(债券的短期利率较低,债券的收益率曲线很可能向上倾斜;反之,则向下倾斜),因为分割市场理论并不清楚短期利率水平的变动会对短期债券和长期债券的供求产生何种影响。

3.2.3　流动性溢价理论与期限优先理论能够解释三个事实

期限结构的流动性溢价理论结合了预期理论和分割市场理论的特征,它能够解释前述三个事实。

流动性溢价理论假定,人们倾向于偏好期限较短的债券,因为这些债券的风险相对较小;不同到期期限的债券可以相互替代,但并不能完全替代。

流动性溢价理论认为,长期债券的利率等于到期之前预期短期利率的平均值,加上随债券供求变动而变动的流动性溢价(或称期限溢价)。当存在正的流动性溢价时,人们才愿意持有期限较长的债券。

通过修正前述预期理论中长期利率与短期利率联系的等式,流动性溢价理论可以表示为:

$$R_{nt} = (R_t + R^e_{t+1} \times \cdots \times R^e_{t+(n-1)})/n + l_{nt}$$

其中:l_{nt}为n期债券在时间t的流动性溢价,l_{nt}为正值且随债券到期期限n的延长而上升。

与流动性溢价理论密切相关的期限优先理论(preferred habitat theory)对预期理论进行了修正,期限优先理论假定,人们对某种到期债券有特别的偏好,即人们更愿意持有某种期限的债券(期限优先)①。

在此假定下,期限优先理论同样可以推导出流动性溢价理论的前述公式,公式中的 l_{nt} 为期限溢价,从而也能够解释前述三个事实。

流动性溢价理论和期限优先理论对事实一(不同到期期限债券的利率随时间同向波动)的解释:短期利率上升,未来短期利率的预期的平均值也会上升,所以,长期利率会随短期利率的上升而上升。

流动性溢价理论和期限优先理论对事实二(债券的短期利率较低,债券的收益率曲线很可能向上倾斜;反之,则向下倾斜)的解释:当短期利率较低时,通常人们会预期未来短期利率将回到其正常水平,未来短期利率的预期的平均值会高于当前的短期利率,长期利率会高于当前的短期利率,加之存在正的流动性溢价(请注意公式中流动性溢价 l_{nt} 为正值且随债券到期期限 n 的延长而上升),长期利率会远高于短期利率,债券的收益率曲线向上倾斜。

反之,短期利率较高时,人们通常预期未来短期利率会下降,虽然存在正的流动性溢价,但因未来短期利率的预期的平均值远低于当前的短期利率,长期利率仍会低于短期利率,收益率曲线向下倾斜。

流动性溢价理论和期限优先理论对事实三(收益率曲线总是向上倾斜)的解释:人们通常愿意持有短期债券,即长期债券相对短期债券的市场需求较少,长期债券价格低、利率高,长期债券的典型收益率曲线向上倾斜(与"3.2.2 分割市场理论能解释第三个事实但无法解释第一、第二个事实"相同);而即使人们预期未来短期债券利率的平均值不升也不降,因流动性溢价随债券到期期限的延长而上升,长期利率也会高于短期利率,所以,典型的收益率曲线必然向上倾斜。

流动性溢价理论和期限优先理论还能对偶然出现的翻转的收益率曲

---

① 一般而言,相对于长期债券,人们倾向于购买期限较短、利率风险较小的短期债券。只有当预期回报率足够高时,人们才愿意购买长期债券。

线(inverted yield curve,即向下倾斜的收益率曲线)提供解释:当预期未来短期利率的下降幅度足够大,以至于未来短期利率的预期的平均值的下降幅度足以抵消正的流动性溢价时,长期利率就会低于短期利率,收益率曲线向下倾斜。

依据流动性溢价理论和期限优先理论,可以简单地通过观察收益率曲线的斜率,来判断市场对未来短期利率的预期(图4—4):斜率很大的收益率曲线表明预期未来短期利率将上升,斜率较小的收益率曲线表明预期未来短期利率上升或下降的幅度都不大,斜率为零即平坦的收益率曲线表明预期未来短期利率将下降(请注意有正的流动性溢价存在),斜率为负(曲线向下或翻转的收益率曲线)的收益率曲线表明预期未来短期利率将大幅下降。

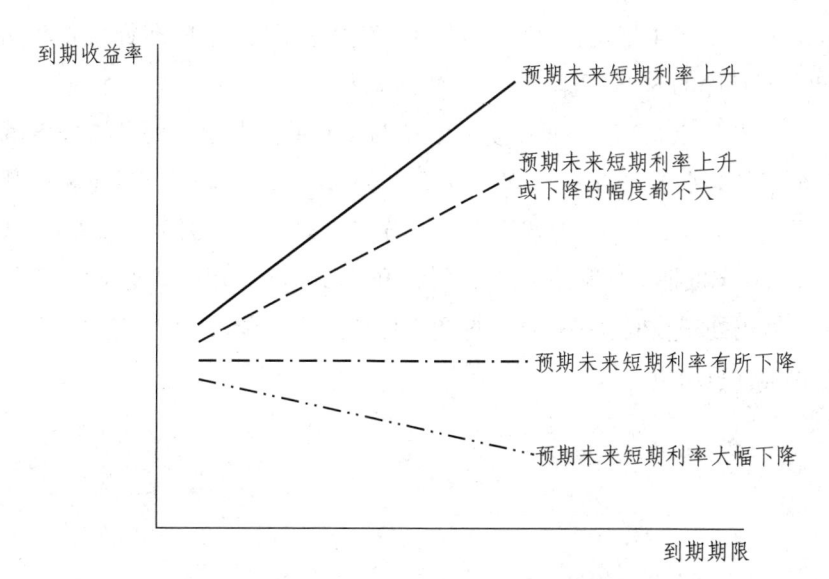

图4—4 不同斜率的到期收益率曲线表明市场对未来短期利率的预期

应用17 不同利率同向变动并不意味着不同利率的联动关系固定不变

市场中各种债券有不同利率,这些利率往往同向变动,这为货币当局操作货币政策工具改变基准利率,通过其他利率与基准利率的联动引导这些利率变动,实现货币政策目标提供了可能。但是,市场中不同利率同向变动并不意味着不同利率的联动关系在任何时候都保持不变。请看下面的实例:

1971 年至 2002 年,美国固定抵押贷款利率与联邦基金利率的联动关系保持稳定,而 2002 年至 2005 年,长期抵押贷款利率与联邦基金利率的联动关系消失。

据美联储前主席格林斯潘计算,1971 年至 2002 年,长期抵押贷款利率与联邦基金利率的关联度稳定在 0.85。2000 年 12 月至 2003 年 6 月,为遏制 IT 泡沫破灭和"9·11"恐怖袭击后的经济衰退,美联储连续 13 次降息,将联邦基金利率由 6.5% 下调至 1%,且在随后的一年中都维持在该水平。2001 年年初至 2004 年年中,美国 30 年固定抵押贷款利率从 2000 年年底的 8.1% 下降至 2003 年的 5.8%。

2002 年至 2005 年,抵押贷款利率与联邦基金利率之间的相关度减弱至不显著水平。如 2004 年 6 月至 2006 年 6 月,美联储连续上调联邦基金利率至 5.25%,共上调了 5 个百分点。2004 年 7 月底至 2006 年 6 月中,30 年抵押贷款利率从 6.21% 上升至 6.71%,上升幅度很小,且从历史看仍处于较低水平。这一低利率促使房市繁荣,并将新房和二手房销售推升至历史高位。

第 5 章 汇率

汇率是以一种货币表示的另一种货币的价格。汇率既然是货币资产的价格,影响资产价格的行为,也会影响汇率。

为了直观和便于理解,本章相关部分将以人民币对美元汇率为例进行分析。

1 汇率的计量

1.1 汇率的计量

汇率可以从两个角度来计量,分别为直接标价法和间接标价法。

直接标价法[①]:每单位外国货币对应的本币数,如每 1 美元兑换 6.834 2 元人民币(2009 年 1 月 7 日中间价)。

间接标价法:每单位本币对应的外国货币数,如每 1 元人民币兑换 0.146 3 美元(2009 年 1 月 7 日中间价)。

用一国通货交换另一国通货的比率被称为名义汇率,名义汇率是两国通货的相对价格。用一国的产品和服务交换另一国产品和服务的比率被称为实际汇率,实际汇率是两国产品的相对价格。实际汇率与名义汇率的关系是:

[①] 可以从货币是商品的角度去理解汇率的直接标价法和间接标价法。直接标价法是指 1 美元值多少元人民币,这类似于市场上 1 台计算机值多少元人民币一样。美元和计算机都是人们用人民币要购买的商品。间接标价法衡量 1 元人民币能够买到的美元或计算机。商品标价的习惯是每件商品值多少货币,直接标价法类似于平常人们对商品的习惯标价。

实际汇率＝名义汇率×国内价格/国外价格

即期汇率:交易双方同意交换银行存款并立即交割为即期交易,即期交易的汇率为即期汇率。由于银行系统完成付款指令需要时间,尽管跨国银行都在努力缩短结算延迟的时间,即期交易通常在一两天后才能生效。

远期汇率:外汇交易的生效日有时长达 30 日、90 日甚至数年,这种交易中所报的汇价称为远期汇率。远期汇率与即期汇率并不一定相等,但变动方向一致。远期交易的目的在于规避汇率变化所带来的风险。

1.2 商品和服务的国内价格和国外价格

如果按 2009 年 1 月 7 日人民币对美元汇率 1 美元兑 6.834 2 元人民币计,出口一双在中国价值 100 元人民币的鞋子到美国合 14.63 美元(不考虑关税等因素,下同)。如果人民币对美元汇率由 1 美元兑 6.834 2 元人民币升值为 1 美元兑 6 元人民币,则该双在中国价值 100 元人民币的鞋子在美国合 16.67 美元;如果人民币对美元汇率贬值为 1 美元兑 7 元人民币,则该双在中国仍然价值 100 元人民币的鞋子在美国合 14.29 美元。

显然,本币升值,外国人会发现该国(指货币升值国)出口产品变得昂贵;本币贬值,外国人会发现该国出口产品变得便宜(表 5—1)。

表 5—1 人民币升值、出口产品昂贵,贬值、出口产品便宜(从外国人角度)

(中国向美国出口一双价值 100 元人民币的鞋子)

人民币对美元汇率	1∶6.834 2 (2009.01.07)	1∶6	1∶7
中国价格(人民币元)	100	100	100
美国价格(美元)	14.63	16.67	14.29

同样,按 2009 年 1 月 7 日人民币对美元汇率为 1 美元兑 6.834 2 元人民币计算,购买一架在美国价值 1.5 亿美元的飞机合 10.25 亿元人民

币。如果人民币对美元汇率升值为 1 美元兑 6 元人民币,则该架在美国价值 1.5 亿美元的飞机合 9 亿元人民币;如果人民币对美元汇率贬值为 1 美元兑 7 元人民币,则该架在美国价值 1.5 亿美元的飞机合 10.5 亿元人民币(表 5—2)。

表 5—2　人民币升值、进口产品便宜、贬值、进口产品昂贵(从中国人角度)

(美国向中国出口一架价值 1.5 亿美元的飞机)

人民币对美元汇率	1∶6.834 2 (2009.01.07)	1∶6	1∶7
美国价格(亿美元)	1.5	1.5	1.5
中国价格(亿元人民币)	10.25	9.0	10.5

显然,本币升值,本国人会发现进口产品变得便宜;本币贬值,本国人会发现进口产品变得昂贵。

综合前面两个例子可以发现,如果本币升值,外国人会发现该国(指货币升值国)出口产品变得昂贵,本国人会发现从外国进口的产品变得便宜;本币贬值,外国人会发现该国出口产品变得便宜,本国人会发现从外国进口的产品变得昂贵。

1.3　商品和服务的相对价格

汇率使我们能计算以不同货币计价的商品和服务的相对价格。在前述例子中,当人民币对美元汇率为 1 美元兑 6.834 2 元人民币时,中国人面对的用飞机表示的鞋子的价格为:

每双鞋子 100 元人民币/每架飞机 10.25 亿元人民币=每双鞋子相当于 9.75×10^{-8} 架飞机

美国人面对的用飞机表示的鞋子价格同样为:

每双鞋子 14.63 美元/每架飞机 1.5 亿美元=每双鞋子相当于 9.75×10^{-8} 架飞机

如果人民币对美元汇率升值为 1 美元兑 6 元人民币,则中国人面对

的用飞机表示的鞋子的价格为:

每双鞋子 100 元人民币/每架飞机 9 亿元人民币＝每双鞋子相当于 11.11×10^{-8} 架飞机

如果人民币对美元汇率贬值为 1 美元兑 7 元人民币,则中国人面对的用飞机表示的鞋子的价格为:

每双鞋子 100 元人民币/每架飞机 10.5 亿元人民币＝每双鞋子相当于 9.52×10^{-8} 架飞机

不难发现,如果商品的价格不变,人民币相对美元升值,使会飞机相对鞋子变得便宜,人民币相对美元贬值,会使飞机相对鞋子变得昂贵(表 5—3)。

表 5—3　用飞机表示的鞋子价格

人民币对美元汇率	1∶6.834 2 (2009.01.07)	1∶6	1∶7
每双鞋子相当于几架飞机	9.75×10^{-8}	11.11×10^{-8}	9.52×10^{-8}

一般的结论是,当不考虑其他因素时,一国货币升值使出口商品的相对价格上升,并使进口商品的相对价格下降;一国货币贬值,则使出口商品的相对价格下降,并使进口商品的相对价格上升。

2　汇率的决定

汇率由外汇市场中买卖外汇进行国际支付的家庭、企业和金融机构的相互作用而决定。

外汇市场[①]在某一汇率水平上出清,表明市场参与者愿意在此汇率

---

① 外汇市场是指外汇的交易场所。外汇市场的参与者有商业银行(外汇市场的核心)、在多个国家开展业务的跨国公司、非银行金融机构和中央银行。

上持有所有各种外汇存款,此时外汇市场达到均衡状态。

外汇作为一种资产,影响其他资产需求的因素如财富规模、预期回报率、风险、流动性等,也影响外汇需求。迄今为止,人们对外汇市场风险的定义及其重要性远未达成共识。为了简化分析,我们假定所有存款的实际收益的风险相同,即风险差异不影响对外汇资产的需求。由于与国际贸易相联系的支付活动仅占外汇交易的很小一部分,流动性对外汇需求的影响也可以忽略。这样,外汇市场对外汇的需求就仅取决于不同外汇资产的预期收益率(有时简称"收益率",类似于债券的"到期收益率")。

2.1 利率平价(外汇市场的基本均衡条件)

利率平价条件是指用相同货币衡量的任意两种货币存款的预期收益率相等。仅当利率平价条件具备时,外汇市场才处于均衡状态。理由是,人们总是愿意持有最高预期收益率的货币存款,如果两种货币存款的预期收益率不等,就必然出现一种货币的过度供给和另一种货币的过度需求。只有在任意两种货币的预期收益率相等的情况下,外汇市场上才不会出现过度供给与过度需求,外汇市场才会达到均衡。

用公式表示的人民币与美元的利率平价条件①如下:

---

① 利率平价条件的简单表达式 $R_r = R_\$ + (E^e_{r/\$} - E_{r/\$})/E_{r/\$}$ 的推导如下:
以当前人民币对美元汇率计算的 1 美元存款的人民币价格为 $E_{r/\$}$;
1 美元存款一年后所获得的美元收益为 $1 + R_\$$;
一年后的预期汇率为 $E^e_{r/\$}$,1 美元存款一年后所获得的人民币收益为 $(1 + R_\$) \times E^e_{r/\$}$;
1 美元存款的预期人民币收益率为 $((1 + R_\$) \times E^e_{r/\$} - E_{r/\$})/E_{r/\$}$
$= (E^e_{r/\$} + R_\$ \times E^e_{r/\$} - E_{r/\$})/E_{r/\$}$
$= (E^e_{r/\$} - E_{r/\$})/E_{r/\$} + R_\$ \times E^e_{r/\$}/E_{r/\$}$
$= (E^e_{r/\$} - E_{r/\$})/E_{r/\$} + R_\$ \times (E^e_{r/\$} - E_{r/\$} + E_{r/\$})/E_{r/\$}$
$= (E^e_{r/\$} - E_{r/\$})/E_{r/\$} + R_\$ \times (E^e_{r/\$} - E_{r/\$})/E_{r/\$} + (R_\$ \times E_{r/\$})/E_{r/\$}$
$= R_\$ + (E^e_{r/\$} - E_{r/\$})/E_{r/\$} + R_\$ \times (E^e_{r/\$} - E_{r/\$})/E_{r/\$}$

$R_\$ \times (E^e_{r/\$} - E_{r/\$})/E_{r/\$}$ 较小可令其为零,1 美元存款的预期人民币收益率为 $R_\$ + (E^e_{r/\$} - E_{r/\$})/E_{r/\$}$。

外汇市场均衡条件为两种货币的预期收益率相等,人民币的预期收益率等于其利率 R_r,故只有在 $R_r = R_\$ + (E^e_{r/\$} - E_{r/\$})/E_{r/\$}$ 时,外汇市场才处于均衡状态。

$$R_r = R_\$ + (E^e_{r/\$} - E_{r/\$})/E_{r/\$}$$

其中：R_r 为人民币利率，$R_\$$ 为美元利率，$E_{r/\$}$ 为人民币对美元汇率，$E^e_{r/\$}$ 为人民币对美元的预期汇率，$(E^e_{r/\$} - E_{r/\$})/E_{r/\$}$ 为人民币相对美元的预期贬值率。

2.2 利率、预期汇率不变时当前汇率变动对预期收益率的影响

假定两种货币的利率、预期汇率不发生变化，本币贬值将降低外汇存款的预期本币收益率，本币升值将提高外汇存款的预期本币收益率。以人民币和美元为例：

美元存款的预期人民币收益率为 $R_\$ + (E^e_{r/\$} - E_{r/\$})/E_{r/\$}$，不难发现，当利率 $R_\$$、预期汇率 $E^e_{r/\$}$ 不变，当前汇率 $E_{r/\$}$ 升值即下降时，美元存款的预期人民币收益率 $R_\$ + (E^e_{r/\$} - E_{r/\$})/E_{r/\$}$ 上升；当前汇率 $E_{r/\$}$ 贬值即上升时，美元存款的预期人民币收益率下降。

2.3 利率、预期汇率不变时的均衡汇率

图 5—1 中的点 A 为给定水平的人民币利率与美元存款的人民币预期收益率的交点，所对应的汇率即为满足利率平价条件的人民币与美元收益率相等的均衡汇率。

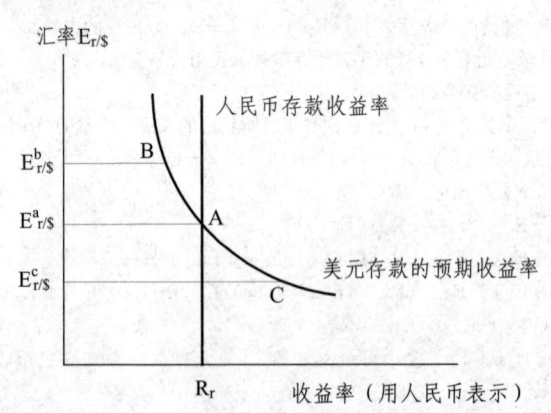

图 5—1 人民币对美元均衡汇率的决定

在利率、预期汇率不变的前提下,汇率总是通过调整以维持利率平价。

假定初始汇率位于点 B,美元存款的人民币收益率比人民币存款的收益率低,美元持有者希望卖出美元、买入人民币,但在此点,因人民币存款的收益率高于美元存款的人民币收益率,没有人愿意卖出人民币。要使人民币持有者卖出人民币,美元持有者必须提出更优惠的价格来购买人民币,人民币对美元汇率下降(等量美元购买更少人民币,人民币升值或美元贬值)。当人民币对美元汇率下降至点 A 时,美元存款的人民币收益率与人民币存款的收益率相等,美元持有者不会有卖出美元买入人民币的动力,外汇市场达到均衡。

而假定初始汇率位于点 C,则会出现与上述过程相反的情况,只有汇率调整到点 A 时,外汇市场才能达到均衡。

2.4 利率、预期汇率变动对当前汇率的影响

2.4.1 人民币利率变动对当前汇率的影响

从利率平价条件 $R_r = R_\$ + (E^e_{r/\$} - E_{r/\$})/E_{r/\$}$ 可以看出,当 $R_\$$、$E^e_{r/\$}$ 不变,R_r 上升,$E_{r/\$}$ 会下降;R_r 下降,$E_{r/\$}$ 会上升。

从图形上也可以推导出相同的结论[图 5—2(a)]:R_r 上升,则代表 R_r 水平的直线向右移动,汇率 $E_{r/\$}$ 下降;反之,代表 R_r 水平的直线向左移动,汇率上升。

人民币利率上升使人民币相对美元升值的机理如下:人民币利率上升时,在点 A,人民币存款的预期收益率(R_r)超过美元存款的预期收益率($R_\$ + (E^e_{r/\$} - E_{r/\$})$),美元出现超额供给,只有当前汇率从 $E^a_{r/\$}$ 下降至 $E^b_{r/\$}$,即人民币相对美元升值,才能消除美元的超额供给,外汇市场在 B 点重新均衡。

2.4.2 美元利率变动对当前汇率的影响

同样可以通过利率平价条件进行如下推导:当 R_r、$E^e_{r/\$}$ 不变,$R_\$$ 上升,$E_{r/\$}$ 也要上升才能维持利率平价条件;$R_\$$ 下降,$E_{r/\$}$ 也要下降。

从图形上也可以推导出相同的结论[图 5—2(b)]：$R_\$$ 上升,则代表 $R_\$$ 水平的曲线向右移动,汇率 $E_{r/\$}$ 上升；反之,代表 R_r 水平的曲线向左移动,汇率下降。

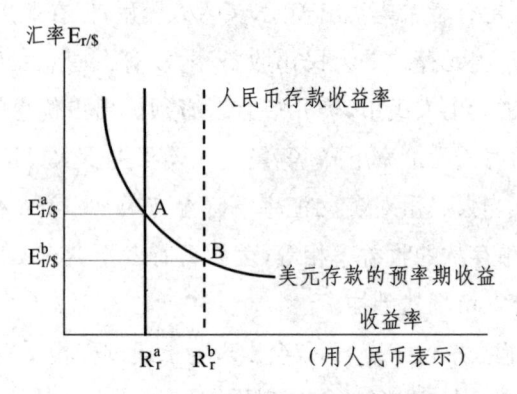

(a) 人民币利率上升使当前汇率下降

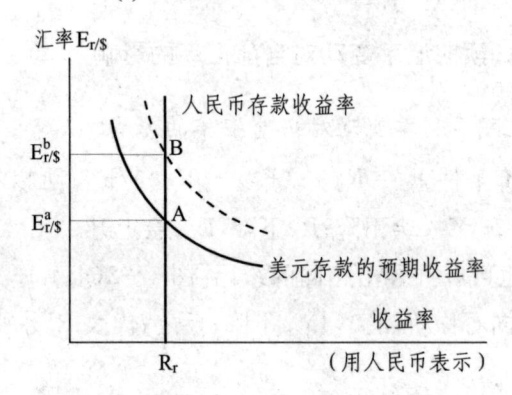

(b) 美元利率上升使当前汇率上升

图 5—2 利率上升对当前汇率的影响

美元利率上升使人民币相对美元贬值的机理如下：美元利率上升时,在点 A,美元存款的预期收益率($R_\$ + (E^e_{r/\$} - E_{r/\$})/E_{r/\$}$)超过人民币存款的预期收益率,人民币出现超额供给,只有当前汇率从 $E^a_{r/\$}$ 上升至 $E^b_{r/\$}$,即人民币相对美元贬值,使美元存款的预期人民币收益下降,人民币的超额供给才得以消除,外汇市场在 B 点重新均衡。

2.4.3 预期汇率变动对当前汇率的影响

从利率平价条件 $R_r = R_\$ + (E^e_{r/\$} - E_{r/\$})/E_{r/\$}$ 可以看出,当 R_r 不变时,$E^e_{r/\$}$ 上升,只有 $R_\$$、$E_{r/\$}$ 上升才能维持利率平价条件。

从图形上也可以推导出相同的结论[图 5—2(b)]:$E^e_{r/\$}$ 上升,则代表 $R_\$$ 水平的曲线向右移动,汇率 $E_{r/\$}$ 上升;反之,代表 $R_\$$ 水平的曲线向左移动,汇率下降。

预期汇率上升使人民币相对美元贬值的机理如下:预期汇率上升时,在点 A,美元存款的预期人民币收益率($R_\$ + (E^e_{r/\$} - E_{r/\$})$)超过人民币存款的预期收益率,人民币出现超额供给,只有当前汇率从 $E^a_{r/\$}$ 上升至 $E^b_{r/\$}$,即人民币相对美元贬值,才能使人民币的超额供给得以消除,外汇市场在 B 点重新均衡。

3 货币供给变动对汇率的影响

本币、外币供给变动对本国利率、汇率的短期、长期影响各不相同。以下仍以人民币和美元为例,分析人民币、美元供给变动对人民币利率、人民币对美元汇率的影响。

3.1 货币、利率与汇率的相互关联

将均衡汇率曲线(见本章图 5—1)与均衡利率曲线(见第 4 章图 4—2)以人民币表示的收益率为横轴结合起来,即可得到综合了货币供需、利率、汇率的货币市场和外汇市场同时均衡时的曲线(图 5—3)。

图 5—3 代表了人民币货币市场(下半部分)与外汇市场(上半部分)的联系:人民币货币市场决定人民币利率,人民币利率影响利率平价条件所决定的汇率。

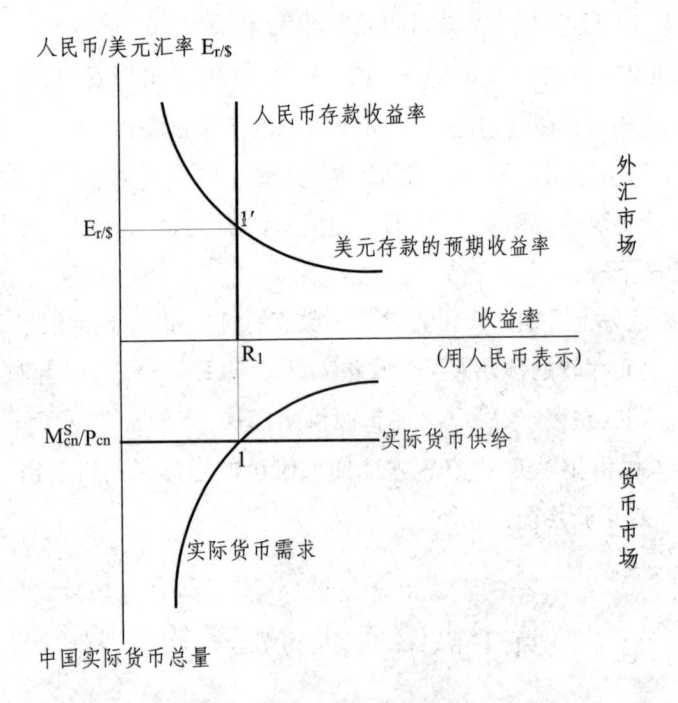

图 5—3　人民币货币市场与外汇市场同时均衡

3.2　短期中货币供给变动对利率、汇率的影响①

短期的含义是价格水平和实际产出不变，在此前提下，货币供给增加或减少会影响汇率水平。

3.2.1　人民币供给增加对人民币利率、人民币对美元汇率的影响

在最初的货币供给水平 M_{cn}^1/P_{cn} 处（图 5—4 下半部分），货币市场在点 1 处达到均衡，此时的人民币利率为 R_r^1。在给定美元利率、预期汇率下，外汇市场在点 $1'$ 处达到均衡，均衡汇率为 $E_{r/\$}^1$。

当人民银行将人民币货币供给由 M_{cn}^1/P_{cn} 增加到 M_{cn}^2/P_{cn}（短期价格不变，$P_{cn}^1 = P_{cn}^2$）时，在人民币货币市场上，因短期价格不变，货币供给量的

---

①　参见克鲁格曼等(2002)。

增加会增加实际货币总量,利率会因此下降为 R_r^2,人民币货币市场在点 2 处重新达到均衡;同时,在新的较低的人民币利率、预期汇率不变前提下,美元存款的预期收益率会高于人民币存款的预期收益率,人民币持有者会卖出人民币、买入美元,这会使当前汇率由增加货币供给前的 $E_{r/\$}^1$ 贬值到 $E_{r/\$}^2$,外汇市场在点 2′ 处重新均衡(图 5—4 上半部分)。

3.2.2 美元供给增加对人民币对美元汇率的影响

美元供给增加,美元利率 $R_\$$ 下降,这会使美元的预期收益率下降,即外汇市场中的美元预期收益率曲线向左移动,外汇市场在点 3′ 处(图 5—4 上半部分由虚线表示的美元存款的预期收益率与 R_r^1 点的人民币存款收益率直线相交处)达到均衡,美元相对于人民币贬值,或称人民币升值或人民币对美元汇率下降。而在人民币货币市场上,美元供给增加不会对人民币货币市场均衡产生影响,人民币货币市场仍在点 1 处保持均衡。

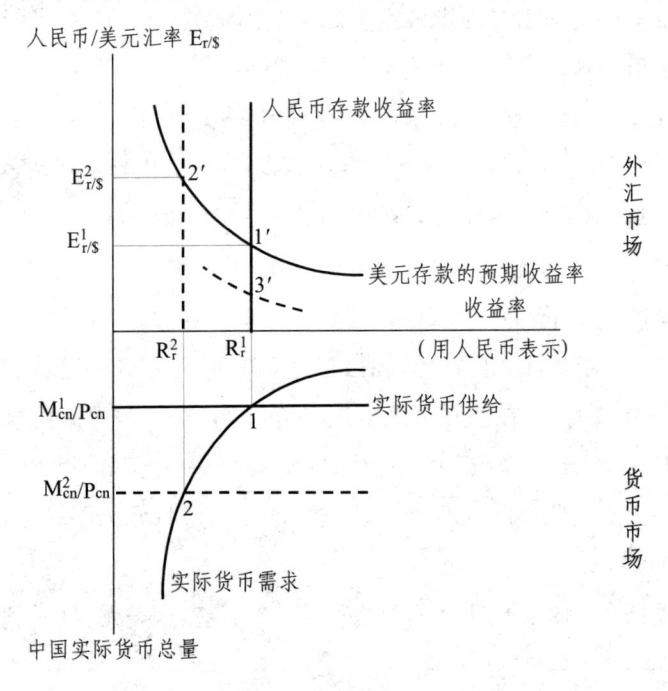

图 5—4　货币供给增加对人民币利率、人民币对美元汇率的影响

应用18　1986～1987年日元降息与日元升值并行[①]

1985年9月22日在日本广场饭店举行的G5会议达成了"广场协定",日本、美国、欧洲共同干预市场,使日元(马克)升值,改善日本(德国)与美国贸易不平衡状况。1985年9月24日至10月25日,日本央行诱导市场利率攀升0.56个百分点至7.1%,银行间隔夜拆借利率也上升至6.8%,日元对美元汇率由9月24日的1∶231升值为11月17日的1∶202。此间日元升息与日元升值正向关联。

但1986～1987年,出现了降息与升值并行,即与图5—4模型所描述的利率、汇率变动关系相反的情况。具体如下:

美国为减少贸易逆差,希望美元贬值,但同时它又需要让财政部的债券顺利卖出去,以弥补财政赤字,这需要维持美元与日元间的息差。为使美元贬值的同时吸引国外投机资金购买美国债券,美国选择了降息这一隐蔽的贬值手段。

美元降息日元也必须降息,这样才能维持美元与日元间息差。1986年年初,为了使日元降息时日元不贬值,日本大藏大臣竹下登暗示日元还将升值。这一口头干预使日元对美元汇率从1∶201升至1∶195。日元的升值使日本央行比较放心地将法定利率下调了50个基点至4.5%。日元利率的这一下调对日元对美元汇率并未产生明显影响,日元延续上升趋势,1986年2月3日日元升值到1∶190,2月14日逼近1∶180。

1986年3月初,在获知美联储决定降息的情况下,为避免息差缩小使日元进一步升值导致经济下滑,日本央行率先于3月7日降息至4.0%,一天后美联储降息50个基点至7.0%。但日元仍旧暴涨,3月17日升至1∶175。

4月18日、19日两天美日又各降息50个基点,美元、日元利率分别

[①] 资料来源:瞿晓华:"试论日美外交博弈下的日元升值与泡沫经济",2009年3月27日,http://www.lunwentianxia.com/product.free.10006876.1/。

降至 6.5%、3.5%。日元仍延续升值趋势。

7月10日美国再次降息50个基点,日本央行迫不得已于10月30日宣布第四次降息50个基点至3.0%,但日元升势依旧。

在美国财长贝克任由美元继续下跌的言论下,尽管日本政府不惜代价地入市干预,日元仍不改升值趋势,1987年1月19日日元冲破1∶150大关。

1987年2月21日、22日,西方七国在法国财政部举行G7财长会议,商讨稳定汇率对策。为了表示诚意和谢意,日本央行当天宣布第五次降息,将法定利率降至历史最低点的2.5%(于23日起执行)。这一利率水平维持了2年零3个月(被认为是导致经济泡沫的重要原因)。

为了阻止日元升值给国内经济带来严重损害,仅1987年4月日本央行的干预金额就相当于1986年全年干预资金的1/3,高达102亿美元。但日元仍不改升势,1987年4月27日触及137高点。

10月17日美国财长贝克在CNN采访中威胁西德,要修正G7财长会议上达成的卢浮宫协定,这一态度使市场预期美日德三国的协调体制将不复存在,美元暴跌,外国投资者开始争相抛售美元资产,12月31日美元跌至122日元,1988年1月4日一度跌至120日元。

按照利率平价条件,降息会给本币带来贬值压力,但日本央行不断降息并未促使日元贬值,日元反而不断升值。其中重要的原因,是不同资产并不具有资产完全替代特征。投资者为了避险,往往会持有收益可能较低、风险较低的货币、债券。政策变动所带来的预期变动,也使投机者疯狂投机,加大风险溢价,从而使日元降息与日元升值并存(见第8章附录3)。

3.3 长期中货币供给变动对价格、汇率的影响

长期的关键特征是价格水平的完全调整和生产要素的充分利用。长期对应着经济的长期均衡水平,长期均衡是指经济向充分就业的状态调整过程中,如果不出现新的冲击,经济最终可以达到的状态,或者可以理

解为当所有工资、价格都有足够时间调整到市场出清水平后所能保持的一种状态。

从货币需求理论看,货币市场均衡条件为:

$$货币供给\ M^s/P = 货币需求\ L(R,Y)$$

$$价格\ P = M^s/L(R,Y)$$

上式表明,当其他条件不变时,货币供给 M^s 增加将使价格水平同比例提高,即货币需求本质上是对实际货币持有量的需求。

也就是说,货币供给变动对长期利率、实际产出没有影响。例如,如果货币供给和所有的价格都变为原来的两倍(类似于币制改革中将一个单位的货币变为两个单位的货币),相对价格(如利率)仍不会发生变化,人们只是将两个单位的货币当作一个单位的货币来使用,改变的是绝对价格。对产出水平而言,长期均衡状态下,充分就业的产出水平由经济中的劳动、资本等因素决定,长期实际产出不取决于货币供给。

所以,货币供给增加,将使价格水平的长期值相应地增加,而当经济最终处于充分就业状态时,货币供给的增加,将最终使价格水平同比例上升。

结论是:因货币供给的变化并不影响相对价格(利率)和产出水平,在其他条件不变时,一国货币供给增加,将使该国货币相对外国货币在长期内产生相同比例的贬值。

4 货币供给的永久性增加(通胀)对汇率的影响[①]

假定开始时经济中的所有变量均处于长期均衡状态,经济对货币供给变动进行调整时产出不变。货币供给永久性增加必然导致通货膨胀,通胀对短期、长期中的利率、汇率会产生不同影响。

---

① 参见克鲁格曼等(2002)。

4.1 对利率的短期影响

货币供给的永久性变动对短期货币市场的影响与前述货币供给变动对人民币利率的影响相同(见本章3.2.1)。当名义货币供给从 M_{cn}^1 增加到 M_{cn}^2 时(图5—5),实际货币供给从 M_{cn}^1/P_{cn}^1 增加到 M_{cn}^2/P_{cn}^1(短期价格不变,$P_{cn}^1 = P_{cn}^2$),利率从 R_r^1 下降至 R_r^2(与本章3.2.1中的结论相同)。

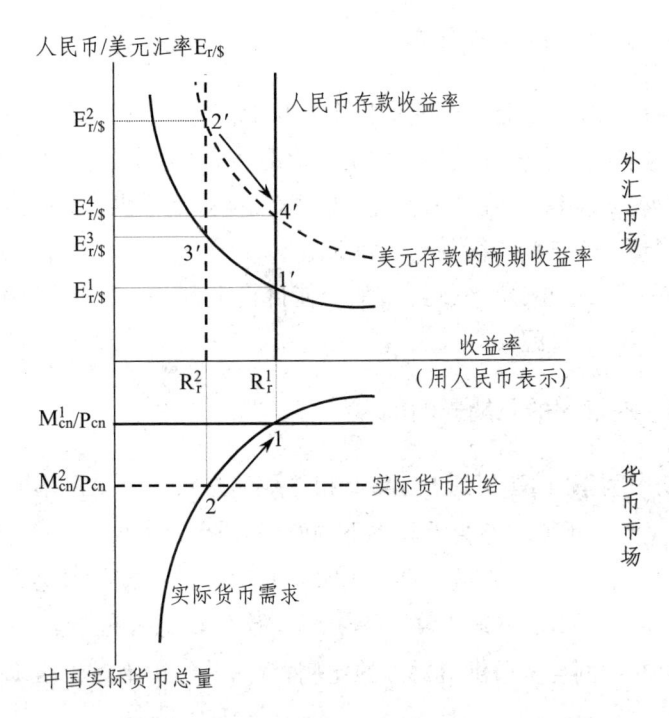

图5—5 货币供给增加的短期和长期效果

4.2 对汇率的短期影响

利率下降使人民币存款的人民币收益向左移动(与本章3.2.1中的结论相同),同时(以下的汇率变动与本章3.2.1中的结论不同),因货币供给不断增加,通货膨胀出现,人们会预期包括美元在内的所有商品的人民币价格会长期上涨,人民币对美元预期汇率 $E_{r/\$}^e$ 上升(人民币预期贬值),这会提高美元存款的预期收益($R_\$ + (E^e_{r/\$} - E_{r/\$})/E_{r/\$}$),外汇市场中美元的预期收益曲线会向右移动,结果是人民币相对美元贬值,汇率从 $E^1_{r/\$}$(点 $1'$)上升到 $E^2_{r/\$}$(点 $2'$)。

而如果增加货币供给不改变人民币预期汇率,人民币汇率会从 $E^1_{r/\$}$(点 $1'$)上升(贬值)至 $E^3_{r/\$}$(点 $3'$)的位置,贬值幅度小于预期汇率贬值时的情况。

4.3 对利率的长期影响

价格在长期中的弹性会使价格水平从 P^1_{cn} 上升为 P^2_{cn},使价格水平与货币供给同比例上升,并使最终的实际货币供给 M^2_{cn}/P^2_{cn} 与最初的实际货币供给 M^1_{cn}/P^1_{cn} 相等。在产出不变的前提下,实际货币供给这一回到最初水平的调整会使长期均衡利率回到 R^1_r。

结论是:长期中,货币供给增加会使价格上升,利率会经历从 R^1_r 到 R^2_r 再回到 R^1_r 的过程。

4.4 对汇率的长期影响

长期中利率由 R^2_r 回到 R^1_r,与此相伴随的是对人民币汇率的预期不再变动,美元的预期收益会沿利率下降时的预期收益曲线反方向地移回长期均衡水平(点 $4'$),新的长期均衡水平的汇率 $E^4_{r/\$}$(点 $4'$)会高于最初的均衡汇率水平 $E^1_{r/\$}$(即点 $4'$ 高于点 $1'$,但点 $4'$ 是否高于点 $3'$ 无法确定),高出的比例与货币供给增加的比例相等,并等于绝对价格水平的变动幅度。

5 短期价格刚性与汇率超调[①]

汇率超调是指汇率被动地对货币供给变动的短期反应超过长期反应

---

① 参见克鲁格曼等(2002)。

的现象(如本章图5—5中的$E_{r/\$}^2$高于$E_{r/\$}^4$)。汇率超调的原因是短期价格黏性和利率平价条件。

汇率超调的过程如下:假定在货币供给增加之前,人们没有预期到人民币对美元汇率变动,此时的人民币利率与美元利率相等(利率平价条件)。人民币货币供给的增加对美元利率不产生影响,但会使R_{cn}^1下降并一直低于美元利率。而要使外汇市场在这一调整过程中保持均衡,美元存款的利率优势必须被人民币的预期升值($E_{r/\$}^e$的预期下降)所抵消,这只有在人民币对开美元汇率过度下调至高于$E_{r/\$}^4$的水平(即高于图5—5坐标中点$4'$的位置点$2'$),市场参与者才会产生人民币相对美元升值的预期,人民币对美元汇率最终才会从点$2'$回调至点$4'$的均衡位置。

如果价格充分弹性,货币供给增加将不会改变实际货币供给余额,人民币利率就不会下降,外汇市场均衡也不会改变,从而汇率保持不变,通过汇率超调来维持外汇市场均衡的过程也不会出现。

6 长期价格弹性与长期汇率

长期价格水平充分弹性是本部分讨论问题的前提。我们仍假定产出水平外生,即影响汇率、利率和价格水平的因素不影响产出,这样做,虽然不能精确地描述我们常常直观地观察到的实际情况,但能使问题大大简化,而且在长期经济中,这一假定是符合实际的。在后面第8章开放经济中的总需求中,我们再探讨短期中产出和汇率如何决定。

长期经济中的汇率大幅度波动[①],主要受两类因素的影响:一是货币政策、通货膨胀、利率等,二是货币供求以外的因素如对商品和服务的需

---

① 如1999年1月1日欧元面世时,欧元对美元汇率为1美元兑0.847 1欧元,2000年10月26日欧元相对美元贬值到1∶1.215 8,而2008年12月30日,欧元相对美元的汇率升值为1∶0.709 4。从2000年到2008年,欧元相对美元升值了70%。1970年日元对美元的汇率为1美元兑358日元,到1980年12月25日,日元相对美元升值为1∶120,10年间升值了66%。

求变动等。

6.1 一价定律与购买力平价

6.1.1 一价定律

一价定律是指,在没有运输费用、官方贸易壁垒(如关税)的自由竞争市场上,以同一货币计价时,同样货物在不同国家出售的价格相同。

例如,在没有运输费用和官方贸易壁垒的前提下,如果人民币对美元汇率为1∶7,一件在国内市场上卖70元人民币的衣服在美国市场上就卖10美元。

在人民币对美元汇率为1美元兑7元人民币的情况下,如果同样的衣服在国内市场上卖70元人民币,在美国市场上卖5美元而不是10美元,国内的进口商和美国的出口商就可以通过外汇市场将70元人民币兑换为10美元,在美国买衣服运到国内来卖,这必然导致美国衣服的价格上升和国内衣服的价格下降,直到两国在这种衣服上的价格相等。

6.1.2 购买力平价

购买力平价指两国货币的汇率等于两国价格水平之比[①]。用 P_r 表示在国内销售的一个基准商品篮子的价格,用 $P_\$$ 表示在美国销售的同一商品篮子的价格,并假定该商品篮子能够准确衡量两国货币的购买力,购买力平价表示的人民币对美元的汇率为:

$$E_{r/\$} = P_r/P_\$$$

整理上式有:

$$P_r = P_\$ \times E_{r/\$}$$

上式表明,如果用同一种货币表示,不同国家同一篮子商品的价格水平将相等。

6.1.2.1 一价定律与购买力平价的关联

一价定律适用于单个商品的价格水平,购买力平价适用于商品篮子

---

① 请注意,购买力平价的前提是实际汇率不发生变动,请与本章 6.2.2 比较。

的价格水平,或称一般价格水平。

如果一价定律对所有商品都成立,只要不同国家商品篮子中所包含的商品相同,购买力平价就成立。而购买力平价成立不一定要求一价定律成立。理由是,即使对单个商品而言一价定律不成立,价格和汇率也不会与购买力平价关系偏离太远,因为当一国的商品或劳务的价格暂时比其他国家高时,市场上对这一国家的货币和商品的需求就会下降,这将促使汇率和该国价格重新回到购买力平价关系所决定的水平,也就是说,即使一价定律不成立,其背后的经济力量也会最终使各国货币的购买力趋于一致。

6.1.2.2 绝对购买力平价与相对购买力平价

绝对购买力平价是指汇率等于相对价格水平,即上式 $E_{r/\$}=P_r/P_\$$ 的含义。绝对购买力评价反映了两国价格水平与汇率水平之间的关系。

相对购买力平价是指,在任何一段时间内,两种货币汇率的变化率等于同一时期两国国内价格水平变化率(通胀率)之差。它反映价格水平变动与汇率水平变动之间的关系。推导如下:

由 $E_{r/\$}=P_r/P_\$$,有:

$$(E_{r/\$,t}-E_{r/\$,t-1})/E_{r/\$,t-1}=(P_{r,t}/P_{\$,t}-P_{r,t-1}/P_{\$,t-1})/(P_{r,t-1}/P_{\$,t-1})$$

假定 $P_{\$,t}=P_{\$,t-1}$,即国外价格不变,则有:

$$(E_{r/\$,t}-E_{r/\$,t-1})/E_{r/\$,t-1}=P_{r,t}/P_{r,t-1}-P_{\$,t}/P_{\$,t-1}$$
$$=\pi_r-\pi_\$$$

因不同的商品篮子基本上不会卖相同的价格,只有两种商品篮子相同,绝对购买力平价才有意义。而一国通常不会采用国际标准的商品篮子来计量本国的价格指数,这就使得绝对购买力平价几乎没有实际意义。

而即使两个国家为计算各自价格水平所选取的商品篮子范围和构成不同,运用汇率变化率与通货膨胀率之差这一关系,也可以通过政府公布的价格数据来测算汇率的变动。相对购买力平价的现实意义是显而易见的。

6.1.2.3 购买力平价与经验证据的不一致

实证结论并不支持购买力平价。经济现实与购买力平价不符的原因如下：

第一，运输费用与贸易管制的存在，使一些商品或服务在国与国之间无法贸易。例如你希望理个美国纽约市正在流行的发型，去美国或请美国理发师过来，都无法承受交通费用。又如，你想买辆德国柏林市出租汽车车型的奔驰车，因进口关税或德国根本就不允许这种型号的车出口而无法实现。

此外，各国非贸易品的价格并无太多联系，这会使相对购买力平价出现系统性偏差；衡量各国价格水平的商品篮子通常包括多种非贸易品，如理发、日常医疗、住房等。

第二，非完全竞争的市场结构。如一家公司以不同价格在不同国家出售同一种商品（麦当劳在各国销售的巨无霸价格就相差很大），这其中并不完全是运输费用和贸易壁垒的原因，也有公司利用其市场力量进行歧视性定价的因素。

第三，消费方式不同使不同国家对价格水平的计量存在差异。如猪肉在商品篮子中的比重在中国会高于西方国家，而当 2007 年下半年开始猪肉价格（相对篮子内的其他商品）快速上涨时，即使贸易完全自由且没有交易成本，中国商品篮子的价格也会相对美国商品篮子的价格上升。

第四，价格黏性使违反购买力平价的现象短期比长期更突出。原因是价格调整需要时间。

6.2 长期汇率

本部分通过考虑实际汇率的变动，对购买力平价理论进行修正，再以修正的购买力平价理论为基础建立长期汇率模型，使其能更好地解释现实。

6.2.1 运用货币分析法分析货币供给、利率和产出变化对汇率的影响

从绝对购买力平价理论出发，推导货币因素与汇率在长期中相互影

响的分析方法,被称为汇率的货币分析法。汇率的货币分析法的核心特征是只考虑影响货币供求的因素,其他因素不考虑。它认为价格水平总是立即调整到使经济始终保持在充分就业状态并满足购买力平价条件。因而货币分析法是分析长期经济而非短期经济的方法。

6.2.1.1 货币供给变动对汇率的影响

从长期看,两种货币的汇率即两种货币的相对价格,完全取决于两种货币的相对实际供给量与相对实际需求量,而利率、国内产出的变化只有通过影响货币需求才会影响汇率。以中美两国为例分析如下:

在一个汇率和价格能够及时调整从而始终保持充分就业状态的经济中,汇率等于两国价格水平之比,以人民币和美元为例,人民币对美元汇率为:

$$E_{r/\$} = P_r / P_\$$$

从货币总需求模型看,货币市场均衡条件为:

$$货币供给\ M^s/P = 货币需求\ L(R,Y)$$

$$P = M^s / L(R,Y)$$

人民币对美元汇率等于中国产出的人民币价格比美国产出的美元价格,而美国和中国的国内价格水平由两国国内的货币供求关系决定,所以,人民币对美元汇率从长期看完全取决于人民币和美元的相对供给量与相对需求量。

6.2.1.2 利率变动对汇率的影响

一国利率上升将使实际货币需求 $L(R,Y)$ 下降,这将导致长期价格水平 P 上升,进而导致该国货币相对其他货币同比例贬值。

费雪效应。费雪效应揭示了预期通胀率与利率之间的长期关系。用预期的通胀率替代前述相对购买力平价理论中的通胀率,有:

$$(E^e_{r/\$} - E_{r/\$}) / E_{r/\$} = \pi^e_r - \pi^e_\$$$

其中: $\pi^e = (P^e - P)/P$。

人民币资产与美元资产之间的利率平价条件是:

$$R_r - R_\$ = (E^e_{r/\$} - E_{r/\$}) / E_{r/\$}$$

整理利率平价条件，有：
$$R_r - R_\$ = \pi_r^e - \pi_\$^e$$

即在购买力平价理论下，两国利率差等于预期通胀率之差。换个说法，在其他条件不变时，若一国预期通胀率上升，最终会使该国货币存款利率同比例上升，这就是费雪效应[①]。

运用费雪效应解释利率变动对汇率的影响。在货币分析法所设定的长期中价格充分弹性的假定下，一国货币供给增速突然增加（可理解为通胀率由原来的 π 上升为 $\pi + \Delta\pi$），按购买力平价理论，该国货币将按 $\pi + \Delta\pi$ 而不是按原来的速度 π 贬值。这一政策变动使市场预期未来货币贬值速度将更快，利率平价条件（$R_r - R_\$ = (E_{r/\$}^e - E_{r/\$})/E_{r/\$}$）要求利率跃升到一个新的更高水平。因此时利率的跃升来自市场对未来更高通货膨胀的预期，而不完全是此时货币供给的增加（即此时利率的跃升不完全与 $\Delta\pi$ 对应，而是对应远高于 $\Delta\pi$ 的利率水平），跃升的利率减少了货币需求，使货币供给过度，该国价格水平会向上跳跃，重新使实际货币供给 M^s/P 等于货币需求 $L(R,Y)$。按照购买力平价，长期价格的向上跳跃必然使汇率以相同比例向上跃升。

在上述货币供给增速突然增加、价格向上跳跃、货币贬值、市场预期通胀加速、货币贬值速度加快、利率跃升、货币需求减少、价格向上跳跃、汇率跃升的长期变动路径中，关键是利率向上跃升到一个更高水平并不是因为货币供给增速的变动，而是市场基于货币供给增速变动这一事件所产生的对未来更高通胀、更大贬值的预期。长期价格的充分弹性也是另一个条件。

但请注意，在短期中价格黏性假定下（见本章 3.2），货币供给增速加快时，价格黏性使价格无法立即调整到与货币供给量相对应的水平，在原来的利率水平上出现超额货币供给，利率下降使实际货币供需相等。短

[①] 美国 20 世纪早期的经济学家欧文·费雪很早就讨论了作为现代外汇市场均衡理论的利率平价条件，并在 *The Theory of Interest* (New York: Macmillan, 1930) 中详细论述了这一效应。

期价格黏性假定下,利率变动方向与上述货币分析法中的结论完全相反。

可见,在货币分析法(多用于长期分析)中,利率上升使市场产生更高的通货膨胀预期、货币贬值预期,结果是货币立即贬值;而在价格黏性假设(多用于短期分析)下,利率上升使市场产生更低的通货膨胀预期、货币升值预期,结果是货币立即升值。

6.2.1.3 产出变动对汇率的影响

产出 Y 增长使实际货币需求量 L(R,Y)增加,带来长期价格水平下降,进而使该国货币相对其他国家货币同比例升值。

6.2.2 购买力平价的拓展:长期汇率模型

前述购买力平价指出两种货币的汇率为两国价格水平之比,这一汇率实质上是名义汇率。如果对购买力平价进行拓展,用两个商品篮子替代两种货币,两个商品篮子的相对价格即为实际汇率。人民币对美元的实际汇率为美国商品篮子相对于中国商品篮子的人民币价格,等于用人民币表示的美国价格水平($E_{r/\$} \times P_\$$)除以中国价格水平(P_r):

$$e_{r/\$} = (E_{r/\$} \times P_\$)/P_r$$

例如:一个基准商品篮子(实际上不同国家不大可能有完全相同的商品篮子)在美国值 100 $(/美国商品篮子),在中国值 500￥(/中国商品篮子),则人民币对美元:

名义汇率: $\quad E_{r/\$} = 5￥/\$$

实际汇率: $\quad e_{r/\$} = (E_{r/\$} \times P_\$)/P_r$

$= ((5￥/\$) \times (100\$/美国商品篮子))/(500￥/中国商品篮子)$

$= 1$ 中国商品篮子$/1$ 美国商品篮子

从实际汇率的表达式不难发现,价格不变情况下,名义汇率贬值实际汇率也贬值。

6.2.2.1 产品(劳务)供需变动对长期实际汇率的影响

对中国产品(和劳务)相对需求变动。在原有的实际汇率水平上,对中国商品需求的增加会带来对中国商品的超额需求,以美国产品衡量的中国产品的相对价格上升,$e_{r/\$}$ 下降,人民币的长期实际汇率升值。反之,则 $e_{r/\$}$ 上升,人民币贬值。

产品(和劳务)相对供给变动。如收入增长(原因可能是生产率提高等)导致进口增加,这类似于商品供给增加。在原有的实际汇率水平上,国内产品供给相对过剩,价格下降,$e_{r/\$}$ 上升,人民币贬值。反之,则 $e_{r/\$}$ 下降,人民币升值。

6.2.2.2 货币、产品(劳务)供需变动对长期名义汇率的影响

变换 $e_{r/\$}=(E_{r/\$}\times P_\$)/P_r$ 有:

$$E_{r/\$}=e_{r/\$}\times(P_r/P_\$)$$

上式被称为长期汇率模型(长期汇率决定理论)。

比较长期汇率模型 $E_{r/\$}=e_{r/\$}\times(P_r/P_\$)$ 与购买力平价对长期汇率的决定 $E_{r/\$}=P_r/P_\$$,不难发现,长期汇率模型既包含了货币分析法中的成分 $(P_r/P_\$)$,又考虑了可能导致实际情况持续偏离购买力平价的各种非货币因素,可看做是对货币分析法的修正。

货币供给量相对变动对长期名义汇率的影响。长期汇率模型表明,在实际汇率不变的情况下,价格水平是影响名义汇率的唯一变量,一国货币供给量增加(减少)在长期中的唯一后果是所有价格等比例上升(下降),长期名义汇率等比例贬(升)值。

而在货币分析法中,一国货币供给量的一次性增加在长期中不影响产出、利率和任何包括实际汇率在内的相对价格。可见,长期汇率模型与货币分析法的结果一致。

货币供给量增长率相对变动对长期名义汇率的影响。人民币货币供给量增长率的持续提高会使人民币的长期通胀率上升,并通过费雪效应(一国预期通胀率上升会使该国货币存款利率同比例上升)提高人民币相对美元的利率,降低实际货币需求,价格上升,这会带来长期名义汇率的等比例上升。但因导致这种结果的变动因素是纯货币性的,故其长期影响为中性,并不会改变人民币对美元实际汇率,而仅会改变名义汇率。这一点与相对购买力平价的分析结果一致。

产品需求相对变动对长期名义汇率的影响(货币分析法未涉及)。在

假定实际汇率可变化的前提下,根据 $P=M^s/L(R,Y)$,一国长期价格水平取决于等式右边的诸因素,产品需求的相对变动并不影响长期价格水平,而如果名义几率 $E_{r/\$}=e_{r/\$}\times(P_r/P_\$)$ 变动,则只能是实际汇率 $e_{r/\$}$ 发生了变动。

如果对中国产品的需求相对增加,人民币对美元升值即实际汇率 $e_{r/\$}$ 下降,这会使中国产品的价格相对上涨。但在给定中国长期价格水平不变的前提下,人民币对美元名义汇率 $E_{r/\$}$ 必然下降,即升值。

产品供给相对变动对长期名义汇率的影响。 中国产品供给量相对增长会使 $e_{r/\$}$ 上升,人民币对美元实际汇率贬值。同时,供给增加将扩大对中国实际货币余额的交易需求,刺激实际货币总需求($L(R,Y)$),而根据 $P=M^s/L(R,Y)$,这将压低长期价格水平。在 $e_{r/\$}$ 上升 P_r 下降的情况下,$E_{r/\$}(=e_{r/\$}\times(P_r/P_\$))$ 如何变动无法确定。

可见,最初的产出、供给相对变动源自一个市场(如分析中的产品市场),但它对汇率的影响往往要通过其他市场的反复作用才最终表现出来。

货币市场和产品市场变动对一国长期名义汇率的影响可归纳为:

货币市场:

一国货币供给量增加,该国长期名义汇率等比例贬值;

一国货币供给增长率提高,该国长期名义汇率贬值。

产品市场:

对一国产品需求增加,该国长期名义汇率升值;

一国产品供给增加,该国长期名义汇率变动不确定。

总之,如果所有经济冲击均来自货币性因素,长期汇率符合购买力平价。但当经济冲击发生在产品市场时,汇率波动即使在中长期也不符合购买力平价。

6.2.3 考虑实际汇率变动后的国际利差

费雪效应揭示的预期通胀率与利率之间的关系是,各国利率差异等于预期通货膨胀率之差。但费雪效应所依据的相对购买力平价在现实中几乎不存在,现实中的利率差异与通胀率之间的关系不仅取决于预期通胀率,还与预期的实际汇率变动等因素相关。一般说来,两国利率差异等于预期的实际汇率变动(升值率或贬值率)与预期通货膨胀率差值之和[①]。推导如下:

人民币对美元实际汇率的变动可以看成是对相对购买力平价的偏离,用公式表示为:

$$(e^e_{r/\$} - e_{r/\$})/e_{r/\$} = (E^e_{r/\$} - E_{r/\$})/E_{r/\$} - (\pi^e_r - \pi^e_\$)$$

稍作变换有:

$$(E^e_{r/\$} - E_{r/\$})/E_{r/\$} = (e^e_{r/\$} - e_{r/\$})/e_{r/\$} + (\pi^e_r - \pi^e_\$)$$

人民币存款与美元存款的利率平价条件为:

$$R_r - R_\$ = (E^e_{r/\$} - E_{r/\$})/E_{r/\$}$$
$$= (e^e_{r/\$} - e_{r/\$})/e_{r/\$} + (\pi^e_r - \pi^e_\$)$$

可见,人民币利率与美元利率之差等于人民币预期实际汇率的变动与中美两国预期通胀率差值之和。

6.2.4 预期实际利率平价

实际利率(货币的实际收益率)常常不确定,人们通常用到的是预期实际利率。预期实际利率 $r^e = R(名义利率) - \pi^e(预期通胀率)$

$$r^e_r - r^e_\$ = (R_r - \pi^e_r) - (R_\$ - \pi^e_\$)$$
$$= (R_r - R_\$) - (\pi^e_r - \pi^e_\$)$$

用利率平价条件变换,得到:

$$r^e_r - r^e_\$ = (e^e_{r/\$} - e_{r/\$})/e_{r/\$}$$

在形式上,实际利率平价条件与名义利率平价条件相同,不同之处在于,实际利率平价以实际汇率的预期变动解释两国间利差。

---

① 如中国通胀率一直为5%,美国为1%,人民币与美元的长期利差并不一定就是购买力平价和利率平价所决定的4%。当人们预期人民币相对美元出现每年2%的实际升值时,两国利差应该是2%。

第三篇　长期中的增长

　　物质和人力资本的积累是重要的,但它仅解释了导致各国人均收入和人均收入增长率差别的部分原因。技术和制度因素也影响这些资本投入的积累速度,在某种意义上他们是更为基本的因素。……全要素生产率的重要性不次于积累。

——E. 赫尔普曼(2007)

　　长期经济增长是一国国民的经济福利的唯一最重要的因素。相比之下,宏观经济学家研究的其他每一件事——失业、通货膨胀、贸易赤字等——都黯然失色。

——格里高利·曼昆(2005)

第6章 长期中的资本形成与增长

第1章"总产出及其构成"中提到,经济的总产出GDP从收入也就是从生产(卖者)方面衡量,为研究增长与总供给提供了分析基础。从生产方面考察,短期中,总产出由产品和服务的供求决定,需求变动会使总产出暂时高于或低于产出的自然率水平[①],但在长期,总产出最终会回到自然率水平。

长期中,资本、劳动、技术要素以及总供给水平不断增长,不断增长的总供给水平,使各个短期中的自然产出率水平或总产出水平,随着时间的推移沿着一条不断上升的曲线向上移动。

长期看,一国发展水平、福利状况由供给能力而不由需求水平决定。正因为如此,托宾认为与供给能力相关的"增长是一个永远使经济学者着迷和神往的问题:无论是现在还是将来"[②]。

1 新古典增长理论中的投资

罗伯特·索罗(Robert Solow)于1956~1957年在新古典理论框架内建立了新古典增长理论(或称新古典增长模型,neoclassical model of economic growth)。在假定仅有资本(K)和劳动(L)投入的前提下,新古典增长理论的生产函数的一般性表达式为:

[①] 产出的自然率(或称自然产出率、潜在增长率)是总需求等于总供给时的产出水平,也就是短期中的总供给水平。短期中资本、劳动、技术要素水平相对固定,总供给水平也相对稳定。产出的自然率水平是决定一国总产出大小的关键。

[②] 转引自曼昆(2005)。

$$Y = AF(K, L)$$

其中：Y 代表产出；A 代表技术水平，称为全要素生产率(total factor productivity)[①]。

生产函数的一般性表达式显示，产出 Y 取决于生产要素(K、L)和技术水平(A)。

如果用产出增长率表示，则有：

$$\Delta Y/Y = \theta \times \Delta K/K + (1-\theta) \times \Delta L/L + \Delta A/A$$

上式称为增长核算方程[②]，它表明：

产出增长率＝资本份额×资本增长＋劳动份额×劳动增长＋技术进步

如果用人均产出增长率表示[③]，则有：

$$\Delta y/y = \theta \Delta k/k + \Delta A/A$$

[①] 描述技术进步的生产率 A 代表影响投入产出关系的诸多特征。A 可以被看做投入的生产率的提高；赫尔普曼、曼昆等将之看成是将劳动小时转化为有效劳动单位的系数，此时 A 被称为劳动效率(efficiency of labor)或劳动增强型(labor augmenting)的技术进步；A 也可以是资本效率或资本增强型的技术进步；A 还可以看作是提高产出的一个系数（全要素生产率），这一系数独立于生产的投入构成，它被称为希克斯中性技术变化。参见赫尔普曼(2007)。

[②] 增长核算方程的推导如下：资本、劳动和技术分别变动 ΔK、ΔL 和 ΔA，产出变动 ΔY 为：

$$\Delta Y = MPK \Delta K + MPL \Delta L + F(K,L) \Delta A$$

其中：MPK、MPL 分别为资本、劳动的边际产出。将方程两边同除以 Y，并将右边进行变换，有：

$$\Delta Y/Y = [(MPK \times K)/Y] \times (\Delta K/K) + [(MPL \times L)/Y] \times (\Delta L/L) + \Delta A/A$$

在竞争性经济中，要素报酬等于其边际产出。以资本为例，资本的报酬即对资本的支付等于边际资本产出率 MPK。

在规模报酬不变前提下，对资本的全部支付是资本的边际产出乘以资本数量，即公式中的 $MPK \times K$，而对资本的全部支付为对资本、劳动总支付中的一个份额 $(MPK \times K)/Y$，令 $(MPK \times K)/Y = \theta$。对劳动的支付则为总支付减去对资本的支付，即 $(MPL \times L)/Y = 1 - \theta$。将 θ、$1-\theta$ 代入上述方程，有：

$$\Delta Y/Y = \theta \times \Delta K/K + (1-\theta) \times \Delta L/L + \Delta A/A$$

[③] 推导如下：因产出增长率等于人均产出增长率加人口增长率，资本存量增长率等于人均资本存量增长率加人口增长率，即：

$$\Delta Y/Y = \Delta y/y + \Delta L/L, \Delta K/K = \Delta k/k + \Delta L/L$$

将上述等式代入方程 $\Delta Y/Y = \theta \times \Delta K/K + (1-\theta) \times \Delta L/L + \Delta A/A$，有：

$$\Delta y/y + \Delta L/L = \theta [\Delta k/k + \Delta L/L] + (1-\theta) \Delta L/L + \Delta A/A$$

$$\Delta y/y = \theta \Delta k/k + \Delta A/A$$

1.1 人均资本产出曲线

如果用人均产出表示生产函数,则有:
$$Y/L=AF(K,L)/L$$
如果生产函数的规模报酬不变[①],则有:
$$Y/L=AF(K/L,1)$$
令 $y=Y/L, k=K/L$,则上式可表示为:
$$y=Af(k)$$

上式表明,人均资本 k 越高,产出越高。随着人均资本的增加,受人均资本边际产出递减[②]的影响,增加的产出会越来越少。

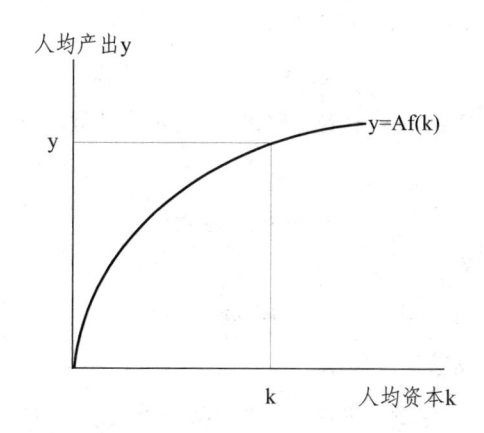

图 6—1 以人均资本表示的生产函数曲线

以人均资本或资本—劳动之比(K/L、k)为横轴,以人均产出(Y/L、y)为纵轴,用人均资本表示的生产函数 $Y/L=AF(K/L,1)$ 或 $y=Af(k)$

---

① 请注意这里指的是"生产函数"的规模报酬不变,"生产函数"的规模报酬不变与"边际资本"产出率递减并不矛盾。生产函数规模报酬不变是指,资本和劳动同时扩大或缩小一个比例,产出量也会相应地扩大或缩小这一比例。边际资本产出率递减是指,劳动力不变情况下不断增加固定资本,所增加固定资本的产出逐渐减少。在本章后面将要分析的内生增长理论中,当技术要素内生化即假定更好的技术是资本投资的副产品时,边际资本产出会保持不变。

② 当人均资本 K/L 较低时,每个工人增加一个单位的额外资本会增加较多的产出。随着人均资本的不断增加,额外增加每个工人一个单位的资本,所能增加的产出会越来越少。

的曲线如图 6—1 所示。

1.2 人均资本存量、人均收入增长与稳定状态

人均收入或人均产出的增长来自人均储蓄、人均投资、人均资本的增长,以及外生的技术进步。资本的边际产出递减使任一储蓄率下的经济经历或长或短的增长期后,都会达到一个稳态或称稳定状态,稳态产出增长率是外生的:在不考虑技术进步时,它等于人均增长率;在考虑技术进步时,它等于外生的技术进步率。

1.2.1 投资、折旧与人均资本存量变动

由国民收入衡等式不难推导出,在不考虑政府支出的封闭经济中,人均产出＝人均消费＋人均投资,即:

$$y=c+i$$

如果人们将其收入 y 中的 s 比例部分用于储蓄,$1-s$ 比例部分用于消费,则有:

$$y=(1-s)y+i$$

展开有:

$$i=sy$$

即投资等于储蓄。

显然,人均资本存量水平对人均产出水平起着关键性影响。如果保持一个给定的人均资本存量水平不变,新增人口所需新增资本存量需要投资来弥补,同时,折旧所导致的原有资本存量的损耗也需要投资来弥补。

假定人口增长率为 n,新增人口达到人均资本存量 k 所需投资为 nk。

假定折旧率为 d,弥补原有资本存量所需投资为 dk。

保持人均资本存量水平不变所需投资则为 $(n+d)k$。

可见,在考虑人口增长、折旧的情况下,人均资本存量的变动为:

$$\Delta k=i-(n+d)k$$

因投资等于储蓄,即 $i=sy$,收入 y 等于产出 $Af(k)$,Δk 可表示为:

$$\Delta k=sy-(n+d)k,或$$

第6章　长期中的资本形成与增长

$$\Delta k = sAf(k) - (n+d)k$$

1.2.2　人均资本和人均产出不变的稳定状态

$\Delta k = sy - (n+d)k$ 中的 $\Delta k = 0$ 时，储蓄等于新增人口的人均投资与弥补折旧的人均投资之和，即：

$$sy = (n+d)k^*$$

这一状态称为稳定状态，它对应于经济的长期均衡状态。

稳定状态的含义是：对应于某一储蓄率 sy 或投资率，一旦人均资本存量 k 达到这一水平，由储蓄水平决定的投资水平 $sy(sAf(k^*))$ 能够使新增人口达到人均资本水平并弥补折旧 $(n+d)k^*$，此时，经济既无增加也无减少资本存量的压力。

从稳定状态的含义可以推断，稳定状态的人均资本存量 Δk、人均产出 y 保持不变，人均产出增长率为零。无论经济的初始资本存量水平如何，它总是经过或长或短的时间达到这一稳定状态。

将人均产出 y、人均储蓄 s、保持人均资本不变的新增人口和折旧的投资 (n+d) 这三条曲线，放在以人均资本为横轴、以人均产出为纵轴的图 6—2 中，sy 曲线与 (n+d)k 的交点即为稳定状态。

1.2.3　储蓄率变动对稳定状态的影响

上述分析表明，不管一个经济的储蓄率是多少，当经济处于稳定状态后，人均资本、人均产出(收入)不变，人均资本增长率、人均产出增长率为零。

在图 6—3 中，如果储蓄率从原先的 s_1y 增加到 s_2y，储蓄曲线向上移动。原先人均资本的稳定状态所需投资为 $(n+d)k_1^*$，储蓄增加后，增加的储蓄使人均资本增加到 $(n+d)k_2^*$，并与新的储蓄水平 s_2y 相适应，人均资本存量的稳定状态从 k_1^* 上升到 k_2^*。到 k_2^* 后，由新的储蓄水平决定的新的投资水平 $s_2y(=s_1Af(k_2^*))$ 能够使新增人口达到人均资本水平并弥补折旧 $(s_2Af(k_2^*)=(n+d)k_2^*)$，此时，经济既无增加也无减少资本存量的压力。

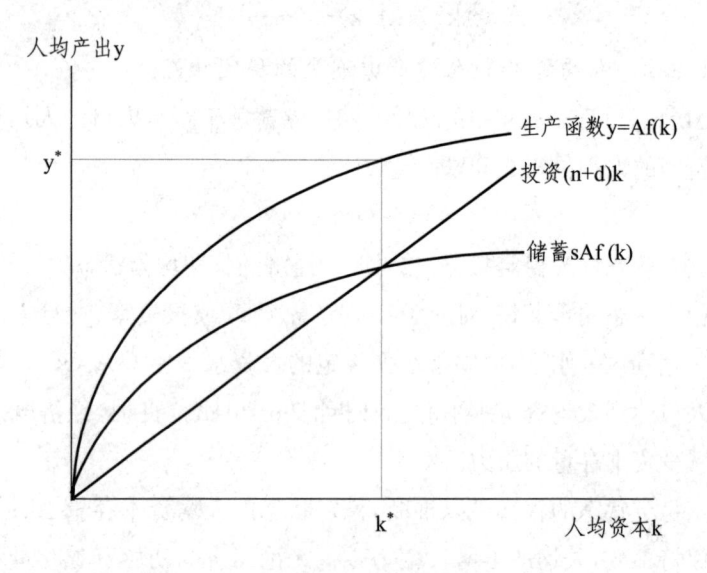

图 6—2　人均资本和人均产出不变的稳定状态

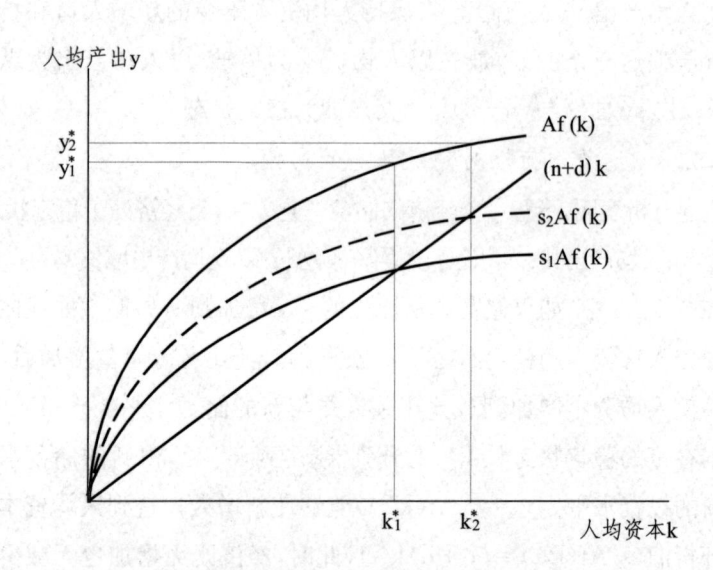

图 6—3　储蓄率上升提高稳定状态的人均资本和人均产出水平

可见，储蓄率的增加会在短期中（从 k_1^* 到 k_2^* 的过程中）提高人均资本存量水平和人均产出水平，但它不影响长期的人均资本增长率、人均产出增长率；不管储蓄水平是高还是低，经济最终都会到达人均资本增长率、人均产出增长率为零的稳定状态。

在人均资本存量从 k_1^* 增加到 k_2^* 的过程中（图 6—4），储蓄率增加引起储蓄和投资增加，储蓄和投资的增加提高人均资本存量水平和人均产出水平。在初始位置 t_1、k_1^*，储蓄率的提高引起投资增加，投资的增加会立即提高人均资本水平至 k_2^*，并使人均产出增长率提高。随着人均资本存量的增加，人均资本存量增加的速度会因资本收益递减而逐渐减少，到新的稳态 t_2、k_2^*，人均资本存量、人均产出保持不变，增长率为零。

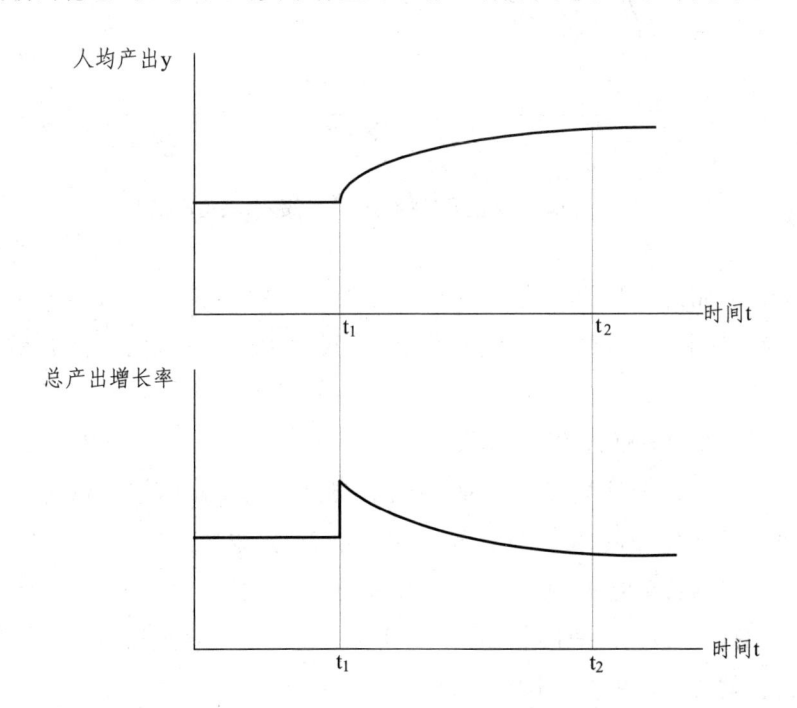

图 6—4　储蓄率上升使资本—劳动比率从一个稳态转换到另一个稳态

1.2.4　人口增长率变动对稳定状态的影响

如果储蓄率 s、折旧率 d、技术水平 A 不变，人口增长率从 n_1 增长到

n_2,投资要以更高的速度为新工人提供资本(折旧也因资本存量扩大而增加,但折旧率 d 不变),$(n+d)k$ 曲线上移(图 6—5)。

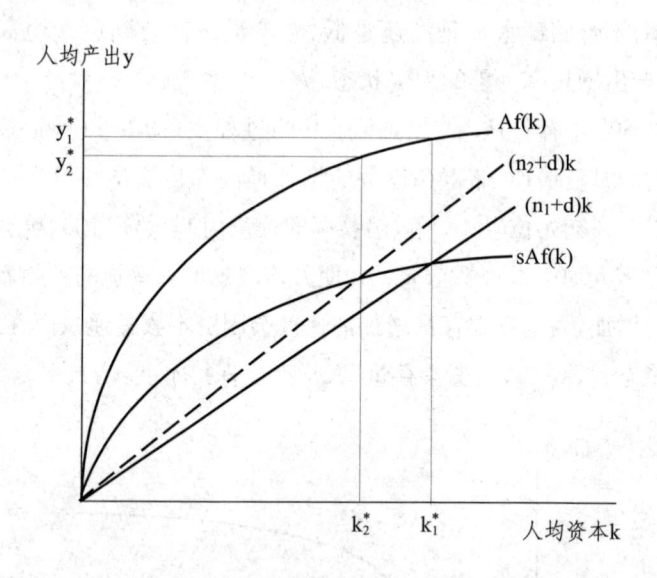

图 6—5 人口增长率上升使稳态的人均资本、人均产出下降

由于储蓄率不变,从稳定状态的投资 $sAf(k^*)$ 等于 $(n+d)k^*$ 看,n 增加,只有 k^* 下降才能保持等式成立①。稳定状态的人均资本存量 k 会比没有人口增长时要低,即人均资本 k_2^* 要小于人均资本 k_1^*。人均资本存量的减少会降低人均产出,即 y_2^* 要小于 y_1^*。

这可以部分地解释人口增长率高的经济,人均产出较人口增长率低的经济要低(这也可以对我国的人口生育政策提供部分解释)。

人口增长率提高、新稳态形成后,人均资本、人均产出保持不变,但总资本、总产出以人口增长率增长。这也可以部分地解释人口增长率较高的经济的总资本和总产出增长较快。

---

① $(n+d)k$ 是人均产出或人均收入的一个部分,在没有政府的封闭经济中,$(n+d)k$ 加消费等于 $Af(k^*)$,参见本章 1.2.1。

1.2.5 外生技术进步对稳定状态的影响

外生①技术进步使人均产出(收入)增加,人均生产函数曲线 Af(k) 上移,人均储蓄 sAf(k) 也随之增加,人均储蓄曲线上移(图6—6)。

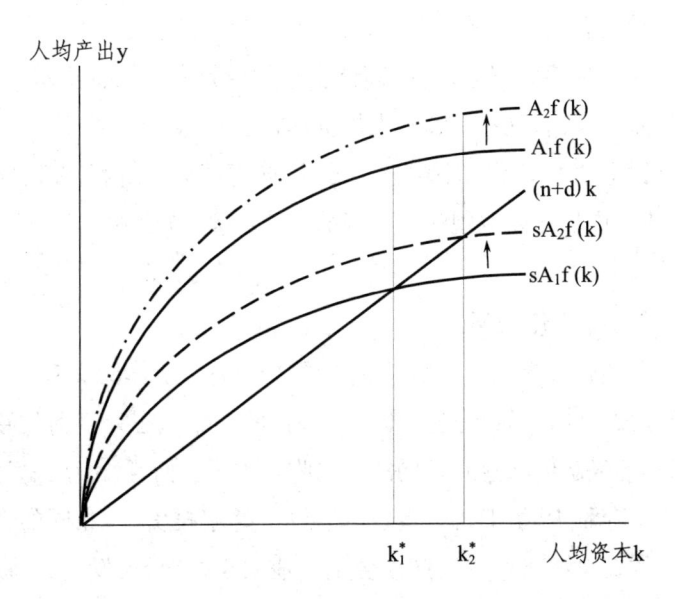

图6—6 外生技术进步加快使稳态的人均资本、人均产出上升

外生技术进步使人均储蓄 sAf(k) 增长,因 (n+d) 不变,k 必须增长才能保持 sAf(k)=(n+d)k 成立,即外生技术进步提高了人均资本存量水平。

---

① 从模型上理解,外生是指该变量的变动独立于模型中资本、劳动的变动。技术进步的外生含义可以简单推导如下:

假定一个企业投入原有企业 λ 倍的资本和劳动,建立 λ−1 个新企业,则该企业总共有 λ 个企业,这 λ 个企业可以理解为一个有资本 λK、劳动 λL 的大企业,这个大企业的生产函数为:

$$Y=F(\lambda K,\lambda L,A)=\lambda F(K,L,A)$$

根据欧拉定理(Euler's theorem)有:

$$Y_t=KF_k+LF_l$$

完全竞争的新古典企业对要素 K、L 的支付等于边际产品成本,即:

$$Y_t=R_tK_t+w_tL_t$$

所以,企业支付生产要素报酬后,产出耗光、经济利润为零,它无法投入资源来改善技术。如果技术进步存在,它一定外生于生产函数模型。参见夏威尔(2005)。

现实观察不难理解,技术进步具有持续性,这是它与储蓄率、人口增长率、折旧率的明显不同之处。这种持续性将使人均资本、人均产出、总资本、总产出的增长持续下去,这就解释了现实中几乎所有经济体经济的持续增长和人们生活水平的不断提高。

只有在达到稳定状态之前,高储蓄率才导致高人均资本水平和高人均产出。而一旦达到稳定状态,人均资本、人均产出会保持不变,总资本、总产出以稳定的人口增长率增长。可见,储蓄率无法解释持续的经济增长,只有技术进步才能对现实中持续的经济增长、持续的收入增长进行较好的解释。

1.2.6 有条件趋同

按照上述新古典理论对增长的解释,如果各经济体储蓄率、人口增长率、生产函数相同,不管各经济体经济增长的初始状态处于何位置,经过一段时间,各经济体将达到相同的人均收入水平。而且,由于欠发达经济体人均资本存量少,折旧也会少,在储蓄率(等于投资率)相同的情况下,投资增加的资本相对发达经济体会更多地大于折旧,欠发达经济体相对发达经济体应该增长得更快,欠发达经济体的这种超越会使他们赶上发达经济体。这一判断被称为"趋同"(convergence)。

现实中几乎没有两个经济体严格地具有相同的储蓄率、人口增长率和生产函数,所以,不同经济体会有不同的稳定状态。已有的统计检验也证实了这一点。只有储蓄率、人口增长率和生产函数完全相同的两个经济体,才可能呈现上述新古典理论所预测的趋同,这便是"有条件趋同"。

1.2.7 资本积累与生产效率对增长的重要性

各经济体不同的增长率、不同的收入水平,或者来自资本(物质资本和人力资本)积累的差别,或者来自生产效率(资本效率)的不同。已有关于资本积累和生产效率研究的结论尽管不尽一致,但都表明,资本积累与生产效率同样重要,而且两者之间存在正相关关系。

可能的原因是,生产效率较高的经济鼓励资本积累,如注重生产效率就会注重人力资本积累(上学、培训等)。也可能是资本积累具有正外部性[1],储蓄率、投资率高的经济会具有较高的生产效率。还有一种可能是资本积累与生产效率共同受制度因素(如恶性通货膨胀、巨额预算赤字、腐败、过度干预市场等)的影响,在这些制度因素影响下,资本积累和生产效率往往会同向变动。

1.3 资本的黄金律水平

既然提高储蓄率、投资率会提高人均资本水平和人均产出水平,争取更高甚至100%的储蓄率不是能更多地增加人均资本存量和人均产出水平吗?但是,对最优储蓄率的判断,要从经济福利角度来考察。

如果决策者可以选择储蓄率(此储蓄率决定了经济的稳定状态),它选择储蓄率的依据应该是使社会成员个人福利的最大化;因为社会中的个人并不关心资本存量、产出等,而是关心他们消费的产品和服务。

这样,决策者选择最优储蓄率实质上是选择最高消费率,也就是比较不同储蓄率下的消费率,某一储蓄率所对应的消费率最高,决策者就应该选择这一储蓄率。这一储蓄率对应的稳态资本存量 k^* 被称为资本的黄金律水平。

1.3.1 稳定状态的消费率与资本的黄金律

在不考虑政府的封闭经济中,根据国民收入衡等式,人均消费等于人均产出减去人均投资,即:

$$c = y - i$$

不考虑技术进步 A,在稳定状态,人均产出为 $f(k^*)$。稳定状态的人均资本存量不变,投资等于 $(n+d)k^*$。这样,稳态消费 c^* 就是稳态产出支付了折旧和人口增长后所余下的产出,即:

---

[1] 有一种可能是,技术进步是某种经济活动如投资的副产品。投资过程中会设计出改进的生产流程(即"干中学,learning by doing"),并且会扩散到社会中,这种情况被称为技术进步的外部性或知识的外溢效应。

$$c^* = f(k^*) - (n+d)k^*$$

当人均资本存量 k 低于黄金律水平 k_g^*，人均资本存量的增加使产出 f(k) 增长，弥补折旧与人口增长的投资 (n+d)k 也增加，因 f(k) 的增加大于 (n+d)k 的增加，消费 f(k)−(n+d)k 增加。这种情况下，人均资本存量的增加使消费增加。

当人均资本存量 k 高于黄金律水平 k_g^*，人均资本存量的增加使产出 f(k) 增长，弥补折旧与人口增长的投资 (n+d)k 也增加，因 f(k) 的增加小于 (n+d)k 的增加，消费 f(k)−(n+d)k 减少。这种情况下，人均资本存量的增加减少了消费。

仅当人均资本存量 k 等于黄金律水平 k_g^*，产出 $f(k_g^*)$ 等于弥补折旧与人口增长的投资 (n+d)k 时，消费 c_g^* 才处于最高的稳定状态（图 6—7）。

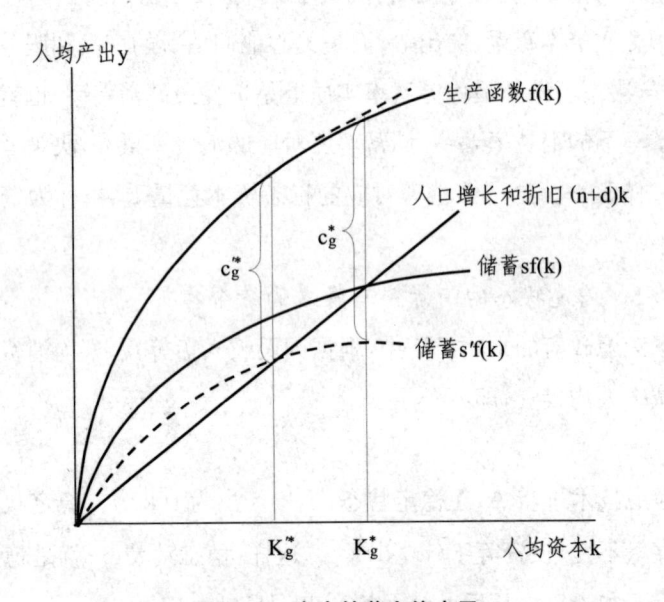

图 6—7　资本的黄金律水平

1.3.2　从不同储蓄率中寻找资本的黄金率

一个储蓄率或投资率对应一个稳定状态，而这一稳定状态资本存量并不一定是人们所希望达到的资本的黄金律水平①。要得到资本的黄金律的稳定状态，就必须选择与资本的黄金律相对应的储蓄率。

从图6—7可以看出，当人均资本存量 k 低于黄金律水平 k_g^* 时，生产函数曲线 f(k) 比 (n+d)k 陡峭；当人均资本存量 k 高于黄金律水平 k_g^* 时，生产函数曲线 f(k) 比 (n+d)k 平坦；仅当人均资本存量 k 等于黄金律水平 k_g^* 时，生产函数曲线 f(k) 的斜率与 (n+d)k 曲线的斜率相等。

既然人均资本位于黄金律水平时的生产函数（请注意此时生产函数未考虑技术水平 A）的斜率与 (n+d)k 曲线的斜率相等，(n+d)k 曲线的斜率等于 (n+d)，黄金率就可以表示为②：

生产函数的边际产出 MPF＝n+d

生产函数 f(k) 一定时，不同的储蓄率或投资率对应不同的稳态人均资本 k，满足 MPF＝n+d 条件的人均资本 k 即为资本的黄金率水平。

2 内生增长理论中的投资

在新古典增长理论中，只有外生的技术进步才能带来人均产出的持续增长，至于技术进步来自何处，它与资本、劳动有何关联，新古典增长理论并未作出详细解释。内生增长理论抛弃了新古典增长理论对技术进步外生化的假设，它认为技术是资本投资的副产品，这就在一定程度上容许经济随资本的增长持续增长。

2.1 从边际产出递减到边际产出不变

新古典增长理论的结论是，如果没有外生的技术进步，不管一个经济

---

① 这可以比较上图中实线储蓄率与虚线储蓄率对应的消费和资本存量，c_g^* 与 $c_g'^*$ 并不相等，K_g^* 与 $k_g'^*$ 也不相同。

② 如果不考虑人口增长，生产函数的斜率等于资本的边际产出 MPK，黄金率可以表示为：MPK＝d。

体的储蓄率多高,它最终会达到一个人均资本存量、人均产出不变的稳定状态。经济达到这一稳定状态时,经济增长与储蓄率没有任何关系。现实中观察到的人均资本、人均产出的持续增长来自于外生的技术进步。

这可以从图 6—8(a)中清楚地看出:由于资本的边际产出递减,生产函数曲线是一条斜率越来越小的曲线,它必定与(n+d)k 曲线相交,并对应唯一的稳定状态。

如果资本的边际产出不是如新古典增长理论中的递减,而是边际产出不变,则生产函数曲线就是一条直线。在图 6—8(b)中,生产函数 f(k)、投资(n+d)k、储蓄 sf(k)三条曲线均为直线,永远也不可能相交,在这种情况下,经济增长就可以永远持续下去。

(a) 新古典增长模型　　　　　　(b) 内生增长模型

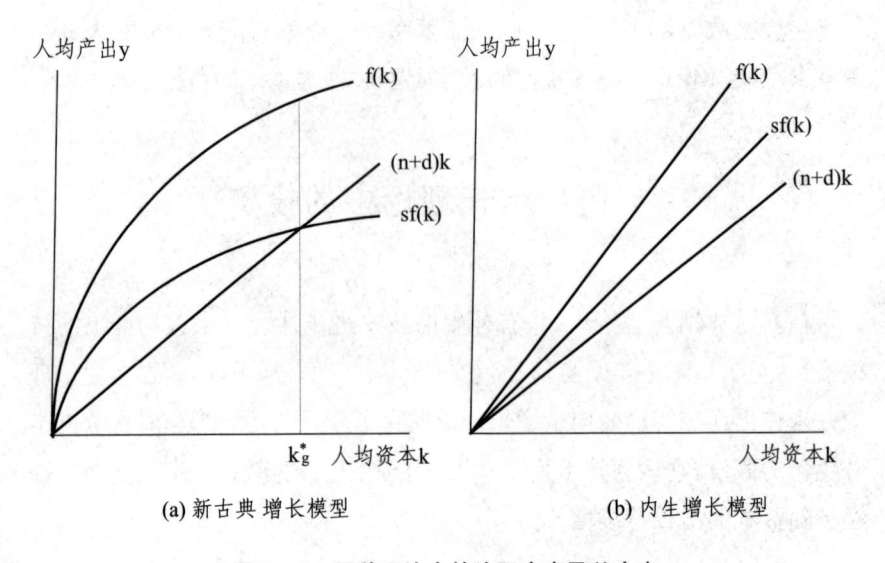

图 6—8　两种理论中的边际产出及总产出

如果资本的含义与新古典理论中的相同,抛弃新古典理论中资本边际产出递减就违背现实。因为 1 个工人操作 10 台机器的产量不可能是 1 个工人操作 1 台机器的产量的 10 倍。但是,如果将新古典模型中的资本理解为不仅包括固定资本,还包括知识,就有可能出现资本的边际产出不变。

知识是经济生产中的重要投入,科技创新加速的现实使知识的边际产出不是递减,而是递增。如果将知识理解为一种资本,知识的边际产出递增与固定资本边际产出递减加在一起,就可能使资本的边际产出不变。

仍然是上面的例子,在使用机器人的生产车间,1个工人管理10台机器(如数控机床、焊接机器人等)的产量就完全可能是1个工人管理1台机器产量的10倍。

同时,每一个新知识的出现也为下一个新知识的出现打下了基础,使知识可以无限增长,从而可以使人均产出无限增长。

2.2 内生增长模型

将技术进步由新古典模型中的外生(即独立于资本和劳动)变换为内生,方法是:假定更好的技术是资本投资的副产品,技术与经济中人均资本水平成正比,即 $A=\alpha K/N$。再假定技术属于劳动增强型[①],则生产函数可写成:

$$Y=F(K, AN)$$

技术进步 A 不再由外生规定,而是资本投资的副产品,其水平取决于资本的净增长。资本净增长即技术进步率($\Delta A/A$)等于资本增长减去人口增长,即:

$$\Delta A/A=\Delta K/K-\Delta L/L$$

而人均增长方程[②]为 $\Delta y/y=\theta \Delta k/k+\Delta A/A$(见本章1.1)。在技术内生情况下,人均产出增长率为:

$$g=\Delta y/y=\theta \Delta k/k+(1-\theta)\Delta A/A$$

[①] 参见本章第122页脚注①。
[②] 此处仅是使用了人均产出增长方程的形式,此处的 θ 与新古典增长模型中 θ 的含义(参见本章第122页脚注②)并不完全相同。因内生增长理论中将技术进步 A 内生化,人均资本增长对产出增长的贡献 θ 和技术进步对人均产出增长的贡献 $(1-\theta)$ 之和应该等于人均产出增长率。

因技术进步率等于人均资本增长率，即 $\Delta A/A=\Delta k/k$，故有：

$$g=\theta\Delta k/k+(1-\theta)\Delta k/k$$
$$=\Delta k/k$$

人均资本积累为（见本章 1.2.1）：

$$\Delta k=sy-(n+d)k$$
$$g=sy/k-(n+d)$$

再假定人均产出 y 与人均资本 k 以相同速度增长，即 y/k 为常数，不难发现，高储蓄率导致高增长率，高人口增长率、高折旧率导致低增长率。

2.3 边际产出不变与垄断

企业的边际资本产出率不变，意味着规模越大的企业效率越高。如果是这样，经济中就可能出现只有一家企业的状况，同时，鼓励垄断就是有效率的。但现实情况并非如此。

对此的解释是，个别企业不能获取资本的全部收益。如一个企业投资于新的机器设备时，它可能会有意或无意地发现一种新的生产组织方式。企业可以获取投资新机器的全部收益，但却无法获取发现新的生产组织方式的全部收益，因为这一新的生产组织方式极易被其他企业复制。也就是说，新知识、新思想（如新的生产组织方式）的收益，只是部分地为创造者所获得，存在相当大的外部性或外溢性。外部性的存在，使包括知识在内的生产要素在企业内的规模报酬不会出现递增，从而不会出现规模越大企业效率越高的情况。保罗·罗墨[①]的研究表明，只要生产要素在企业内的规模报酬（私人报酬）不变，上面所提到的垄断趋势就不可能出现。

---

① 参见 Romer, P. Increasing Returns and Long Run Growth, *Journal of Political Economy*, Oce. 1986. 转引自多恩布什等(2003)。

3 促进增长的投资政策

3.1 鼓励人力资本投资

人均产出的持续增长来自技术进步,技术进步来自人力资本投资。知识产权保护,对高新技术企业进行税收减免,加大对公共教育领域的支出,都能鼓励人力资本投资。

由于更好的技术是资本投资的副产品,企业更新换代设备往往伴随更高技术水平的设备的使用和生产率的提高,政府可以对企业的更新改造投资,特别是企业引进国外先进设备的更新改造投资进行税收优惠。

新的投资往往与新的生产技术、管理技术和技术含量更高的产品相伴随,政府可以通过加快企业固定资产折旧,在所得税中扣除一定比例的投资额度等政策,来鼓励企业更多使用新技术的投资。

3.2 改变储蓄率

内生增长理论的结论是高储蓄率导致高增长率,在有政府部门或公共部门存在的情况下,要提高储蓄率或是提高公共储蓄率,或是提高私人储蓄率,或是同时提高公共储蓄率和私人储蓄率。

公共储蓄是政府税收大于政府支出的部分即政府的预算盈余,税收会扭曲经济,所以提高公共储蓄率尽管会有利于投资,但会加重对经济的扭曲,这并不是一个促进经济增长的好办法。

提高私人储蓄率需要政府对储蓄进行激励。对住房公积金、教育金等账户的储蓄收益免税,可以刺激储蓄和投资。提高对资本收入即储蓄收益的税收如公司所得税、房地产税,对储蓄收益征收利息税,会抑制私人储蓄。西方完善的社会保障制度提高了人们的持久性收入水平,从而刺激消费、抑制私人储蓄。

应用 19　对高储蓄率和高投资率的担忧

与许多发展中国家储蓄率、投资率较低不同,我国的储蓄率一直很高。表 6—1 选取了 1996～2005 年政府部门、住户部门的储蓄率数据。相对于发达国家如美国长期 2‰～3‰甚至是负的储蓄率,无论是政府部门还是住户部门,我国的储蓄率都非常高。

高储蓄率、高投资率支撑了我国改革开放后国民经济的持续快速增长。同时,国内利用不了的储蓄通过净出口变成了外几储备,庞大的储备资产频频受到一些发达国家的指责,较高的进出口依存度也使国民经济易受外部环境的影响而大幅波动。

表 6—1　1996～2005 年政府部门、住户部门储蓄率

年份	储蓄率(%)		总储蓄构成(%)	
	政府部门	住户部门	政府部门	企业和住户部门
1996	31.7	30.8	13.5	86.5
1997	32.3	30.5	13.9	86.1
1998	30.0	29.9	13.2	86.8
1999	31.0	27.6	14.9	85.1
2000	32.6	25.5	16.5	83.5
2001	35.9	25.4	19.5	80.5
2002	35.3	28.6	18.0	82.0
2003	42.7	28.9	21.7	78.3
2004	29.5	31.6	13.0	87.0
2005	30.4	35.6	13.2	86.8

资料来源:相关年份《中国统计年鉴》资金流量表(实物交易)。

储蓄率如此之高的主要原因,一是国民收入初次分配欠合理,居民住户在初次分配中比例较低。按照新古典分配理论,劳动的均衡价格即工资由劳动市场的供需决定。劳动供给取决于劳动者对工作与闲暇的权衡

取舍;劳动需求取决于劳动的边际产量或称边际生产率,在不考虑供给时,最大劳动需求量由边际利润为零时的边际产量决定。竞争的、以利润最大化为目标的企业支付给劳动、土地和资本的价格,总是等于这些生产要素各自的边际产量(或称要素的边际贡献)。

在我国,劳动要素的供给较土地、资本充足,而供给更充足的劳动要素的边际产量会更低。这使得在劳动生产率不断上升过程中,劳动价格的上升速度相对土地、资本价格的上升速度要慢。土地、资本的所有者分别为政府和企业,这种分配格局使政府和企业相对劳动在国民收入中的比重逐渐增加,带来政府和企业的高储蓄率。

二是政府公共服务、居民社会保障水平低。公共教育服务不到位,对绝大部分家庭而言,子女上学要花费收入中的较大一部分。社会保障的覆盖面小、保障程度低,使居民不得不将本不多的收入中的相当部分储蓄起来,用于医疗和日后的养老,不敢更多地用于消费,带来了住户部门的高储蓄率。

要减少巨额贸易盈余和经济的对外依存度,就要降低储蓄率、投资率,提高消费率。让居民少储蓄、多消费,就需要提高劳动在国民收入初次分配中的比重,完善社会保障体系,减少居民在医疗、养老、子女上学等方面的后顾之忧,增加他们的收入并使他们愿意将收入中的更多部分用于消费。

3.3 公共投资和产业政策

尽管无法准确衡量公共资本的边际收益,但各国政府都积极筹措资金、完善基础设施。基础设施等公共资本收益的外部性强,它的完善可以促进私人投资收益的提高。正因为这些基础设施的外部性强,这些领域的投资主要由政府承担。

如果政府清楚哪些领域的边际产出率高和外部性强,就可以通过产业政策刺激这些领域(比如主导产业)更多地投资。但是,如果一个行业的边际产出率高,它依靠市场机制就能吸引更多的资本,还不会产生如政府政策可能出现的扭曲。所以,对这些行业政府要作的就是维护公平的市场竞争环境。至于外部性,至今人们仍几乎无法准确衡量不同行业的外部性,这种情况下,政府政策的效果很可能就是随机的。此外,政策实施过程中的诸多不完美的机制与行为,使诸如补贴、减税之类的优惠政策常常不是依据外部性,而是依据权势来分配。这便是相当多的人怀疑产业政策的原因。

第四篇　短期中的总需求管理与总供需均衡

我们所需要的是恢复公正的道德观,即回到我们的社会哲学观中正确的道德价值上来……在一个思想和感情都正当的社会里,人们能够安全地采取危险的行动;而如果由那些思想和感情都不正当的人来执行这些危险的行动,那么,这将是通往地狱之路。

——约翰·梅纳德·凯恩斯,转引自米尔顿·弗里德曼(2001)

真正把经济学家们分门别类的不是他们是否承认市场失灵,而是他们对在市场失灵基础上附加政府失灵的重要性所持的不同看法。

我丝毫不怀疑工资刚性的存在,因为它是显然存在的,是生活中的事实,无可否认。问题在于他们是否重要,他们在哪些方面比较重要,他们对解释哪种现象非常关键。

——米尔顿·弗里德曼,转引自布赖恩等(2000)

短期中价格黏性使古典二分法不再成立,这给管理者通过改变名义变量来影响实际变量提供了可能。

我们生活在父辈留给我们的长期中,同时我们又生活在我们自己的短期中。

第7章 封闭经济中的总需求

上一章探讨的是长期中的经济行为和投资行为,这些行为分析建立在古典①二分法的基础上。古典理论假定价格完全弹性,市场能够瞬间出清,在这种假定前提下,产出、就业等实际变量不受货币供给、价格水平等名义变量的影响。

但在短期,价格却是黏性的,由于价格不能迅速调整,货币供给、价格水平等名义变量的变动会使产出、就业等实际变量做出调整,即短期中名义变量会影响实际变量,古典二分法不再成立。

价格黏性的短期经济中,总产出并不仅仅取决于总供给水平,它还取

---

① 一般认为,古典经济学的发展时期为1776～1870年,其代表人物是亚当·斯密后的经济学家托马斯·罗伯特·马尔萨斯(1798)和大卫·李嘉图(1817)。古典学派的核心信念是:价格和工资具有充分弹性,使经济能够自动迅速地实现充分就业,并使经济具有自我矫正机制。它的政策含义:一是经济仅会在短期内暂时地偏离充分就业和生产能力的充分利用水平,不可能长期持久地衰退和萧条;二是总需求政策不能影响失业和实际产出水平,即名义变量不会影响实际变量。

以下是古典、新古典、凯恩斯、新古典综合(现代主流经济学)的发展脉络。

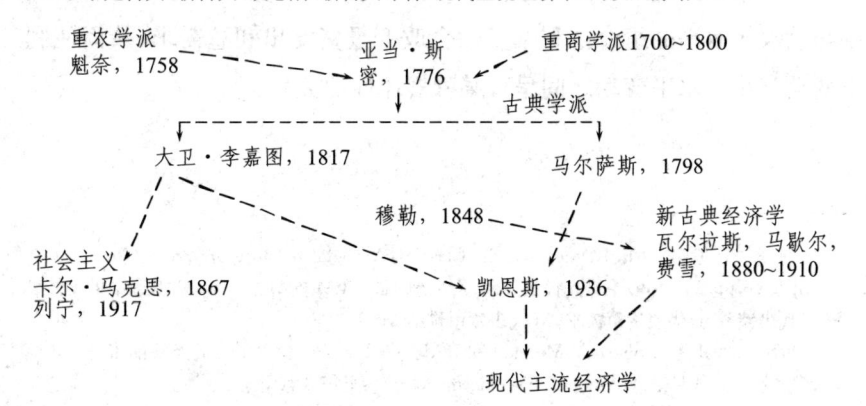

```
重农学派                 亚当·斯        重商学派1700~1800
魁奈,1758               密,1776
                            古典学派
        大卫·李嘉图,1817
                                    马尔萨斯,1798
                    穆勒,1848
                                           新古典经济学
社会主义                                    瓦尔拉斯,马歇尔,
卡尔·马克思,1867        凯恩斯,1936       费雪,1880~1910
列宁,1917

                        现代主流经济学
```

决于产品和服务的总需求。在一个封闭经济中,总需求由消费支出、投资支出和政府支出组成。

分析总需求的有效工具是诺贝尔奖得主希克斯[①](J. R. Hicks)提出的总需求模型即 IS—LM 模型,它由代表产品和服务市场的 IS 曲线和代表货币市场的 LM 曲线组成。IS—LM 模型被认为是短期宏观经济学的核心,是对凯恩斯理论的主要解释。

IS—LM 模型探讨利率、收入如何同时由产品市场和货币市场均衡决定。利率既影响投资又影响货币需求,它成为联系 IS—LM 模型两个部分的变量。

IS—LM 模型中的利率是 IS 曲线中决定投资的实际利率 r 和 LM 曲线中决定货币需求的名义利率 R。为了简化,我们不考虑名义利率与实际利率的差别,将 IS 曲线和 LM 曲线中的利率简单地理解为实际利率 r,这样,IS 曲线与 LM 曲线可以组合到以实际利率 r 为纵轴、以收入 Y 为横轴的坐标中,形成 IS—LM 曲线。

由于是短期模型,它假定总需求变动时价格水平不变。

1 描述产品和服务市场的产品市场曲线

产品市场曲线(IS 曲线)代表产品(和服务)市场处于均衡状态的利率与总收入水平的组合。利率变动会改变投资支出和总需求,从而使利率变动与收入水平变动之间呈现某种规律性的关系。

---

① J. R. 希克斯在 Mr. Keynes and the Classics: A Suggested Interpretation (*Econometrica*, April 1937, pp. 147-159)中最先提出了封闭经济的 IS—LM 模型。IS—LM 模型中的 I 代表投资,S 代表储蓄,L 代表货币需求,M 代表货币供给 M^s/P。

20 世纪 60 年代由 Robert A. Mundell 和 J. Marcus Fleming 建立了开放经济的 IS—LM 模型,称蒙代尔—弗莱明模型(Mundell-Fleming model)。参见第 8 章附录 2。

1.1 产品市场曲线(IS 曲线)

在一个封闭经济中,国民收入核算恒等式表明产出 Y 等于总需求,即:

$$Y \equiv C(Y-T) + I(r) + G$$

第 1 章"2.1.1 凯恩斯猜测"中的消费函数[①]为:

$$C = a + b(Y-T)$$

其中:a 为大于 0 的常数,因为即使可支配收入(Y-T)为零,人们也需要有维持生存等所必需的消费,b 为边际消费倾向。

按凯恩斯所描述的投资与利率间的关系,投资函数为:

$$I = c - dr$$

其中:c 为大于 0 的常数,因为重置投资总是大于 0,d 反映了投资对利率反映的程度。

$$Y = [a + b(Y-T)] + (c-dr) + G$$
$$= (a+c)/(1-b) + [1/(1-b)]G - [b/(1-b)]T - [d/(1-b)]r$$

上式即为产品市场曲线或称 IS 曲线。

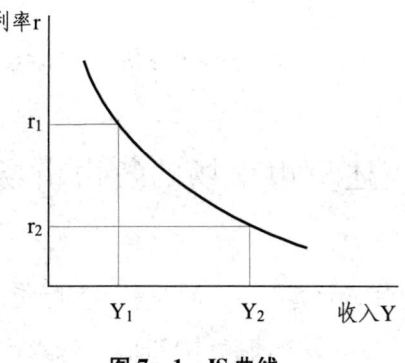

图 7—1 IS 曲线

[①] 为简单明了,文中考虑消费函数、投资函数为线形,这一简化并不影响其后的定性分析结论。

从 IS 曲线的代数表达式可以看出,利率 r 的一阶导数即斜率为负,故 IS 曲线向右下方倾斜(图 7—1)。

利率的系数 $-d/(1-b)$ 中的 d、b 决定了利率变动对收入变动的影响。边际消费倾向 b 决定了政府支出 G 变动对收入的影响($1/(1-b)$),以及税收 T 变动对收入的影响($-b/(1-b)$)。

1.2 财政政策变动与 IS 曲线的移动

在 IS 曲线中,政府支出 G 的系数为正,G 增加使 Y 增加,这会使 IS 曲线向右移动。税收 T 的系数为负,增税减少收入 Y,这会使 IS 曲线向左移动(图 7—2)。

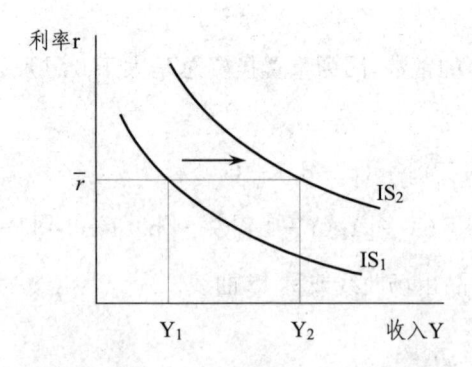

图 7—2 政府支出增加使 IS 曲线向右移动

2 描述货币市场的货币市场曲线

货币需求是指对实际货币余额的需求。实际货币余额供给由(外生的)货币当局决定。货币市场曲线(LM 曲线)代表货币市场处于均衡状态时的利率与总收入水平的组合。较高的收入水平增加实际货币余额需求、提高利率,收入与利率呈正相关关系。

2.1 货币市场曲线的基石

流动性偏好理论是货币市场曲线的基石。货币供给 M^s 和短期中固定的价格 P 决定了实际货币供给 M^s/P。当实际货币供给等于实际货币需求 M^d/P 时,均衡利率出现。人们会调整他们的资产组合使货币市场最终达到均衡,并在这一调整过程中调整利率至均衡水平(见第 4 章 2.2.1)。

2.2 货币市场曲线(LM 曲线)

收入水平提高后支出也会增加,人们需要更多的货币进行交易,所以,更多的收入意味着更多的货币需求。在流动性偏好理论模型 ($M^d/P=L(R)$)中,简单地增加变量 Y,并将名义利率 R 理解为实际利率 r,可将货币需求函数写成如下等式:

$$M^d/P=L(r,Y)$$

考虑货币需求为线形的情形,货币需求方程为:

$$L(r,Y)=hY-jr$$

其中:h 表示收入增加时货币需求的增加量,j 表示利率上升时货币需求的减少量。

货币市场供需均衡可表示为:

$$M^s/P=hY-jr$$
$$r=(h/j)Y-(1/j)M^s/P$$

上式即为货币市场曲线或称 LM 曲线,它给出了收入、实际货币余额使货币市场供需均衡的利率。

在 LM 的代数表达式中,收入 Y 的系数为正,所以 LM 曲线向右上方倾斜(图 7—3)。

2.3 货币政策变动与 LM 曲线的移动

在上述货币市场供需均衡的利率表达式中,货币供给增加,实际货币

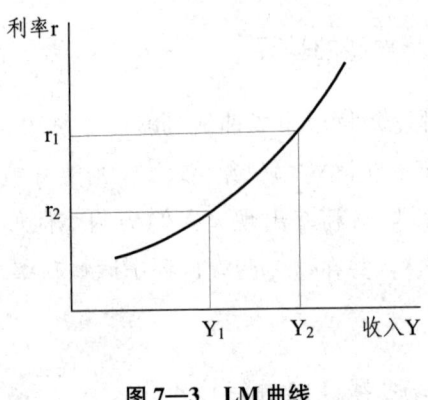

图 7—3 LM 曲线

余额同比例增加,在实际货币余额需求不变时,均衡利率必然下降,LM曲线向右移动(图 7—4)。

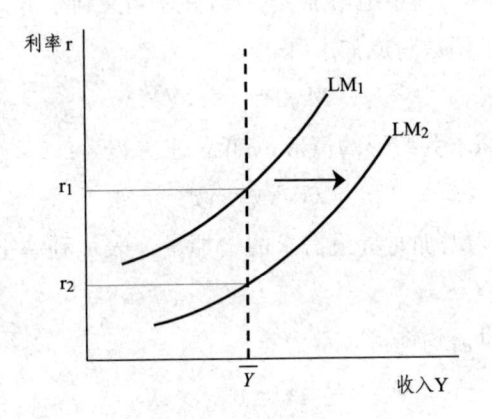

图 7—4 货币供给增加使 LM 曲线向右移动

3 产品市场与货币市场均衡

将前述产品市场曲线(IS 曲线)和货币市场曲线(LM 曲线)组合起来,即可得到产品市场与货币市场曲线(IS—LM 曲线或称 IS—LM 模型,图 7—5)。

IS 曲线： $Y=C(Y-T)+I(r)+G$

或表示为：

$$Y=(a+c)/(1-b)+1/(1-b)G-b/(1-b)T-d/(1-b)r$$

LM 曲线： $M/P=L(r,Y)$

或表示为： $r=(h/j)Y-(1/j)M^s/P$

IS—LM 曲线解释了利率与收入这两个变量之间的关系。IS 曲线与 LM 曲线的交点代表了产品市场和货币市场同时达到均衡状态时的利率与收入。

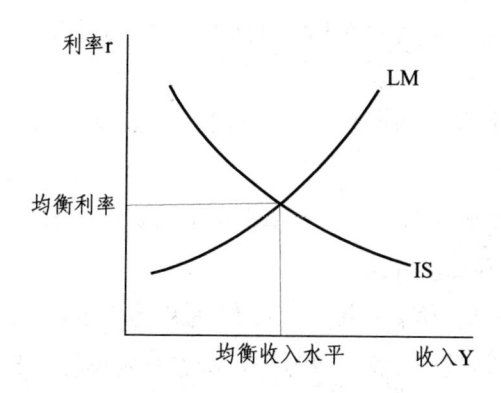

图 7—5 IS—LM 曲线

4 政策工具变动与 IS、LM 曲线的移动

财政政策、货币政策的变动，分别使 IS、LM 曲线移动，改变产品市场、货币市场均衡点，带来利率、收入的变动。

4.1 财政政策：政府计划支出增加

政府计划支出增加，IS 曲线向右移动。而货币供给并未增加，故 LM 曲线不移动(图 7—6)。

导致 IS 移动的经济力量：增加政府计划支出会增加经济的计划支

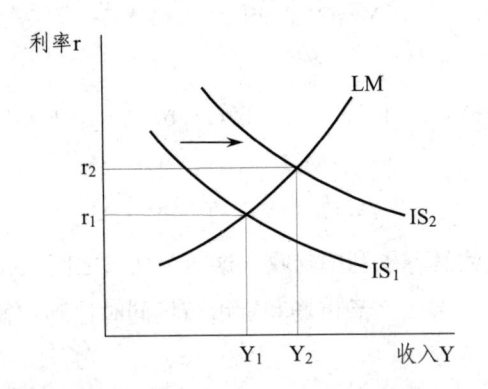

图 7—6　政府支出增加与减税使 IS 曲线向右移动

出,计划支出的增加刺激产品与服务的生产,这会增加总收入,IS 曲线向右移动。

总需求的增加提高了每一利率水平上的货币需求量,但货币供给并未增加,结果是利率上升。

值得注意的是,利率上升又会对 IS 的移动产生影响,因为利率上升会倾向于抑制计划投资,这一抑制作用会在一定程度上抵消政府支出增加的扩张效应。

减税推动 IS 曲线向右移动的效应与政府支出增加相似,不同的是,减税鼓励消费者更多地消费,而不是如增加政府支出那样增加经济的计划支出。

应用 20　总需求严重不足时,扩大财政赤字(增加政府支出)对利率有何影响

按照第 4 章的可贷资金理论,扩大财政赤字,增加债券供给(或扩大可贷资金需求),增加政府支出,会推高利率,对经济具有紧缩作用[图 7—7(a)]。这是宏观经济学界关于财政赤字与利率变动关系的一个长期争论的老话题。

运用可贷资金理论分析扩大财政赤字对利率的影响存在两个问题:

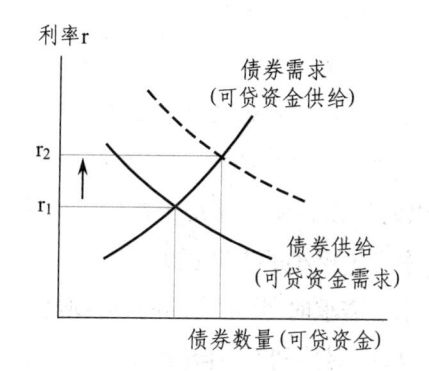

(a) 可贷资金的供求均衡

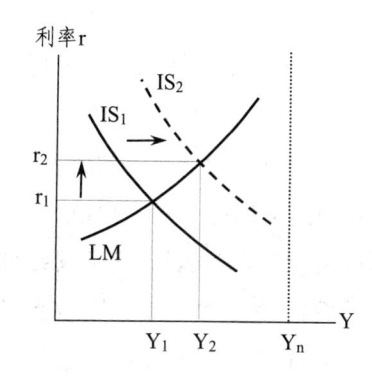

(b) 政府支出增加使IS曲线向右移动

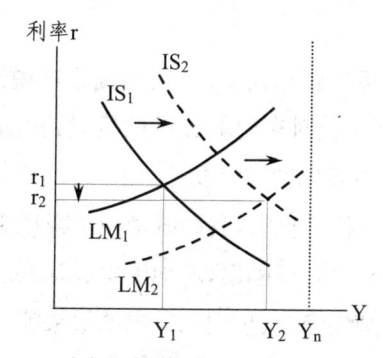

(c) 政府支出增加使IS曲线向左移动，LM曲线同时向右移动

图 7—7　危机中扩大财政赤字对利率的影响

一是可贷资金理论是长期利率决定理论，依此理论分析推理出的扩大财政赤字会紧缩经济的结论。针对经济位于自然产出率状态而言，凯恩斯曾明确指出，如果经济不充分就业，扩大财政赤字导致利率上升的推理就有缺陷。二是可贷资金理论忽略了利率与收入间的关系。

运用凯恩斯的流动性偏好理论分析，则会得出不同的结论。危机中产出位于自然率水平以下（经济中有闲置的资源），当扩大财政赤字、增加政府支出、产出即收入增加时[图 7—7(b)]，收入增加中的一部分会用于增加储蓄，另一部分会用于增加投资，但通常认为危机中储蓄比投资增加得多一些，也就是说，经济中的货币供给会因扩大财政赤字、产出增加而增加，货币供给增加无疑会对利率产生向下的压力。

实际上，即使不考虑收入增加所带来的储蓄比投资更多地增加，由此给利率带来的向下调整的压力，总需求严重不足时，因经济中存在早期储蓄供应过剩问题。扩大财政赤字可以将早期过剩储蓄用于扩大总需求，这种情况下，扩大财政赤字仅会对利率产生极小的上升压力。

而且，危机中当扩大财政赤字扩张总需求时，货币当局同时会增加货币供给，这会直接推动 LM 曲线向右移动，促使利率下降 [图 7—7(c)]。

应用 21 是减税还是增加政府支出

运用财政政策扩张总需求时，会面临是减税还是增加政府支出的选择。在 1998 年开始应对东南亚金融危机时，我国发行长期建设国债，增加政府在基础设施领域的投资支出。在 2008 年开始的应对次贷危机引发的全球性金融经济危机时，我国既动用了减税手段（如生产型增值税转为消费型增值税），也发行国债，增加民生、基础领域的政府支出。减税与扩大政府支出对刺激经济、扩大总需求的效果哪一种更明显呢？

这实际上是税收乘数与支出乘数的差别问题。按照凯恩斯的观点，增加政府支出会等量增加总需求，而减税时，国民收入尽管与减税数额相等，但人们并不会将增加的收入全部用于扩大消费，而是会储蓄一部分。所以，凯恩斯认为政府的支出乘数要大于税收乘数。

Bob Hall 和 Susan Woodward 考察了"二战"至"朝鲜战争"期间的支出增长，得出政府支出乘数为 1；Valerie Ramey 的研究结论是政府支出乘数在 1.4 左右；而 Christina Romer 和 David Romer 近期的一项研究结论是，税收乘数在 3 左右。实证研究的结果是税收乘数大于支出乘数，这与凯恩斯的观点相反。

税收乘数大于政府支出乘数的原因是，与政府扩大支出相比，减税改变了相对价格，这会促进投资，即减税对扩大投资需求的作用更大，这一点是凯恩斯所没有考虑到的。

例如减免工资税会降低劳动成本,如果劳动与资本互补,就会增加对资本品的需求。这样,减税除了增加可支配收入、增加消费支出从而扩大需求外(凯恩斯的观点),还会激励更多的投资支出(凯恩斯未考虑到)。

让人难以理解的是,在应对东南亚金融危机和应对美国次贷危机引发的金融经济危机时,相关管理部门都有增税行为。尽管增税以加强征管的形式出现,由此增加征收的税收是依法应征的部分,但增税对总需求总会有紧缩效果,这与整个宏观经济政策的方向相反。如果是基于税收收入下降使扩大政府支出的计划实施面临困难而强化征管,完全可以选择少增加政府支出。因为即使税收乘数与支出乘数相等,一边增加政府支出一边增税,仅是浪费政府的行政资源,对扩大总需求没有效果。

4.2 货币政策:货币供给增加

从 LM 曲线 $M^d/P = L(r, Y)$ 可知,在短期 P 不变的前提下,M 增加意味着实际货币供给增加。在给定的 Y 水平上,实际货币供给增加将使利率下降,LM 曲线向右移动(图 7—8)。

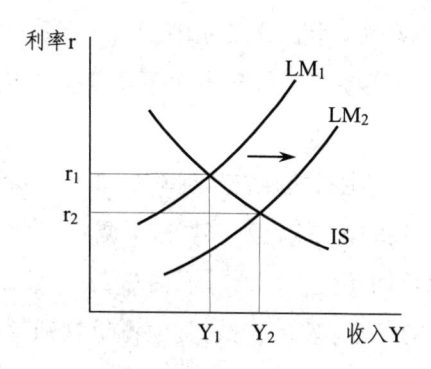

图 7—8 货币供给增加使 LM 曲线向右移动

导致 LM 移动的经济力量:按照流动性偏好理论,增加货币供给,人们在现行的利率水平上拥有比他们想要的更多的货币,他们会将这些额外的货币存入银行或购买债券。在此过程中利率下降,直至利率下降至人们愿意持有增加的货币为止。

货币市场出现的利率下降会刺激企业增加计划投资,增加收入。但这只会使产品市场沿 IS 曲线移动,而不会使 IS 曲线移动①。

应用 22　扩大政府支出、增加货币供给应对次贷危机引发的金融经济危机②

为了应对美国次贷危机对我国经济、就业的负面影响,2008 年年底中央政府出台了一揽子刺激经济的政策,其中主要是扩大政府支出和增加货币供给。至 2009 年 6 月扩大财政支出的政策主要有:

2009 年、2010 年每年增加政府投资 2 000 亿元,安排灾后重建 1 300 亿元。2009 年由财政部代地方政府发行地方债券 2 000 亿元,列入省级预算。中央财政增加 400 亿元,以补贴形式鼓励"家电下乡"、"农机下乡"、"汽车、摩托车下乡",扩大国内消费。

至 2009 年 6 月扩大货币供给的政策主要有:

下调存贷款基准利率。从 2008 年 9 月 16 日起,央行下调金融机构 1 年期贷款基准利率 0.27 个百分点,由 7.47% 下调至 7.20%,其他各档次贷款基准利率相应调整。此后又多次下调金融机构 1 年期存款基准利率。

下调人民银行对金融机构存贷款利率。如 2008 年 11 月 27 日,法定准备金存款利率由 1.89% 下调至 1.62%,下调 0.27 个百分点;超额准备金存款利率由 0.99% 下调至 0.72%,下调 0.27 个百分点;1 年期流动性再贷款利率由 4.68% 下调至 3.60%,其他再贷款利率相应下调;再贴现利率由 4.32% 下调至 2.97%。

下调存款准备金率。自 2008 年 10 月 8 日,央行决定从 2008 年 10 月 15 日起下调存款类金融机构人民币存款准备金率 0.5 个百分点。11

---

① 利率为模型内变量,模型外的变量变动才会使 IS 或 LM 曲线移动。
② 国家发改委网站,www.ndrc.gov.cn;人民银行网站,www.pbc.gov.cn。

月26日,央行决定从2008年12月5日起,下调工商银行、农业银行、中国银行、建设银行、交通银行、邮政储蓄银行等大型存款类金融机构人民币存款准备金率1个百分点,下调中小型存款类金融机构人民币存款准备金率2个百分点。

受危机负面冲击、受扩张性财政政策和货币政策刺激下的宏观经济运行状况:

受危机影响,GDP增长率从2008年第三季度的9.0%下滑至第四季度6.8%。尽管2008年年底紧急出台了包括扩大政府财政支出在内的一揽子积极财政政策和增加货币供给等方面的刺激政策,但危机对总需求增长负面影响很大,2009年第一季度GDP增速仍然延续2008年第四季度的下降趋势,下降为6.1%。从第二季度开始刺激政策效果逐渐显现,GDP增速回升。

4.3 货币政策指标:货币供应量与利率的选择

在20世纪70年代和80年代,许多国家的央行将货币供应量作为货币政策指标。随着金融创新的发展,由货币市场曲线LM反映的货币需求不再像以前那样稳定,越来越多国家的央行转而盯住利率。如1994年后,美联储就改用联邦基金利率(或称银行间隔夜贷款利率)为其短期货币政策指标。

可以肯定的是,任何一国的央行都不可能既盯住利率又盯住货币供应量,它只能选取其中之一。究竟应该选取盯住利率还是盯住货币供应量,以下借助IS—LM曲线进行分析。

4.3.1 当IS曲线比LM曲线更不稳定时,应盯住货币供应量

假定IS曲线更不稳定,它围绕IS_0在IS_1至IS_2之间移动(图7—9),而LM曲线不移动。此时,央行面临是盯住利率或盯住货币供应量,才能更好地稳定产出和就业的选择。

如果盯住利率,当IS_0右移至IS_1,利率上升,总产出增加至Y_1^m时,为了稳定利率,央行会通过公开市场操作买入债券,推高债券价格,直至利

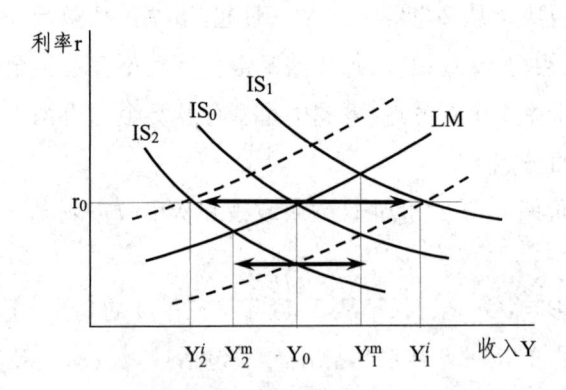

图 7—9　IS 曲线更不稳定时应采取盯住货币供应量策略

率水平下降至 r_0，相应地，总产出增加为 Y_1^i。反之，当 IS_0 左移至 IS_2，利率下降，总产出下降至 Y_2^m，央行会反向操作，降低债券价格，直至利率水平上升至 r_0，相应地，总产出减少为 Y_2^i。不难发现，盯住利率的结果是总产出在 Y_1^i 至 Y_2^i 之间变动。

如果盯住货币供应量，这一做法会保持 LM 曲线不动，总产出将在 Y_1^m 与 Y_2^m 之间移动。

显然，盯住货币供应量比盯住利率操作货币政策，会使总产出的波动幅度更小一些，产出较小的波动是有利的，所以，此时盯住货币供应量比盯住利率更好。

4.3.2　当 LM 曲线比 IS 曲线更不稳定时，应盯住利率

假定 LM 曲线更不稳定，它围绕 LM_0 在 LM_1 至 LM_2 之间移动（图 7—10），而 IS 曲线不移动。此时，央行面临是盯住利率或盯住货币供应量，才能更好地稳定产出和就业的选择。

如果选择盯住货币供应量，由于 LM 曲线不稳定，即使货币供应量不变，它仍然会在 LM_1 至 LM_2 之间移动，总产出将在 Y_1 与 Y_2 之间移动。

如果选择盯住利率，当 LM_0 左移至 LM_1，利率上升，总产出下降至 Y_2 时，为了稳定利率，央行会通过公开市场操作买入债券，推高债券价

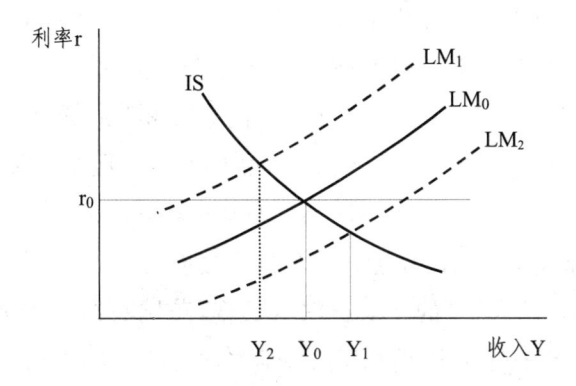

图 7—10　LM 曲线更不稳定时应采取盯住利率策略

格，直至利率水平下降至 r_0。反之，当 LM_0 右移至 LM_2，利率下降，总产出上升至 Y_1 时，央行会反向操作，降低债券价格，直至利率水平上升至 r_0。这些操作的结果是基础货币和货币供给量的变化，但总产出将会保持在稳定的水平 Y_0 上。

显然，盯住利率比盯住货币供应量操作货币政策，会通过货币供应量的变化，换取总产出的稳定，产出较小的波动是有利的，所以，此时盯住利率比盯住货币供应量更好。

其中的关键是，LM 不稳定时，调节货币供应量盯住利率，能够抵消 LM 的移动，从而使 LM 趋向稳定，并使总产出稳定。

应用 23　非传统的量化宽松：既不盯货币供应量也不盯利率

量化宽松是指央行以金融业是否恢复正常放贷为唯一标准，在降低利率的同时，以电汇方式（印钞或者买入政府、企业债券等），将资金汇入商业银行和金融机构，增加市场流动性，促使银行业向企业放款，使整个经济体的流动性恢复正常。

量化宽松由日本央行于 2001 年提出，日本 20 世纪 90 年代应对经济衰退、英国应对 2007 年美国爆发的次贷危机时实施了这种政策。如英国央行从 2008 年 10 月至 2009 年 3 月，连续 6 次将基准利率从 5% 降至

0.5%,尽管 2009 年 3 月广义货币供应量(M4)较 2008 年同期增长了 18.2%,但私人非金融企业持有的 M4 继 2 月下降 1.9% 之后,3 月进一步下降了 2.1%,3 月居民户持有的 M4 仅增长 3.7%,低于 2 月 0.5 个百分点。3 月 M4 贷款增长折合成年率达到 12.5%,但非金融企业 M4 贷款增速下降至 3.2%,居民户 M4 贷款增速放缓至 3.8%。

为了提高市场流动性,增加私人非金融企业、居民户持有的 M4,提高非金融企业、居民户的 M4 贷款增长率,英国央行货币政策委员会(MPC)2009 年 5 月决定,将购买政府债券和其他证券的规模即量化宽松目标,从每月的 750 亿英镑提高至每月 1 250 亿英镑。

量化宽松针对的问题是,危机爆发后经济处于通缩状态,即使名义利率下降为零,实际利率也会是正值。银行及其他金融机构承担资本中介功能的能力和意愿大为下降,导致货币乘数急剧下降(20 世纪 90 年代日本的货币乘数就由资产负债表的 10 倍左右降至最低点的 6.5 倍左右)。

量化宽松可能的负面后果是,当银行业账面资产增加时,银行放贷冲动增强,会对发放贷款从谨慎变得随意。一旦经济出现恢复,货币乘数快速增大,已注入经济体系的流动性将会直线飙升,社会整体流动性泛滥不可避免。

4.4 货币政策困境:流动性陷阱

流动性陷阱由凯恩斯的理论发展而来。它是指在既定利率下,央行供应多少货币,公众就持有多少货币,利率从而不受货币供应量增加的影响。

近似或接近出现流动性陷阱的例子是,1999 年日本的短期利率下降至 0.1% 时,货币当局增加流动性也无法再降低利率,扩张性的货币政策对总需求、产出和就业发挥不了应有的刺激作用。

根据 IS—LM 模型,扩张性货币政策通过降低利率和刺激投资支出来刺激经济,但如果利率接近为 0,货币政策的有效性就没有了。因为名义利率不可能下降到 0 以下,即不可能以负利率向别人提供贷款;如果是负利率,理性的选择是自己持有货币,不给任何人贷款。这种情况下,货币政策再怎么扩张,也只能提高公众的流动性,利率几乎不可能再下降。此时的 LM 曲线是一条不受货币供应量变化影响的水平线。

对运用 IS—LM 模型分析得出的这一结论还有其他不同的看法:

有人认为,此时的扩张性货币政策会提高人们的通货膨胀预期,较高的预期通胀率可以使实际利率为负而降低实际利率,这会刺激投资和经济。

还有人认为,货币扩张会使本币在外汇市场贬值,刺激出口需求。

对有无流动性陷阱至今并无共识。部分人士用它来为正的通胀率提供理由,他们的观点是,如果通胀率为 0 或为负,实际利率只会等于或高于名义利率,即实际利率不可能下降到零以下。而如果通胀率为正(如 2%),央行将名义利率下降至接近 0 的水平,实际利率就为负数(−2%)。这样,温和的通胀率增加了央行操作货币政策的空间,使货币政策不至于陷入流动性陷阱。

应用 24　为了避免流动性陷阱,我们就应当主张负利率吗

负利率通过为货币政策提供更大的操作空间,避免货币政策陷入流动性陷阱,但负利率对经济的影响远不仅于此。在主张通过负利率避免流动性陷阱时,我们还应该清楚负利率对经济其他方面的影响。

负利率会分流储蓄,存款利率为负迫使居民更多地消费或投资(如购房),企业更愿意借贷资金投资。开放经济中,负利率减轻汇率升值压力,低汇率有利于扩大出口。

负利率使银行资金能够在成本收益的推动下向直接融资市场如股票市场、债券市场、私募股权市场分流。一些发达国家在促进直接融资市场发育的时期,也出现过银行利率低于货币市场利率的情况。

但是,负利率使储蓄过多地向金融投资和房地产领域分流,这会扭曲资产价格,向市场发出错误信号,加剧证券市场、房地产市场价格波动。从行业的角度看,负利率不利于低资产负债率行业的发展。开放经济中,负利率还会加剧非贸易品通胀,影响经济和金融稳定。

可见,负利率对经济的影响是多方面的,避免流动性陷阱仅是主张负利率的理由之一。经济中是否应当选取负利率政策,还应该综合考虑到负利率的其他影响。

与完善的市场经济国家相比,我国的利率至今(2009年年初)并未完全市场化,利率的传导机制不完善,负利率对市场的影响相对较弱。

我国出现负利率主要是价格水平快速上升导致实际利率迅速下降所致(如1996年、2004年、2007年,表7—1),严格的利率管制限制了利率的快速调整,总体上讲,负利率是被动形成的。

表7—1 居民储蓄1年定期存款利率与CPI(%)

时间	1996.8.23	1997.10.23	1998.3.25	1998.7.1	1998.12.7	
利率(%)	7.47	5.67	5.22	4.77	3.78	
年份	1996	1997	1998			
CPI(%)	8.3	2.8	−0.8			
实际利率(%)	−0.83	2.87	6.02	4.77	3.78	
时间	1999.6.10	2002.2.21	2004.10.29	2006.8.19		
利率(%)	2.25	1.98	2.25	2.52		
年份	1999	2002	2004	2006		
CPI(%)	−0.4	−0.8	3.9	1.5		
实际利率(%)	2.65	2.78	−1.65	1.02		
时间	2007.3.18	2007.5.19	2007.7.21	2007.8.22	2007.9.15	2007.12.21
利率(%)	2.79	3.06	3.33	3.60	3.87	4.14
年份	2007					
CPI(%)	4.8					
实际利率(%)	−2.01	−1.74	−1.47	−1.2	−0.93	−0.66

资料来源:相关年份《中国统计年鉴》,人民银行网站。

4.5 货币政策与财政政策选择:完全挤出时的有效性

货币政策和财政政策对总产出水平的影响效力,在不同情况下并不相同。决策者要有效地使用这两类政策来影响总产出,就必须清楚,在什么情况下哪个政策更有效。

可以运用 IS—LM 模型考察货币需求完全不受利率影响,即货币需求完全无弹性时的情形,再在此基础上推导出更一般意义的结论。

因货币需求完全不受利率变动的影响,货币市场的 LM 曲线在 IS—LM 模型中就是一条垂直线①(图 7—11)。扩张性货币政策会使 LM 曲线由 LM_1 向右移至 LM_2,这会使利率由 r_1 下降至 r_2,并使总产出由 Y_1 增加至 Y_2;而扩张性财政政策会使 IS 曲线由 IS_1 向上移至 IS_2,只会使利率升高,总产出水平不变。可见,在货币需求对利率完全无弹性时,货币政策对提高总产出水平有效而财政政策无效。

(a) 扩张性货币政策有效　　　　(b) 扩张性财政政策无效

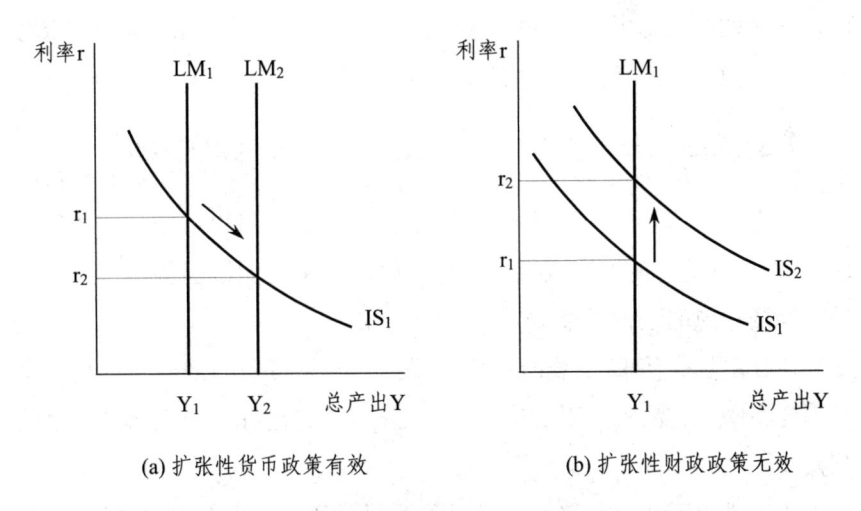

图 7—11　完全挤出情况下货币政策有效而财政政策无效

---

① 请注意完全挤出时与流动性陷阱时 LM 曲线的区别及其原因:完全挤出时,货币需求完全不受利率变动的影响,在 IS—LM 模型中货币市场的 LM 曲线是一条垂直线,而在流动性陷阱中,利率不受货币供应量增加的影响,LM 曲线是一条水平线。

之所以出现这种情况,是因为在货币需求对利率无弹性的情况下,当增加货币供给时,对应于各个利率水平的总产出必须增加,才能使货币需求量与增加后的货币供给量相适应,所以 LM 曲线会向右移动,总产出增加。

尽管扩张性财政政策通过扩大政府支出使总产出增加,但同时,扩张性财政政策会提高利率水平,导致私人投资支出和总产出的减少。因货币需求对利率无弹性,这一因利率上升所导致的私人投资支出的减少,完全抵消掉了扩张性财政政策扩大支出的效应,或称扩张性财政政策所增加的支出被利率上升所减少的投资支出完全挤出,总产出并不发生变化。

经济中不太可能出现货币需求对利率完全无弹性的情况,即基本不会出现扩张性财政政策使利率上升,进而导致私人投资支出的减少完全抵消掉扩张性财政政策所引起的支出的扩大,更多的是抵消掉一部分。

从上述货币需求对利率无弹性这一特殊情况下,货币政策有效而财政政策无效的结论中,我们可以推导出具有一般意义的结论:货币需求对利率越不敏感,货币政策相对财政政策越有效。

4.6 财政政策与货币政策的配合:政策效果的相互影响

假定决策机构知晓财政政策变动的效应,它就可以配合相应的货币政策,以达到更好的综合效果。下面以政府增税为例说明货币当局的三种选择及相应的三种效果。

税收增加会使 IS 曲线向左移动(图 7—12),货币当局要实现货币供给不变、利率不变、收入不变三个目标之一,相应地有三种不同的货币政策操作办法。

货币供给不变。在政府增税时货币供给不变,IS 曲线向左移动,收入减少、利率下降[图 7—12(a)]。

利率不变。在增税使 IS 曲线向左移动并导致利率下降时,要保持利率不变,货币当局可减少货币供给,使 LM 曲线向左移动[图 7—12(b)]。这一政策操作会减少收入,且收入的减少大于前述货币供给不变时的收入减少。之所以如此,是因为如果不减少货币供给,较低的利率会刺激计划投资支出,投资支出的增加部分地抵消了增税对收入的紧缩效应。

收入不变。在增税使 IS 曲线向左移动并导致收入减少时,要保持收入不变,货币当局必须增加货币供给使 LM 曲线向右移动[图 7—12(c)]。这一政策操作在保持收入不变的同时,使利率大幅度下降。之所以如此,是因为较高的税收抑制了消费,使总收入减少,而较低的利率刺激投资,使总收入增加,两种政策效应相互抵消,最终使总收入不变。要达到这一政策效果,利率必须下降至增税时下降的水平以下。

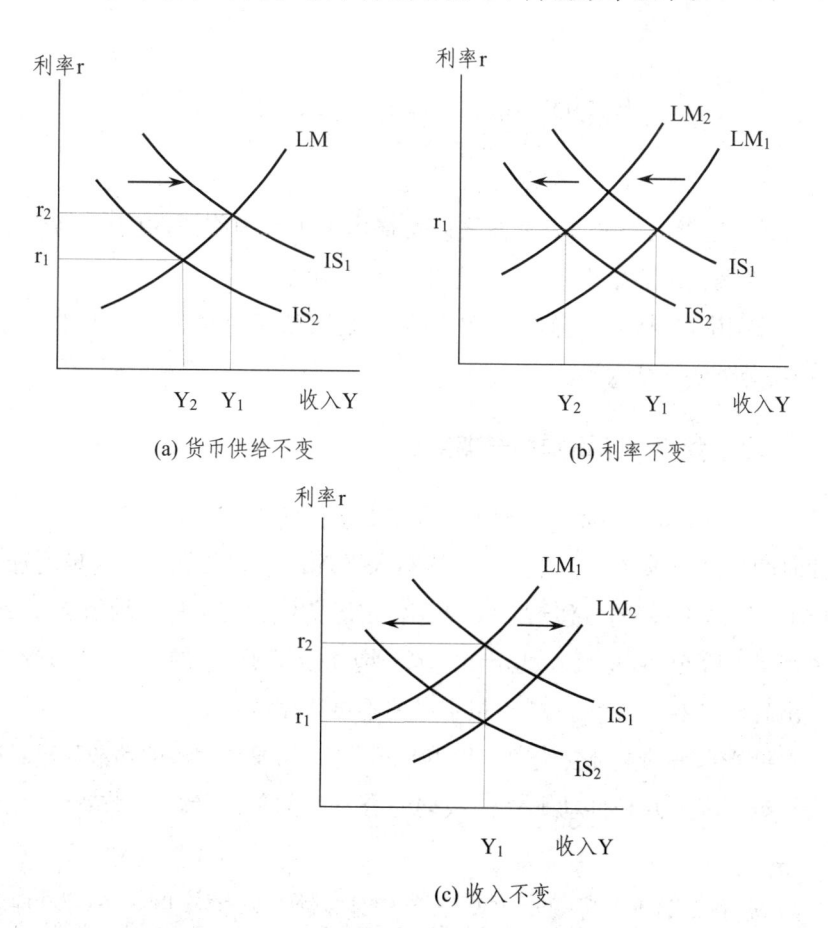

(a) 货币供给不变

(b) 利率不变

(c) 收入不变

图 7—12 政府增税时三种货币政策操作及其效果

4.7 非经济因素对 IS—LM 模型的扰动

非经济因素对 IS—LM 的冲击或扰动,最终一定会通过移动 IS 曲线或 LM 曲线而显现出来。如某些原因使企业对经济前景变得悲观,这会使企业的计划投资减少,从而使 IS 曲线向左移动,减少收入和就业。如某位新领导人的上台执政提高了消费者对经济的信心,消费增加,IS 曲线向右移动,增加收入和就业。又如,对获得信用卡的限制减少,这会增加人们的货币持有量,货币需求增加会提高利率,从而使收入减少。

5 长期产品市场—货币市场模型

分析短期中的 IS—LM 曲线以价格水平不变为前提,由于价格水平不变,名义变量的变化与实际变量的变化并无差别。

长期中,价格充分弹性,货币政策和财政政策对总产出水平没有影响,只会改变价格水平。

5.1 货币供给增加的长期效应

假定起始时 IS 曲线与 LM 曲线相交于长期均衡点 1[图 7—13(a)],此时的总产出水平等于产出的自然率水平 Y_n[①]。如果货币供应量增加,LM 曲线从 LM_1 向右移至 LM_2,LM_2 与 IS 曲线相交于短期均衡点 2,利率水平下降至 r_2,总收入(总产出)水平增加至高于 Y_n 的点 Y_2。由于总产出高于自然产出率水平,价格水平便不可避免地要上升。

价格水平的上升会使实际货币余额下降,引发对货币的超额需求,这会导致利率上升并推动 LM 曲线向左移动。只要总产出水平高于自然

---

① 产出的自然率水平(natural rate level of output)是价格水平既无上升趋势也无下降趋势时的总产出水平。当产出高于自然率水平时,经济繁荣推动价格水平上涨;当产出低于自然率水平时,价格水平会因经济不景气而下降。

率水平,价格、利率就会有上升压力,直至 LM 曲线移回到 LM_1,产出重新回到 LM_1 与 IS 的长期均衡点 1。

长期中货币供给不改变产出和利率的特征被称为长期货币中性。长期中货币供给增加的唯一后果是价格水平上升。

5.2 扩张性财政政策的长期效应

政府支出增加推动 IS 曲线由 IS_1 右移至 IS_2[图 7—13(b)],利率水平升高至 $r_{2'}$,总产出增加至高于自然率水平 Y_n 的 Y_2。同时价格水平上升,实际货币余额下降,这会导致 LM 曲线由 LM_1 左移至 LM_2 并与 IS_2 交于长期均衡点 2,产出重新回到自然率水平,利率进一步上升至 r_2。

在此过程中,利率的上升会减少投资,抵消掉政府支出所增加的总收入的增加,这就是政府支出增加所产生的完全挤出效应。

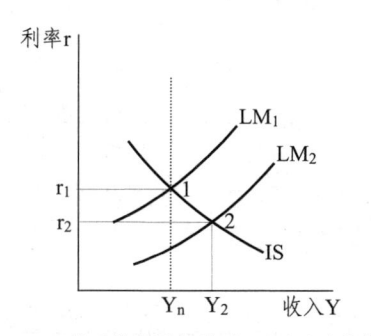

(a) 货币供给增加推动 LM 曲线由长期均衡点 1 经短期均衡点 2 再回移至长期均衡点 1,此过程中价格水平上升。

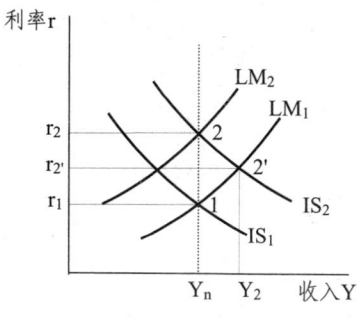

(b) 政府支出增加使 IS 曲线由长期均衡点 1 经短期均衡点 2′ 移至长期均衡点 2,此过程中价格水平上升、利率上升。

图 7—13 货币政策和财政政策对 IS—LM 曲线的长期影响

6 从 IS—LM 模型推导总需求曲线

总供需分析在于解释总产出和价格水平的变动,与长期 IS—LM 模型分析一样,我们扩展前述短期分析中价格水平不变的假设,推导价格水平变动情况下的总需求曲线。

6.1 由 IS—LM 图形推导总需求曲线(AD 曲线)

在图 7—14(a)的 IS—LM 模型中,价格水平为 P_1 时对应的 LM 曲线为 LM_1,LM_1 与 IS 曲线相交于点 1,总产出水平为 Y_1。在图 7—14(b)以价格 P 为纵轴、以总产出 Y 为横轴的坐标中,会有唯一的一个点 $1'$ 与左图中点 1 相对应。

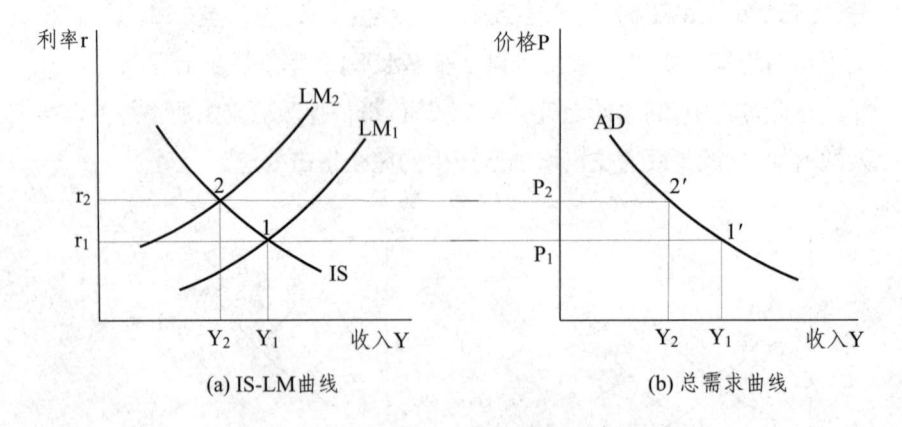

图 7—14 从 IS—LM 曲线到总需求曲线

价格水平上升至 P_2,在名义货币供给给定前提下,实际货币余额下降、利率上升,推动 LM 曲线向左移动至 LM_2,与 IS 曲线相交于点 2,对应的总产出水平为 Y_2。在图 7—14(b)中,同样会有唯一的一个点 $2'$ 与点 2 相对应。

将右边总需求曲线中的点 $1'$、$2'$、……连起来,即为总需求曲线。它代表在名义货币供应量给定前提下,价格水平与产出水平的组合。总需求曲线向右下方倾斜,是因为价格水平升高会降低实际货币余额、提高利率、降低总产出水平。

请注意,在此过程中,由于 IS 曲线中的消费支出、投资计划支出、政府计划支出等未发生变动，IS 曲线不移动，仅是 LM 曲线沿着 IS 曲线移动。

应用 25　如果微观经济中存在吉芬效应，总需求曲线还会向右下方倾斜吗

我们以独立于微观经济学基础的图形方式，推导出了向右下方倾斜的总需求曲线。宏观经济变量是微观经济变量以某种方式的加总，而微观经济学中存在众多争议的"吉芬商品"(Giffen goods)的需求曲线却是向上倾斜，如果"吉芬商品"确实存在，吉芬效应会改变总需求曲线向右下方倾斜的特征吗？

先来看吉芬商品的典型例子：一个穷人主要吃便宜的杂粮和很少的白面维持生计，某个时期杂粮价格上涨了，杂粮价格上涨后他完全吃不起面食，只能吃杂粮。因不吃白面了，他吃的杂粮会比以前多。杂粮价格上涨，他对杂粮的需求量上升，对杂粮的需求曲线向上，而不是如微观经济学中需求第一定律所揭示的那样向右下方倾斜，这便是吉芬效应。

经济处于长期均衡状态时，某种商品（如杂粮）价格上涨只会导致资源配置的变动，社会的实际总收入并未发生变化，总需求保持不变。从局部均衡看，微观领域可能存在价格上涨、需求增加的吉芬效应，但从一般均衡看，吉芬效应并不存在，总需求曲线仍然会向右下方倾斜。

另一类被误认为是吉芬现象的事件有：部分人对炫耀品如名贵手表、房子等越贵越买，股市中经常出现买涨不买跌等。

对炫耀品如名贵手表越贵越买，是因为这部分人买手表的目的是为了保值、增值，在信息不充分的情况下，人们常常认为手表越贵、品质越好，保值、增值收益越大。

房子越贵越买也是人们认为房价还会继续上涨，现在不买未来付出的代价更大，或现在买了未来升值的空间更大。

股市中某只股票股价下跌时可能无人问津，上涨时股民往往去追高，是因为在信息不对称的情况下，股民们认为该只股票价格还会上升，会有

很好的投资收益,且很多时候的确如此。

买涨不买跌的例子还有很多,在这些例子中,手表、房子、股票等,价格上涨前后已非同一商品,不能适用微观经济学中的需求第一定律。需求第一定律是指,当"其他条件"不变时,代价越大,需求量越小;或代价越小,需求量越大。手表、房子、股票价格上涨时,价格变动改变了人们对这些商品未来价格上涨的预期,人们认为这些商品的价格在未来还会上涨,即需求第一定律中的"其他条件"已经发生变化。

实质上,这些商品价格变动前和变动后已非同一种商品,在需求图中,这些商品的价格变化、需求量变化已不能用同一条需求曲线表示。价格变动后的价格、需求量应该表示在位置更高、仍然向下倾斜的需求曲线上。显然,这类商品价格、需求量的变动并不是吉芬效应。

6.2 由 IS—LM 代数表达式推导总需求曲线(AD 曲线)

为了找出能同时满足 IS 曲线和 LM 曲线中的收入水平 Y,在本章前述 IS 和 LM 的代数表达式中,将利率为 r 的 LM 方程式代入 IS 方程,有:

$$Y = \frac{a+c}{1-b} + \frac{1}{1-b}G + \frac{-b}{1-b}T + \frac{-d}{1-b}\left(\frac{h}{j}Y - \frac{1}{j}\frac{M}{P}\right)$$

令 z=j/[j+dh/(1−b)](0<z<1),则上式可表达为:

$$Y = \frac{z(a+c)}{1-b} + \frac{z}{1-b}G + \frac{-zb}{1-b}T + \frac{-d}{(1-b)[j+dh/(1-b)]}\frac{M}{P}$$

上式即为总需求曲线的代数表达式(各参数含义见本章 1.1 和 2.2)。它说明收入 Y 取决于财政政策 G 和 T、货币政策 M、价格水平 P,它代表了在给定的 G、T、M 时,Y 与 P 的不同组合。

从总需求曲线的代数表达式不难发现与上述图形推导相同的结论:M/P 的系数为负,随着 P 的升高,Y 下降,总需求曲线向右下方倾斜。货币供给增加、政府开支增加或税收减少使收入增加,这会使总需求曲线向右移动。

第 7 章 封闭经济中的总需求

上述总需求代数表达式,与货币数量论见附录 2 推导的总需求代数表达式($M/P=Y/V$)之间的关联是,当接受货币数量论关于利率并不影响实际货币余额的需求量,即货币需求方程 $L(r,Y)=hY-jr$ 中的 $j=0$(同时使 $z=0$),并且财政政策不影响总需求,即 $G=0$、$T=0$ 时,两个表达式相同。可以这样理解,由货币数量论推导的总需求曲线是由 IS—LM 推导的总需求曲线的特例。

第 8 章　开放经济中的总需求

与前一章"封闭经济中的总需求"不同的是,开放经济中的总需求不仅涉及货币市场,还会涉及外汇市场,开放经济中只有产品市场与资产市场(货币市场和外汇市场)同时均衡时,经济才会达到均衡状态。

分析封闭经济的总需求时,我们忽略了实际利率 r 与名义利率 R 的差别。但在开放经济中,名义利率与实际利率的差别就不能忽略。除有说明外,本章所涉及的利率为名义利率。

本章将以产品价格黏性,即产品价格缓慢变动这一与现实情况比较吻合的假定为前提,考察产品市场如何对需求变动进行调整。

1 开放经济中的总需求[①]

开放经济中,一国产出由产生国民收入的四种支出构成:消费 C、投资 I、政府购买 G 和商品与服务的净出口(经常项目余额 CA)[②]。

---

① 参见克鲁格曼等(2002)。
② 净出口为出口减进口之差额,是支出法核算 GDP 中的核算项目。
　经常项目余额或经常项目为国际收支平衡表中的核算项目。经常项目包括货物、服务、收益和经常转移。货物以海关进出口统计数据为基础,根据国际收支统计口径,对出口、进口以商品所有权变化为原则进行调整,出口、进口金额均按离岸价格统计。服务包括运输、旅游、通信、建筑、保险、国际金融服务、计算机和信息服务、专有权使用费和特许费、咨询、广告宣传、电影音像和其他商业服务,以及其他政府服务。收益包括职工报酬和投资收益。投资收益包括直接投资、证券投资和其他投资的收益和支出,以及直接投资收益的再投资。
　货物和服务净出口(差额)一般占经常项目中的很大一部分。以我国 2006 年的国际收支平衡表为例,2006 年我国经常项目(贷方与借方的)差额为 2 497 亿美元,其中货物和服务差额为

第 8 章 开放经济中的总需求

$$Y \equiv C(Y-T)+I+G+CA(EP^*/P, Y-T)$$

其中：E 为名义汇率，P^* 为外国价格水平，P 为国内价格水平。

1.1 经常项目的决定

经常项目（CA）主要由本币兑外币的实际汇率和国内可支配收入决定。其他因素如外国支出水平、国内消费变化（影响进口进而影响经常项目）、单方转移支付等，我们假定其不变。

1.1.1 实际汇率变动通过国内商品和服务价格相对国外价格的变动影响经常项目

如果实际汇率上升即贬值，一单位的本国（如中国）产品购买更少单位的外国（如美国）产品，或一单位的外国产品购买更多单位的本国产品，外国消费者的选择是增加对本国（中国）出口商品的需求，本国出口增加，经常项目改善。

本国消费者的选择是减少对价格上涨的外国商品的需求数量，但因实际汇率上升会提高以本国单位产出衡量的每单位进口商品的价格，即实际汇率上升使外国篮子商品价格相对本国篮子商品价格更贵，以本国单位产出衡量的进口值可能上升也可能下降。

是上升还是下降取决于实际汇率变动产生的以下两种效应哪个更大：是消费者支出变动引起的进出口商品的数量（变动）效应更大，还是用本国产品衡量的国外产品的价值（变动）效应更大。在假定数量效应大于

（续前页）2 089 亿美元，占经常项目差额的 83.6%。

除经常项目外，国际收支平衡表中还有资本和金融项目、储备资产和净误差与遗漏三个项目。其中资本项目包括移民转移、债务减免等资本性转移。金融项目包括直接投资、证券投资和其他投资。储备资产增减额指在黄金储备、外汇储备、在国际货币基金组织的储备头寸、特别提款权、使用基金信贷等方面本年末与上年末余额之间的差额。净误差与遗漏为扎平借贷两方的总额而人为设置的平衡项目，它包括统计误差和因种种原因未进入统计的部分。

在我国 2006 年的国际收支中，经常项目为资本和金融项目（100 亿美元）的 24.9 倍。储备资产为 -2 470 亿美元（经常项目及资本和金融项目收入大于支出的部分转化为储备，按国际收支平衡表的编制原则，储备属于资产项目，负号表示储备资产增加），净误差与遗漏为 -129 亿美元。

经常项目、资本和金融项目、储备资产和净误差与遗漏四项加总为零。

价值效应的前提下,一国货币的实际贬值将改善经常项目。

1.1.2 可支配收入变动通过影响国内消费者的总支出影响经常项目

在假定外国收入不变且国内可支配收入对其无影响的前提下,可支配收入提高会增加包括进口商品在内的所有商品的支出,恶化经常项目。

1.2 总需求函数

从国民收入的四种支出构成可以看出,总需求函数由实际汇率、实际收入、税收、投资、政府支出决定:

$$D=D(EP^*/P, Y-T, I, G)$$

假定其他因素不变,实际汇率(EP^*/P)上升(贬值)改善经常项目,增加总需求。

假定其他因素不变,实际收入 Y 上升提高可支配收入($Y-T$),可支配收入提高刺激消费、扩大总需求,并同时增加进口使经常项目恶化、降低总需求。一般而言,实际收入上升对国内消费的增加会大于对进口产品消费的增加,净影响是扩大总需求。

如图 8—1 所示,在 $EP^*/P, T, I, G$ 一定时,随着 Y 的增长,可支配收入 $Y-T$ 相应增长,消费也增长,但因增加消费的一部分被用于增加进口,由 Y 的增长引起的对本国总需求的增长将小于对消费需求的增长,即总需求的增长小于 Y 的增长。表现在图 8—1 中,总需求曲线的斜率小于 1。同时,因 I,G、国外需求即使在国内产出为零时也总是大于零,总需求曲线的截距总是大于零。

1.3 总产出的决定

在图 8—1 中,当实际产出 Y(可以理解为实际供给)等于对国内产出的总需求时,产品市场在 Y_1 处达到均衡。在这一均衡状态下,消费者、厂商、政府和国外购买者都能实现他们的意愿支出而没有过剩产出。

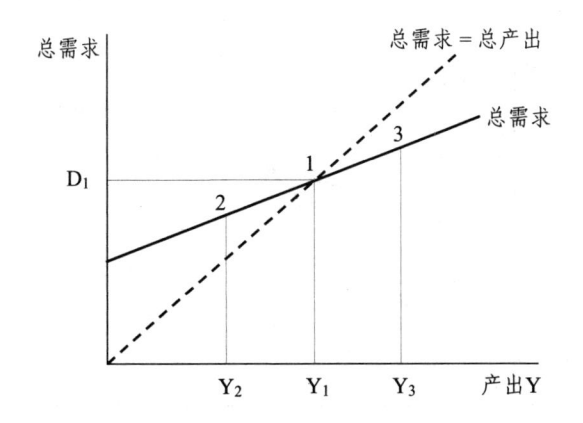

图 8—1　总需求曲线与产出夹角小于 45°及产出在 Y_1 处均衡

$$Y=D(EP^*/P, Y-T, I, G)^{①}$$

理由是,如果总需求在 $Y_2(<Y_1)$ 的水平上,总需求大于总产出,厂商会扩大生产来满足这部分超额需求,产出将扩大到 Y_1。非如此,厂商只能减少库存,但这会使投资低于意愿水平 I。

而如果总需求在 $Y_3(>Y_1)$ 的水平上,国内生产过剩,厂商被迫增加库存,当库存增加时,厂商会减少生产,直到产出降低到 Y_1,厂商才会对他们的生产水平感到满意。

1.4　产品市场曲线

假定短期内 P^*、P 固定,本币相对外币贬值即名义汇率 E 上升时,在国内每一个产出水平上,对本国产品的需求都会增加,这会使总需求曲线向上移动(图 8—2)。用 DD 曲线归纳名义汇率 E 与产出 Y 之间的关系,得到产品市场均衡时所有产出与汇率的组合。②

---

① 比较 $Y=D(EP^*/P, Y-T, I, G)$ 与国民收入衡等式 $Y\equiv C+I+G+CA$,前者是一个均衡条件,并不一定恒等。原因是,前者中的投资需求都是意愿投资或者计划投资,仅当厂商没有非意愿存货积压或非意愿库存不足时才恒等。而后者包括了厂商的非意愿存货,永远恒等。

② 如果任何时候 $Y=D(EP^*/P, Y-T, I, G)$ 为恒等式,则 DD 曲线应该为 D=Y 的直线,但 $Y=D(EP^*/P, Y-T, I, G)$ 并非恒等式,所以 DD 曲线并不是直线。

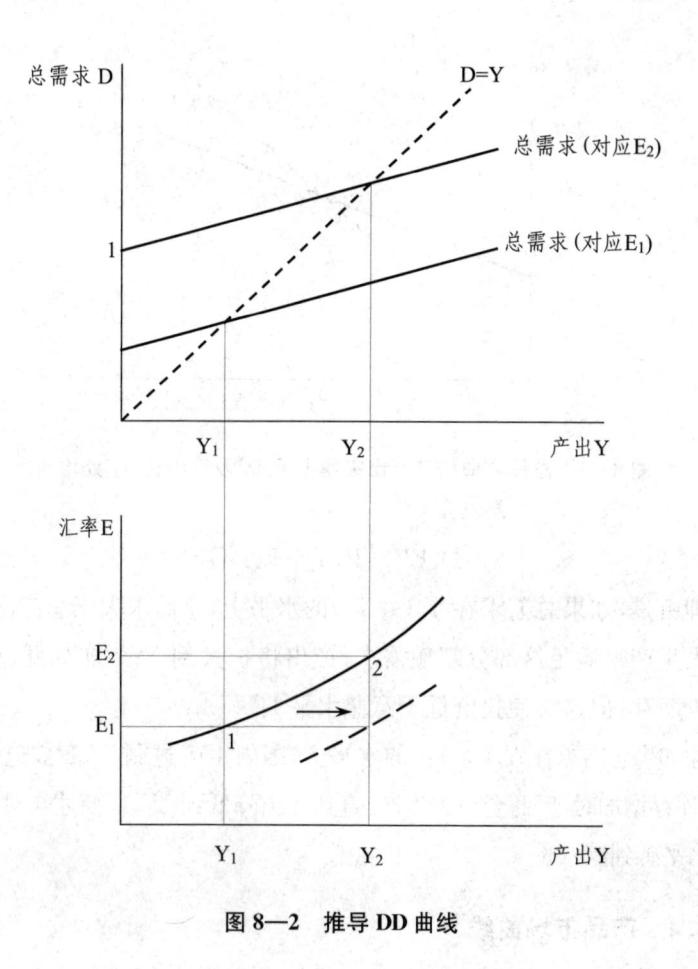

174 第四篇 短期中的总需求管理与总供需均衡

图8—2 推导DD曲线

在假定 E 不变的前提下,分析任何一种经济冲击对 DD 影响的规则是,任何导致对本国产品的总需求上升的冲击将使 DD 曲线向右移动,反之,向左移动。

例如,E 不变、G 增加,则上半图中的总需求曲线向上移动,因 E 不变,DD 曲线会向右移动(图 8—2 中下图虚线)。

1.5 资产市场(货币市场和外汇市场)曲线

资产市场曲线是指国内货币市场和外汇市场均衡条件下汇率与产出

水平的组合。

1.5.1 产出变动时的资产市场均衡

利率平价条件表明,仅当本币存款和外币存款的预期收益率相等,即 $R=R^*+(E^e-E)/E$ 时,外汇市场才达到均衡。

而满足利率平价条件的利率由国内货币市场上实际货币供给和实际货币需求决定,即由 $M^s/P=L(R,Y)$ 决定。

在图 8—3 中,给定名义货币供给 M^s、国内价格水平 P、国外利率 R^*、预期汇率 E^e,当实际产出为 Y_1、实际货币供给为 M^s/P 时,利率 R_1 使国内货币市场在点 1 处出清。相对应的汇率 E_1 使外汇市场在点 $1'$ 处出清。此时以本币计算的外汇存款的预期收益率等于利率 R_1。

当产出由 Y_1 增至 Y_2 时,实际货币总需求 $L(R_1,Y_1)$ 提高到 $L(R_2,Y_2)$,实际货币总需求曲线向右移动,导致国内均衡利率由 R_1 上升到 R_2,国内货币市场在 R_2 处重新均衡。同时在 R^*、E^e 不变时,E_1 必然下降至 E_2,外汇市场在 $2'$ 处重新均衡。

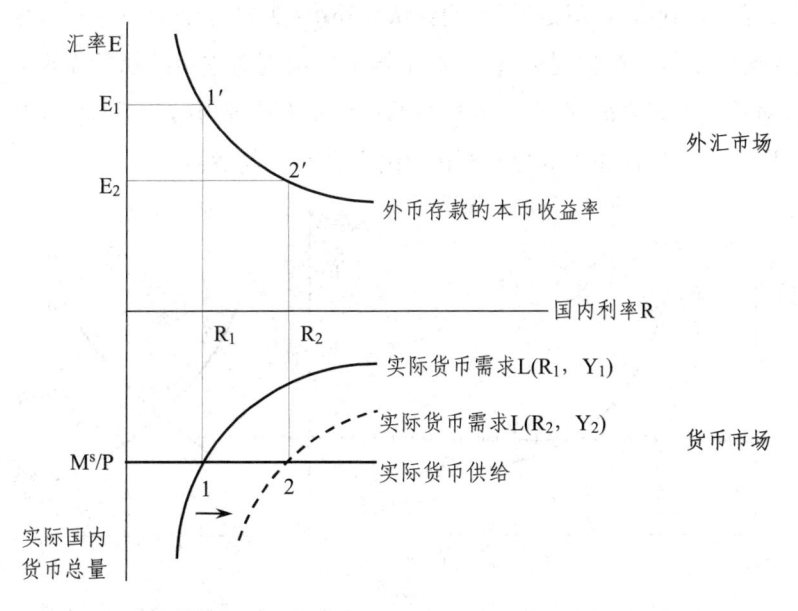

图 8—3 产出变动导致汇率变动并使资产市场重新均衡

1.5.2 资产市场曲线（AA 曲线）

在给定 P^*、P、实际货币供给、外国利率、预期汇率的前提下，任意一个产出水平 Y，都有一个唯一的满足利率平价条件的汇率 E 与产出 Y 对应。在其他条件不变时，产出 Y 的增加会使本币升值，所以资产市场曲线（AA 曲线）的斜率为负（图 8—4）。

1.6 产品市场与资产市场的结合（DD—AA 模型）

一个经济的总体均衡必须是产品市场和资产市场（货币市场和外汇市场）都达到均衡，只有产品市场曲线 DD 与资产市场曲线 AA 的交点才符合这一要求。当经济处于这两条曲线的交点以外的点时，经济力量会促使经济回归到这一点。

如当经济位于点 3 时（图 8—5），此点的汇率 E 相对于 AA 曲线过高，即高于满足利率平价条件的汇率，人们预期汇率未来会下降即本币（如人民币）升值，也就是说，人们会认为外币（如美元）存款的本币预期收益将会低于本币存款利率，在外汇市场上会出现对本币的超额需求。同时，对外国购买者而言，点 3 处过高的汇率水平使国内（如中国）商品显得更便宜，从而造成在点 3 处对国内（中国）商品的超额需求。

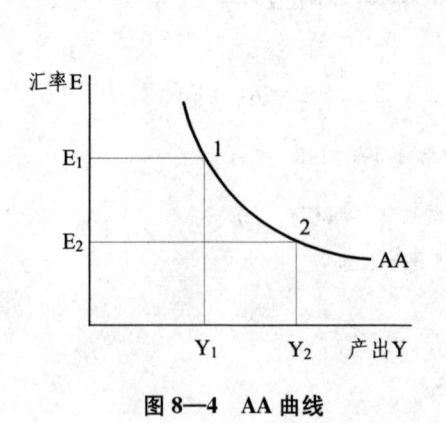

图 8—4　AA 曲线

图 8—5　DD 曲线和 AA 曲线在交点实现均衡

外汇市场对本币的超额需求使汇率立即从 E_3 下降至 E_2,并使本币和外币存款的预期收益率相等,实现利率平价。

点 2 仍高于均衡点,对国内产品仍存在超额需求。厂商为避免非意愿的存货减少,将扩大生产、增加供给,随着产出的增长,货币需求增加,利率上升,本币不断升值以降低预期的未来升值率,即 E 下降、E^e 上升以实现利率平价 $R=R^*+(E^e-E)/E$,经济会沿着 AA 曲线进一步移动到均衡点 1。

在由点 2 向点 1 移动的过程中,厂商增加生产需求需要一定时间,但资产价格可以迅速变化;尽管产出变动,资产市场仍可保持均衡。

2 货币政策和财政政策一次性变动的短期效应

假定预期汇率 E^e 是达到充分就业状态的汇率,国内价格已对产品市场和资产市场的冲击作充分调整,这意味着一次性的政策变动并不影响长期预期汇率 E^e。同时假定经济冲击并不影响外国利率 R^*、外国价格 P^*,短期内国内价格 P 固定。

2.1 货币供给一次性增加的短期效应

货币供给增加使 AA 曲线向右移动(图 8—6),本币贬值,产出扩张、就业增加,但并不影响 DD 曲线位置。

导致 AA 曲线右移的经济力量是,在最初产出水平 Y_1 和给定的价格水平上,货币供给增加必然使利率下降。而货币政策的一次性变动并不影响预期汇率。在

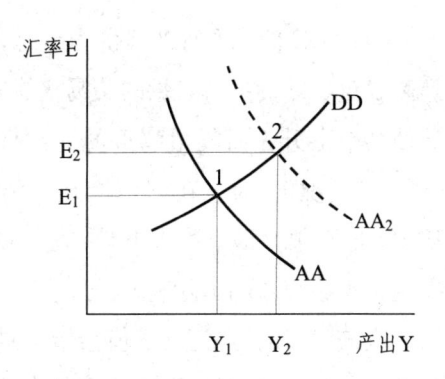

图 8—6 货币政策的一次性变动对 AA 曲线的影响

E^e、R^* 不变情况下,为了在利率上升后仍能维持利率平价 $R = R^* + (E^e - E)/E$,E 必须立即上升即贬值,以产生足够大的升值预期来抵消升高的不利于本币存款的国际利差。本币的迅速贬值也使国内产品比国外产品变得更便宜,总需求扩大,要求产出也相应扩大。

2.2 财政一次性扩张的短期效应

扩张性财政政策包括增加政府开支,或(和)增加税收。

如政府决定一次性增加向某国购买先进武器的支出,这一支出增加将使 DD 曲线向右移动(图 8—7),这会使本币升值,产出扩张、就业增加,但并不影响 AA 曲线位置。

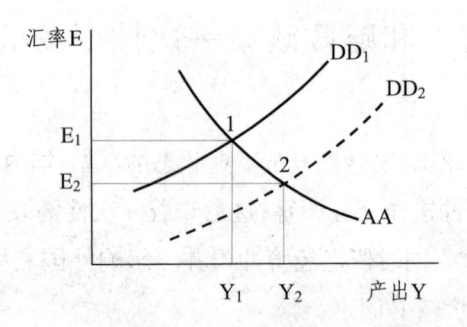

图 8—7　财政政策的一次性变动对 DD 曲线的影响

导致 DD 曲线右移的经济力量是,政府支出增加所引起的产出增加提高了对实际货币持有量的交易需求,价格水平不变时货币需求增加必然使利率上升。而货币政策的一次性变动并不影响预期汇率。在 E^e、R^* 不变情况下,为了在利率上升后仍能维持利率平价 $R = R^* + (E^e - E)/E$,E 必须立即下降即升值,以产生足够大的贬值预期来抵消升高的有利于本币存款的国际利差。

应该注意的是,汇率升值会增加进口、减少出口,这会对国内投资支出产生一定的抑制作用,这一抑制作用会部分地抵消政府支出增加的扩张效应。

2.3 运用货币或(和)财政政策应对一次性经济扰动引发的萧条

假定发生如下衰退：消费者的消费偏好突然从国内产品转向国外产品。这导致对国内产品总需求下降，DD 曲线从 DD_1 左移至 DD_2，汇率上升，在低于充分就业 Y_2 位置形成短期均衡。因这种偏好变动被认为是暂时的或一次性的，E^e 不变，AA 曲线不移动（图 8—8）。

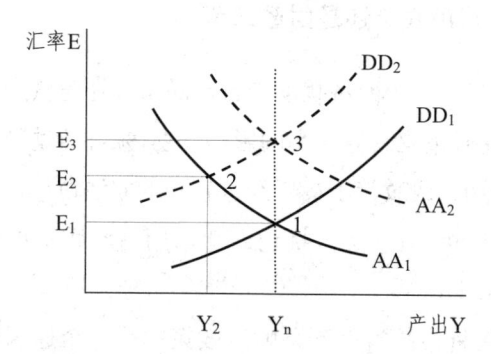

图 8—8 消费偏好从国内转向国外后出现的衰退及政策干预

为了恢复充分就业，决策机构有以下政策选择：一是动用暂时性的财政扩张政策使 DD_2 返回至原来的 DD_1 位置，恢复充分就业并使汇率回到 E_1；二是暂时性增加货币供给使 AA_1 移至 AA_2，使经济在点 3 处达到均衡。后一政策操作在恢复充分就业的同时，会引起本币贬值。

再假定出现货币需求一次性增加（图 8—9）：这一次性的增加推动利

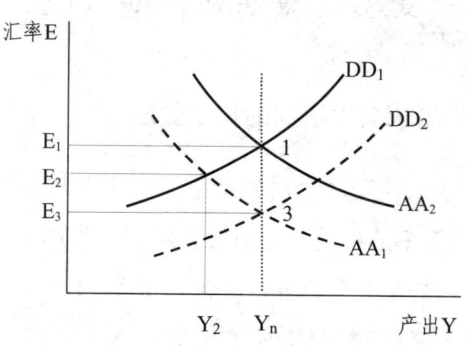

图 8—9 货币需求暂时性增加后出现的衰退及政策干预

率上升、汇率下降（升值），使本国商品变得昂贵，产出收缩。AA_1 曲线左移至 AA_2，经济从最初的充分就业的长期均衡点 1 移至短期均衡点 2。

为了恢复充分就业，决策机构有以下政策选择：一是暂时性增加货币供给，这可使 AA_2 退回至 AA_1；二是暂时性财政扩张，使 DD_1 右移至 DD_2，经济在点 3 处恢复充分就业。

2.4 选择货币政策还是财政政策

请注意，要确定一个经济扰动来自产品市场还是资产市场有时很难，而政府如果关注政策工具对汇率的影响，就必须弄清楚经济扰动的来源。

在西方，动用财政政策工具要经过较长的立法讨论，由央行动用货币政策要快一些，所以，有些经济扰动即使运用财政政策更好一些，也常常动用货币政策来干预。

更多地依赖货币政策而不是财政政策的另一个原因，是增加政府开支或削减税收可能会带来政府预算赤字，这需要以后采取反向的政策操作来消除赤字。而且，政治因素很难使这些政策工具的变动与经济周期同步。

3 货币政策和财政政策永久性变动的短期和长期效应

3.1 货币供给永久性增加的短期效应

政策工具的永久性变动会对长期汇率产生影响，这会影响到对汇率的未来预期，预期汇率的变动又会对短期汇率产生影响。

如果经济最初处于充分就业的产出水平 Y_n[图 8—10(a)]，货币供给 M^s 的永久性增加（通胀）最终会使汇率等比例上升，并导致预期的未来汇率 E^e 等比例上升。

因 E^e 上升过程中伴随着货币供给的永久性增加,AA_1 移向 AA_2 的幅度将大于等量的一次性货币供给增加所引起的移动幅度,点 2 的 E 和 Y 均高于一次性货币供给增加时他们所处的水平(点 3)。

3.2 货币供给永久性增加的长期效应

点 2 处产出 Y_2 高于充分就业的产出水平[图 8—10(b)],工人和机器超负荷工作,工人要求加薪、厂商要求涨价以弥补不断上升的生产成本,最终的结果是所有商品的价格等比例上升,产出、利率重回充分就业时的水平(点 4)。

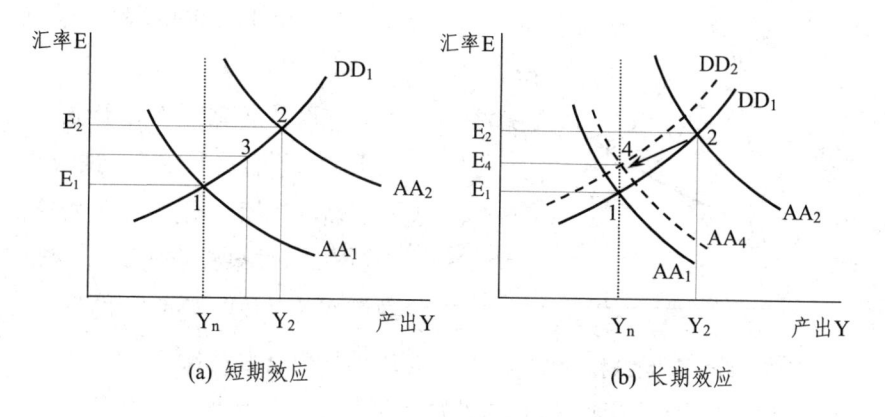

(a) 短期效应　　　　　　　　(b) 长期效应

图 8—10　永久性货币供给增加的短期效应和长期效应

具体的调整过程是:长期中,产出 Y 高于 Y_n,生产要素过度使用,价格水平随生产成本同步增长。价格 P 上升使国内产品相对进口产品变得昂贵,这会鼓励进口、抑制出口,经常项目恶化,DD 曲线向左移动。加之持续上升的价格减少了实际货币供给 M^s/P,AA 曲线也向左移动。DD 和 AA 将一直调整至 DD_2 与 AA_4 的交点 4,点 4 为满足长期货币中性的点。调整过程中,汇率、价格水平随货币供给的增长等比例上涨。

请注意,因 E^e 在永久性货币供给增加后,也会随货币供应量上升相同的比例,AA_2 会在比原来 AA_1 更高的位置 AA_4。

此外,在调整过程中,本币实际上经历了从 E_1 到 E_2 的急剧贬值,再由 E_2 到 E_4 的升值过程,汇率的这种调整过程被称为汇率超调(见第 5 章第 5 节)。汇率超调告诉我们,汇率对一些经济变动的最初反映比长期反映要强烈。

3.3 财政永久性扩张效应

如政府决定每年增加开支用于支持欠发达地区发展,这一永久性的财政扩张不仅对产品市场立即产生影响,还会对长期汇率的预期产生影响,从而影响资产市场。

政府支出增加使 DD 曲线向右移动(图 8—11)。由于是永久性的政府开支增加,本币升值,随之 E^e 也升值,这导致 AA 曲线左移。新的短期均衡点位于 Y_n 线上(点 2),如果没有永久性财政政策变动对预期汇率 E^e 的影响,短期均衡点为点 3。

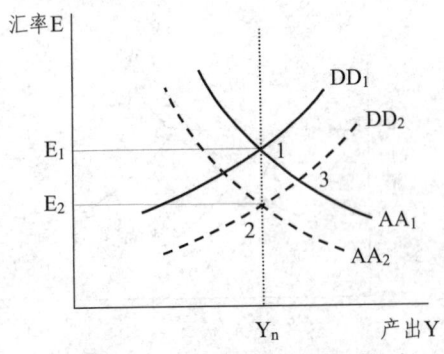

图 8—11 永久性财政政策的影响

显然,在长期均衡状态,永久性财政扩张政策带来预期汇率变化,货币升值,迅速而持久的汇率升值正好抵消财政政策对总需求的直接影响。

比较一下此前所提到的财政政策的挤出效应或抵消效应的几种情形:一是第 7 章"4.1 财政政策:政府计划支出增加"。封闭经济的 IS—LM 模型中,政府计划支出增加使 IS 曲线向右移动、总收入增加,总需求的增加提高了每一利率水平上的货币需求,但货币供给未增加,结果是利率上升抑制投资,部分抵消 IS 曲线移动所导致的总收入的增加效应。这种部分挤出来自利率上升对投资的抑制作用。

二是第 7 章"4.5 货币政策与财政政策选择"。封闭经济中,在货币需求完全不受利率变动影响(货币市场曲线 LM 为垂直线)的假定下,财政政策无效。财政政策在这一假定下表现出的完全挤出,是为了推导后面"货币需求对利率越不敏感,货币政策相对财政政策越有效"的一般性结论,是一种纯理论上的假定和推导。

三是第 7 章"5.2 扩张性财政政策的长期效应"。封闭经济中,政府支出增加推动 IS 曲线右移,利率水平升高,总产出增加至高于自然率的水平并导致价格水平上升,实际货币余额下降,LM 曲线左移并与 IS 曲线交于长期均衡点,结果是产出重新回到自然率水平,利率进一步上升。这一过程中,利率不断上升减少投资,完全抵消掉政府支出所增加的总收入。从长期看,政府支出增加会产生完全挤出效应。

四是本章"2.2 财政一次性扩张的短期效应"。开放经济的短期中,一次性财政扩张使本币升值,本币升值部分地抵消财政政策对总需求的扩张作用。

五是本章"3.3 财政永久性扩张效应"。开放经济的长期中,永久性财政扩张带来预期汇率变化,汇率升值完全抵消财政政策对总需求的影响。

总体上看,不管是封闭经济还是开放经济,财政政策的长期效应都表现为完全挤出,短期效应表现为部分挤出。

需要注意的是,现实中确实存在挤出效应,但完全挤出情形在相当意义上是为了便于清晰地理解政策效果,是在严格假定下的一种理论分析。

4 经常项目

4.1 经常项目曲线[①]

经常项目曲线代数表达式为 $CA(EP^*/P, Y-T)=X$。产出增加使可支配收入($Y-T$)增加,支出能力增加,这会刺激进口消费,如果货币不

---

① 参见克鲁格曼等(2002)。

贬值，会恶化经常项目。所以，经常项目曲线 XX 的斜率为正(图 8—12)。

当产出增加并沿着 DD 曲线向上移动时，产出中会有一部分用于进口，所以，本国产品国内需求的增长会少于产出的增长。要使供需均衡，必须增加出口需求、增加净出口。这说明，与点 2 对应的汇率 E 相对于经常项目曲线本来的位置(本来在何处我们不知道)是上升了或贬值了，由此可以推断，经常项目曲线本来的位置应该在点 2 下方。

同样可以推断在点 1 左边，经济项目曲线位于 DD 曲线上方。这样，经常项目曲线就是一条经过点 1 且比 DD 曲线平坦一些的曲线。

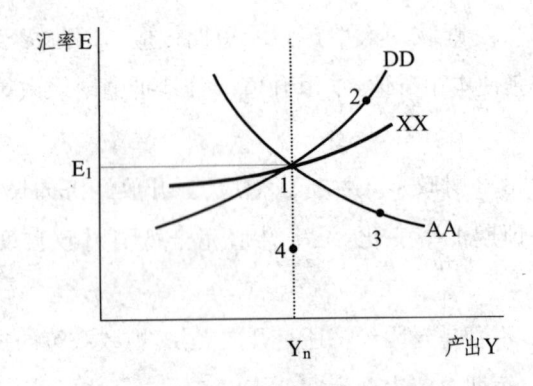

图 8—12 经常项目曲线的位置

4.2 政策变动对经常项目的影响

货币供给一次性增加会使 AA 曲线向右移动(图 8—12)，产出增加，短期均衡点沿 DD 曲线向上移动至点 2，本币贬值，点 2 处经常项目得到改善。反之，经常项目恶化。

财政一次性扩张使 DD 曲线向右移动，短期均衡点沿曲线 AA 向下移动至点 3，本币升值，经常项目恶化。

财政永久性扩张使 DD 曲线右移，本币升值，随后预期汇率 E^e 也升值，AA 曲线左移至点 4，结果也是经常项目恶化。

第8章 开放经济中的总需求　185

应用26　本币升值,净出口额增加、净出口增速下降[①]

1985年9月22日广场协定签订后,日元相对美元升值,按照汇率变动与经常项目变动的关联性,日本对美国贸易顺差应该减少、经常项目恶化。实际情况确实如此。

1985年3月23日日元对美元汇率为1∶231,24日日本央行开始干预汇率。至1987年1月19日,日元对美元汇率上升至1∶150,至1988年1月4日上升至1∶120左右。

此间日本对美国出口额从1985年的6.88亿美元上升为1986年的8.19亿美元[②],1987年进一步增加到8.46亿美元,对美贸易顺差从1985年的4.66亿美元扩大到1986年的5.53亿美元,1987年进一步增加到5.68亿美元。1985年、1986年、1987年出口增速分别为20.4%、19.1%、3.3%,不断下降;进口增速分别为-4.2%、20.0%、4.5%,有升有降;净出口分别为37.2%、18.7%、2.7%,快速下降。

人民币对美元升值过程中,我国对美国的净出口额、净出口增速也呈现相似的变动特点。

2005年7月21日,人民银行决定自当日起,开始实行以市场供求为基础、参考一篮子货币进行调节、有管理的浮动汇率制度。并于21日19时起,调整美元对人民币交易价格为1∶8.11,作为次日银行间外汇市场上外汇指定银行之间交易的中间价。此后,人民币汇率缓慢升值,人民币对美元2005年小幅升值0.49%,2006年升值3.35%,2007年升值节奏开始加快,全年升值6.90%,2008年仅1~4月即升值4.35%。

2005年、2006年、2007年、2008年1~4月,中国对美国出口额分别为1 629亿美元、2 035亿美元、2 327亿美元、743亿美元,呈上升趋势;

---

① 彭敬士:"20世纪50年代以来的日美贸易摩擦及其现实意义",《世界经济研究》,2004年8月。商务部、国家外汇管理局网站。

② 本应用中的进口、出口、净出口指货物和服务贸易。由于货物和服务贸易占经常项目的绝大部分,一般情况下,货物和服务贸易与经常项目的变动方向几乎完全一致。

同期出口增速分别为28.4%、27.2%、25.7%、21.5%,不断下降;进口增速分别为17.6%、20.0%、20.8%、28.0%,不断上升;净出口增速分别为42.2%、74.2%、47.8%、22.8%,如不考虑2005年数据(2005年7月21日汇率改革后,2005年全年人民币仅小幅升值0.49%),净出口呈快速下降趋势。随着2007年、2008年第一季度人民币升值节奏加快,净出口增速明显下降。

从20世纪80年代中后期日元对美元升值,以及21世纪初人民币对美元升值给净出口带来的影响看,升值恶化经常项目,但并未阻止货币升值国对货币贬值国出口绝对额的减少,而仅是使出口增速、净出口增速下降。主要原因可能是,名义汇率变动仅是改变一国净出口状况的主要原因,其他因素如盈余国产品在全球特别是相对同等发展水平经济体的产品市场竞争力,也会对货币升值国与货币贬值国的净出口产生较大影响。

对比日元、人民币升值幅度,以及日本、中国对美贸易变动发现,日元相对人民币升值幅度大很多,但同期日本对美出口、净出口下降幅度却明显小于中国对美出口、净出口的下降幅度。2007年全年和2008年第一季度,人民币对美元共升值11.25%,我国沿海地区的众多厂商就遇到很大困难,许多加工贸易企业倒闭。其中重要的原因是,20世纪80年代日元大幅升值时,产品能大量出口到发达国家的经济欠发达国家只有日本。尽管日元大幅升值,日本对美国出口、净出口下降相对较少。而21世纪的今天,在劳动密集型产品上能与中国竞争的经济体已扩大到拉丁美洲、非洲、印度、越南、俄罗斯、东欧等众多新兴发展中国家和地区,仅从人口规模看,这些国家和地区的人口比当年的日本、亚洲四小龙多出十多倍。

4.3 现实中经常项目对本币实际汇率变动的反应

DD—AA模型分析中都假定经常项目对实际汇率变动进行立即反应,但现实中常常见到的情况是,一国实际汇率贬值后经常项目不是立即改善,反而是立即恶化,几个月后才逐步改善。

原因一是多数进出口合同提前几个月按当时的实际汇率已签订。货币贬值初期,以国内产品衡量的出口价并未变动,而以国内产品衡量(以贬值后的汇率衡量)的进口值则上升了,经常项目会恶化。

二是新交易要完全适应贬值后的汇率及其他相对价格需要时间。从投资方面看,出口产品制造商需要建立新工厂、招收新工人;对需要进口中间产品的国内生产者而言,节约中间投入需要采用新的生产技术,进口调整只能是一个逐步的过程。从消费方面看,要扩大国外对本国消费品的进口,需要在国外设立新的销售网络,这也需要时间。

经验数据表明,多数工业化国家这一调整时间会持续 6～12 个月,即图 8—13 中的点 3 一般会在一年内到达,之后经常项目改善。

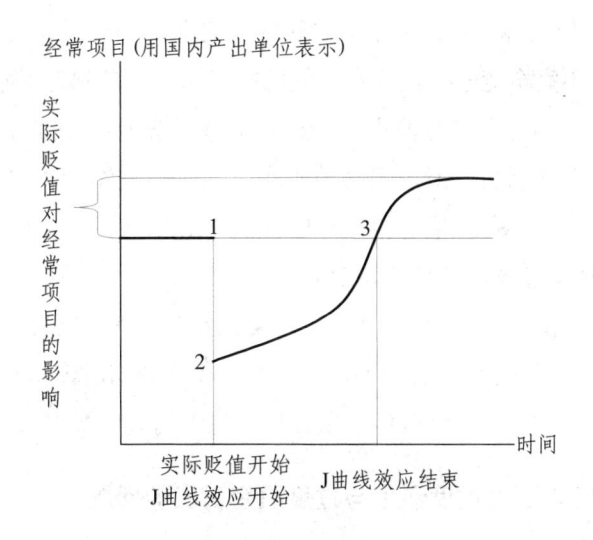

图 8—13　J 曲线

这样,在进行一年或少于一年的短期分析时,上述货币扩张的短期效应即产出增加、汇率贬值的结论就需要调整。在不到一年的短期,货币扩张使本币贬值并使产出减少;过了这个时期,货币扩张使本币贬值、产出增加逐步显现。经常项目对实际汇率变动的这种反应特征被称为 J 效应,此时的经常项目曲线被称为J曲线。

在一年或少于一年的短期,扩张性货币政策使产出下降,此时国内利率必须比正常情况下使本国货币市场出清的利率下降更多,同时汇率更大幅度地上升(贬值),以使人们预期本币未来会发生更大幅度的下降即升值,才能保持外汇市场均衡。

4.4 汇率转嫁

国外产品的本币价格是汇率和外币价格的乘积,即 $P=EP^*$。本币贬值1%时,进口产品上涨的百分比被称为从汇率到进口价格的转嫁度。前面的分析中我们假定 E 变动时 P^* 不变,这样,转嫁度即为1。

尽管从长期看,永久性汇率变动可能完全反映到进口价格上,即汇率转嫁度为1,但实际上短期内汇率的转嫁不完全,达不到1。原因是,国际市场分割使不完全竞争厂商能在不同国家对同一产品制定不同价格。①

短期内的不完全转嫁使进口价格对汇率反应迟钝,进口价格对汇率的迟钝反应会抑制名义汇率变动的J曲线效应。另外,不完全转嫁意味着货币变动对决定贸易量的相对价格有不同比例的影响。相对价格无法迅速调整,这反过来又带来贸易量的缓慢调整。

当国内经济处于通货膨胀状态时,改变名义汇率很难改变实际汇率,此时的总需求膨胀会推高国内价格。如果贬值的同时出口产品价格上涨,实际汇率可能不会降低,经常项目可能得不到改善。

4.5 经常项目过度赤字与过度盈余引发的问题

经常项目赤字意味着从国外借款,如果所借款项投资到盈利能力强的项目,将来还款就不会有问题。但是,当经常项目赤字有时来自政府误

---

① 如人民币升值10%,向中国出口汽车的厂商可能不会立即将其汽车的人民币售价下降10%,因为无须追加投资即可扩大对中国出口、增加利润;相反,如果人民币贬值10%,出口商也不会立即提高售价10%,因为它可能会担心失去市场份额。在汇率变动时,厂商会观察货币波动最终的确定趋势,然后再作出价格、生产决策,这需要一段时间。

导造成的高消费、其他经济失调、吸引外资政策失误、对未来投资收益预期过于乐观时,过大的经常项目赤字难免在未来还款时使该国陷入被动,引发支付危机。

经常项目盈余意味着向国外贷款。过大的经常项目盈余也可能意味着对国内投资的减少,这是不利的。国内投资比对外投资具有如下优势:对国内投资收益征税相对容易;可以减少国内失业,就业可以创造收入,这就使增加相同数量的国内资产比国外资产能带来更多的国民收入;国内投资还有可能带来技术外溢,等等。此外,经常项目盈余国可能会遭受将来无法收回贷款的风险,还可能会招致经常项目赤字国对其进行歧视性的贸易保护措施等。

尽管盈余会给国民福利带来一定的损害,但巨额赤字会受到更大的恢复外部平衡的压力,因为借款国依赖于贷款国,贷款国可以随时撤销信贷。

应用 27　持续巨额经常项目盈余带来的烦恼

2001 年开始尤其是 2004 年以来,我国货物和服务出口快速增长,使经常项目盈余从 2004 年的 687 亿美元,分别增加到 2005 年的 1 608 亿美元、2006 年的 2 499 亿美元、2007 年的 3 718 亿美元、2008 年的 42 611 亿美元。经常项目盈余使外汇储备快速增长,2009 年 6 月外汇储备已达到 21 316 亿美元,是 2000 年 1 656 亿美元的 12.9 倍(表 8—1)。

经常项目盈余带来的巨额外汇储备与国内高投资率相伴随,可见,这些储备并未对国内的资本积累产生严重影响,但在以下几个方面着实给我们带来了不少麻烦:

一是增大了相关管理部门应付过大流动性的困难。1994 年以来,我国实行强制性银行结售汇制度(2008 年 8 月国务院发布修订后的《中华人民共和国外汇管理条例》,取消了企业经常项目外汇收入强制结汇要求),除境外法人和自然人持有的外汇可以在指定银行开设现汇账户外,国内企事业单位的外汇收入必须按当日外汇牌价卖给指定银行,外汇指

表 8—1 经常项目盈余带来巨额外汇储备（亿美元）

项目	2000年	2001年	2002年	2003年	2004年	2005年	2006年	2007年	2008年	2009年6月
一、经常项目	2 052	1 741	3 542	459	687	1 608	2 499	3 718	42 611	
其中：货物和服务	2 887	2 809	3 738	361	493	1 248	2 089	3 075	34 887	
二、资本和金融项目	192	3 478	3 229	527	1 107	630	100	735	1 896	
三、储备资产	−1 055	−4 733	−7 551	−1 170	−2 064	−2 070	−2 470	−4 617	−41 898	
其中：外汇	−1 090	−4 659	−7 424	−1 168	−2 067	−2 089	−2 475	−4 619	−41 778	
四、净误差与遗漏	−1 189	−486	779	184	270	−168	−129	164	−2 609	
外汇储备	1 656	2 122	2 864	4 033	6 099	8 189	10 664	15 283	19 460	21 316

注：储备资产包括我国黄金储备、外汇储备、在国际货币基金组织的储备头寸、特别提款权、使用基金信贷等年末与上年末余额的差额。出于平衡国际收支平衡表的需要，人为地将储备资产的增加用负号表示。

资料来源：相关年份《中国统计年鉴》国际收支平衡表、国家外汇管理局网站。

定银行必须把高于国家外汇管理局规定头寸的外汇在银行间市场卖出，央行为银行间市场最大买家。

持续的经常项目盈余，央行就必须被动地发行基础货币来购买外汇。人民币发行过多，带来流动性过剩，刺激证券、房地产等资产价格上涨和通货膨胀。为了减轻通胀压力，央行又不得不运用公开市场操作、存款准备金率等货币政策工具回收基础货币。尽管央行使出了浑身解数，还是避免不了过大的流动性给股票、房地产等资产价格带来的大幅波动。

二是储备货币国家的通货膨胀带来资产损失。外汇储备结构至今不对外公布。按照国际清算银行的报告、相关新闻报道及我国外贸收支中各币种比例估算，2008年前后我国外汇储备中美元资产约占70%。美国通货膨胀使美元购买力不断下降，给我国的美元储备带来损失。

三是招致主要赤字国的责难与歧视性贸易保护。持续大量的经常项目盈余，实际上是中国人借钱给外国人消费，尽管这种借贷关系是双方的自愿行为，但却招致了借方对贷方的诸多指责。如美国次贷危机发生后，美联储前主席格林斯潘就将次贷危机的原因与发展中国家的出口导向政策联系起来。

持续大量经常项目盈余也招致大量针对我国出口产品的贸易保护行为。如2009年9月11日，美国总统奥巴马做出支持美国钢铁工人协会的裁定，决定对中国输美乘用车与轻型卡车轮胎连续3年分别加征第一年35%、第二年30%、第三年25%的特别从价关税（该裁定自2009年9月26日生效）。我国轮胎年出口量占总产量的40%以上，如果削减输美轮胎半数产量，将会出现12%的剩余产能，涉及20多家企业的生存、10万工人的就业。

美国在轮胎业的贸易保护还引起了其他WTO成员国的仿效。继美国对我国轮胎产品的特保调查后，2009年5月18日，印度也发起对中国乘用车轮胎的特保调查；6月18日，巴西外贸委员会已经决定，对从中国进口的客运和货运汽车子午线轮胎征收最终反倾销税，有效期5年。

接踵而来的贸易保护不仅仅局限于轮胎行业,德国太阳能生产商 Conergy 公司欲联合同行,向德国政府和欧委会申请对中国产太阳能电池板进行反倾销调查。而在 9 月 16 日,美国钢铁公司已在寻求诉请对中国进口钢管征收 60% 或更高的反倾销关税。

第 9 章 总供给与总需求均衡

总供给(aggregate supply)：在不同的价格水平上，经济中的企业希望销售出的最终产品和服务的总量。

总需求(aggregate demand)：在不同的价格水平上，经济对最终产品和服务的需求总量。

分析总供给与总需求的目的是探讨产出水平和价格水平的短期波动特征。

实际产出量和价格水平由总需求和总供给相等时的状态决定。

1 总供给曲线

1.1 总供给曲线长期垂直、短期水平和短期向上倾斜

古典总供给曲线垂直(代表长期)。无论是什么价格水平，供给的产品数量一样。之所以这样，是因为古典供给理论假定劳动市场处于劳动力充分就业的均衡状态。

凯恩斯总供给曲线水平(代表短期)。企业在现有价格水平上愿意供给社会所需要的任何数量的产品。之所以这样，是因为凯恩斯总供给的思想发端于大萧条，由于存在失业，企业可以在现行工资水平上获得他们所需要的任何数量的劳动，产出可以在价格水平不上涨的情况下无限扩张。

总供给曲线长期垂直、短期水平，说明在中期可能是倾斜的。但事实上，即使在短期，它也是倾斜的，因为即使在短期，价格水平也是黏性的而

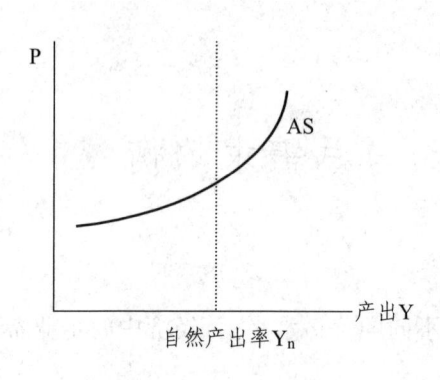

图 9—1　供给曲线的现实情况

非完全刚性。

现实的情况是,当产出低于产出的自然率水平时,总供给曲线相当平坦。随着产出的增加,价格水平上涨得比较少。而当产出高于自然率水平时,总供给曲线变得陡峭;此时经济接近充分就业,产出增加会带来价格水平的快速上升(图 9—1)。

现实情况所隐含的政策含义是,在衰退即总供给曲线位于相对平坦的部分时,需求管理政策可以扩张经济而较少地带来价格水平的上涨,而在经济接近过热时,增加产出的扩张性政策会带来较少的产出增加和明显的价格上涨。

1.2　对总供给曲线向右上方倾斜的解释:三种总供给模型

按照模型提出和发展的时间顺序,下述三个总供给模型解释了为何总供给曲线向右上方倾斜。这三个模型代表经济中存在的三种市场不完全性,他们分别有助于解释短期总供给行为的形成。

1.2.1　黏性工资模型

现实中,许多行业的名义工资由长期合同约定,当经济变动时工资不能迅速调整。即使没有长期合同,工资有时也不会迅速调整。

当名义工资黏性时,价格水平的上升会降低实际工资。较低的实际工资使企业雇用更多劳动。雇用额外劳动会生产更多产出。这必然会使供给曲线向右上方倾斜。代数推导如下:

假定工人与企业在了解其协议实施时的价格水平之前,就名义工资达成了协议。双方都有目标实际工资,该目标实际工资可能是使劳动供求均衡的实际工资,更可能是高于供求均衡的实际工资。

双方根据目标实际工资 ω 和他们对价格水平的预期 P^e 确定名义工

资 w：

$$w = \omega \cdot P^e$$

在名义工资确定之后与劳动力被雇用之前，企业知道了实际价格水平 P，实际工资即为：

$$w/P = \omega \cdot (P^e/P)$$

上式表明，如果实际价格水平与预期价格水平背离，实际工资就与双方谈判时的目标实际工资背离。

再假定就业由企业所需劳动量决定。劳动需求函数 L 为：

$$L = L^d(w/P)$$

不难发现，实际工资越低，企业雇佣的劳动越多。

产出 Y 由生产函数决定：

$$Y = AF(K, L)$$

显然，企业雇佣的劳动越多，产出就越多。

综合上述实际工资、劳动需求函数和生产函数有如下结论：实际价格水平与预期价格水平背离，使实际工资与目标实际工资背离，而实际工资的变动会影响雇佣劳动数量，进而影响产出数量。

引入均衡时的自然产出率 Y_n，上述结论可用代数式表达为：

$$Y = Y_n + \alpha(P - P^e)$$

上式的含义是：实际价格水平与预期价格水平背离，产出与其自然率水平背离。

上式在以收入（产出）为横轴，以价格水平为纵轴的坐标中，表现为向右上方倾斜的曲线。

1.2.2 不完全信息模型

与上述黏性工资假设不同，不完全信息模型假定所有工资和价格完全灵活调整至市场出清水平。不完全信息模型假定生产者混淆价格总水平的变动与相对价格的变动，即短期中生产者对价格水平产生错觉。

例如，一个苹果生产者知道苹果市场上的名义价格，但他并不清楚经济中所有其他产品的价格。当包括苹果在内的所有商品的价格都上涨时，如果他预期到了这种价格变动，并确信苹果的相对价格未变，他不会增加产量(不考虑促使他增加产量的其他原因)。

如果他没有预期到价格水平的上涨或是未预期到价格水平上涨得如此多，当观察到苹果价格上涨时，他并不能确定其他价格是否同步上涨(苹果的相对价格不变)，或是仅有苹果价格上涨(苹果相对价格提高了)，理性的推理应该是，两种情况都发生了，即苹果的相对价格上升了一些，这时，他会增加产量。

由上述例子可以作出如下推断：当价格水平出现未预期到的上涨时，经济中的所有供给者都认为自己所生产产品的相对价格上升了一些，他们会增加产量。

引入市场均衡时的自然产出率水平 Y_n，上述推断可用代数式表达为：

$$Y = Y_n + \alpha(P - P^e)$$

这一表达式在形式上与上述黏性工资模型的表达形式完全相同。

1.2.3 黏性价格模型

经济中经常的事实是，企业与顾客间以长期合同约定产品和服务的价格，即使没有长期正式合同，企业也会避免频繁的价格调整来打扰自己的长期客户，此外，企业印制并发布了价格目录，要改变它也需支付成本。这些都决定了企业不可能迅速根据需求变动来调整他们的产品和服务的价格。

一个典型企业的定价决策是，企业合意的价格 p 取决于价格总水平 P 和总收入水平 Y。价格总水平高，企业成本高，企业对自己产品想要索取的价格也就高。总收入水平高，对企业产品的需求多，企业生产水平高，企业的边际成本也较高，企业的合意价格也就较高。

引入均衡时的自然产出率水平 Y_n，企业定价的代数表达式为：

$$p = P + a(Y - Y_n)$$

假定现实经济中同时存在两类企业：一类企业价格有伸缩性，他们会根据上式确定价格；其余企业价格黏性，他们根据自己预期的经济状况事先宣布价格。后一类企业的定价决策是：
$$p = P^e + a(Y^e - Y_n)$$

假定后一类企业的预期产出为自然产出率 Y_n，则公式中的后一项为零，价格黏性企业的定价决定为：
$$p = P^e$$

即价格黏性企业根据自己产品的预期价格来为自己产品定价。

假定经济中的价格总水平为这两类企业所确定价格的加权平均数，如果产品价格黏性的企业所占比例为 s，则产品价格弹性的企业所占比例为 1−s。价格总水平应该为：
$$P = sP^e + (1-s)[P + a(Y - Y_n)]$$

变换上式可得：
$$P = P^e + [(1-s)a/s](Y - Y_n)$$

进一步变换可得：
$$Y = Y_n + \alpha(P - P^e)$$

其中：$\alpha = s/[(1-s)a]$。

这一代数式与前述黏性工资模型和不完全信息模型的代数表达式完全相同。

但需注意它与黏性工资模型的差别：在黏性工资模型中，产出沿着固定的劳动需求曲线移动；在价格黏性模型中，产出随着劳动需求曲线的移动而波动，劳动需求曲线的移动也可能使就业、产出和实际工资同向变动，所以，实际工资变动可以是顺周期的。

小结：上述三个模型都从不同侧面解释了短期总供给的形成，他们具有完全相同的表达形式 $Y = Y_n + \alpha(P - P^e)$。从这一表达式不难发现，产出与自然率的背离和价格水平与预期价格水平的背离紧密相关。这一表达式的图示如图 9—2 所示。

需要注意的是，上述短期总供给曲线依据一个给定的 P^e，P^e 的变动会使该曲线移动。

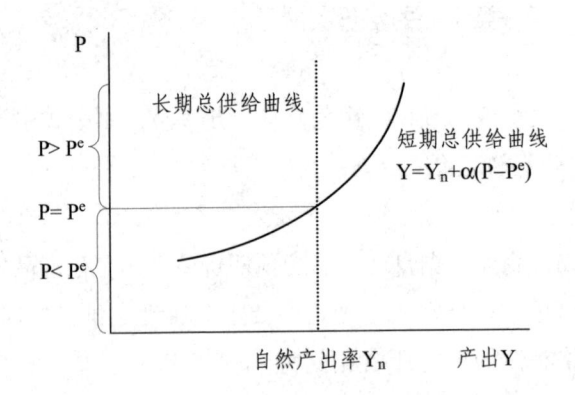

图 9—2　三个模型形式相同的曲线

2　总供需均衡

将本章图 9—1 的总供给曲线 AS 与第 7 章图 7—14 中的总需求曲线[①] AD 组合到以价格水平 P 为纵轴、以产出 Y 为横轴的图中（图 9—3），AS 曲线与 AD 曲线的交点即为总供给等于总需求的均衡点（点 1），当这一点的产出等于自然产出率水平时，该点位于总供给与总需求的长期均衡位置。

2.1　经济对需求冲击的调整

下面以未预期到总需求的增加为例，探讨经济对需求冲击的反映。

假定经济开始处于长期均衡点 1，此处的价格水平为 P_1，对应自然产出率水平 Y_n。如果出现未预期到的总需求增加，价格总水平上涨到 P_2。因为总需求或价格水平的上涨并未被预期到，此时的预期价格水平仍为

---

① 为分析方便，此处我们用封闭经济中的总需求曲线进行总供需均衡分析。只要加入开放经济中的净出口、汇率变动对总需求的影响，即可得出开放经济中的总供需均衡特征和总需求曲线的变动特点。

点 1 所对应的价格水平,即 $P^e=P_1$,而实际价格 P 已经上涨到 P_2。从供给($Y=Y_n+\alpha(P-P^e)$)方面看,产出会沿着 AS 曲线暂时上升[①],总需求 AD_2 与 AS_1 相交于短期均衡点 2,此时的产出高于自然率水平。

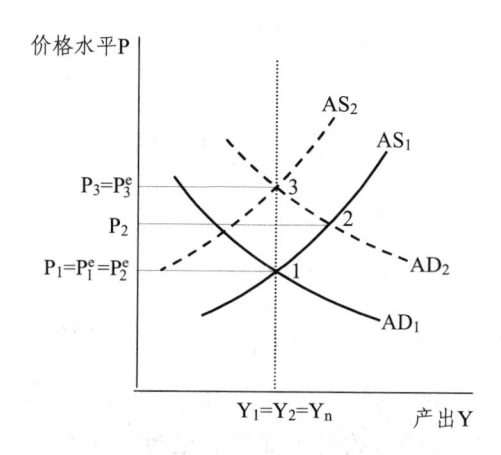

图 9—3 经济对总需求增加的短期和长期反映

长期中,随着预期价格水平从 P_1 上升到 P_2 并进一步上升到 P_3,对应新的预期价格水平,AS 曲线会向左移至 AS_2,直至与 AD_2 曲线相交于新的长期均衡点 3,产出回到自然率水平。

从上述经济对总需求增加的短期和长期反映可以看出,短期中货币表现为非中性,货币供给变动会影响产出;但长期中货币表现为中性,货币供给增加并不影响产出水平而只会影响价格水平。

2.2 经济的自我纠错机制

无论经济处于什么位置,它最终会向自然产出率所对应的均衡位置调整,这一特征常常被称为经济的自我纠错机制。

尽管经济具有这一自我纠错机制,但人们可能无法接受经济自我纠错过程中价格、就业、收入的长期调整所带来的痛苦。政府运用货币政策

---

① 请注意前述一个 P^e 对应一条 AS 曲线,因此时 P^e 未变动,故 AS 曲线未移动。

或财政政策纠错总要付出代价,且长期看并不能影响总产出水平,在主张政府主动纠错与主张市场自我纠错上,经济学界至今争议甚大,并大致形成了主张政府主动纠错的积极干预学派与主张依靠市场力量自我纠错的非积极干预学派两个阵营(见第10章)。

3 总供给曲线的移动

3.1 短期总供给曲线的移动

从总供给曲线的推导中不难看出,对总供给曲线有直接影响的因素有实际工资、劳动力供求、通胀预期,此外,一些与工资无关的因素如技术进步、能源供给成本、剧烈的气候变动等也会对总供给曲线的移动产生影响。

劳动力供求。当劳动力供应紧张($Y > Y_n$)时,工资水平和企业成本上升,此时总供给曲线向左移动;反之,向右移动。

工资水平。工会力量等使工资水平上升,总供给曲线向左移动。

通胀预期。预期价格水平提高会导致工人要求加工资,增加企业成本、减少利润、减少计划投资支出,总供给下降,总供给向左移动。

其他与工资无关的因素如果是负面冲击会增加企业成本,使总供给曲线向左移动;反之,向右移动。

3.2 长期总供给曲线的移动

我们在分析中一直假定自然产出率、长期总供给水平不变,但实际上正如我们在第6章"长期中的资本形成与增长"中所分析的那样,随着经济的生产能力(生产函数)的增长,自然产出率水平会逐渐提高。

我们同时也认为短期总供需的波动不会影响产出的自然率水平。但旨在解释总体经济波动的真实经济周期理论对此有不同看法。该理论认为，实际的总供给冲击如有关偏好（工人劳动意愿等）变化、技术进步（生产率提高）等，会对产出的自然率水平产生影响。而且，这些总供给冲击才是短期内经济周期性波动的驱动力量，而货币等政策的改变所引起的总需求曲线的移动，则不是总产出波动的主要原因。

真实经济周期理论的政策含义是，既然经济周期波动来自自然产出率水平的变化，政府的积极干预政策实质上是没有必要的。

真实经济周期理论还认为，经济衰退会通过若干机制改变自然失业率、自然产出率，从而给经济带来长期伤害（被称为滞后效应，实例是欧洲于20世纪80年代初期开始的长期高失业率）。如衰退时期失业的工人可能会失去有价值的技能，即使衰退结束，他们寻找工作的能力也会下降；长期失业也会改变一个人的工作愿望和他对工作的态度。衰退时失业的工人会失去工会身份，如果工会内的工人更关心高的实际工资而不太关心失业率，衰退就可能使实际工资高于均衡水平，增加结构性失业的人数。可能的结果是，自然失业率在实际失业率高企后也会随之升高，而不是一个固定不变的值。这种情况下，经济的自我纠错机制只能使经济回到比原先高的自然失业率和比原先低的自然产出率水平。从这点上看，政府干预又是必要的，因为只有运用扩张性的经济政策才能达到充分就业状态。

但需要注意的是，此处的政府干预是经济衰退后期的适应性干预，而不是主动积极地干预。干预的目的不是避免经济衰退，而是将衰退后过高的自然失业率和过低的自然产出率恢复到正常的自然率水平。

4　总需求曲线的移动

从总需求曲线的推导过程看，总需求曲线是 IS—LM 曲线在价格变动时价格与总产出的一系列组合，所以，任何导致 IS 曲线和 LM 曲线移动的因素都会引起总需求曲线的同向移动。

IS 曲线:$Y=(a+c)/(1-b)+1/(1-b)G-b/(1-b)T-d/(1-b)R$

LM 曲线:$M^d/P=L(R,Y)$

导致 IS 曲线移动的因素有:政府支出、税收,在开放环境中还有净出口。

导致 LM 曲线移动的因素有:货币供应量(或利率),在开放环境中还有汇率。

此外,按照凯恩斯的观点,消费者和生产者对经济前景的乐观(悲观)预期,会推动总需求曲线向左移动。

5 从总供给曲线到菲利普斯曲线

低通胀和高就业同时是宏观经济政策的目标,但这两个目标往往相互冲突。降低失业率常常会带来高的通胀率,抑制通胀又会带来失业问题。菲利普斯曲线由出生于新西兰、就职于伦敦经济学院的教授 A. W. 菲利普斯(A. W. Phillips)于 1958 年提出[1]。它表明,政策制定者可以选择不同的失业率和通货膨胀率的组合。该理论一提出,就迅速成为宏观经济政策分析的基石。

5.1 菲利普斯所提出的菲利普斯曲线[2]

菲利普斯所提出的菲利普斯曲线是失业率与货币工资增长率之间的反向关系:失业率越高,工资膨胀率越低。

$$g_w = -\varepsilon(u-u_n)$$

其中:$g_w=(w_{t+1}-w_t)/w_t$,w_{t+1} 为下期工资,w_t 为本期工资,g_w 为工资

---

[1] 菲利普斯于 1958 年在一篇有关 1861~1957 年英国工资状况的综合研究论文中提出了菲利普斯曲线。参见:A. W. Phillips. The Relation between Unemployment and the Rate of Change of Money Wages in the United Kingdom, 1861-1957, *Economica*, November 1958。

[2] 参见多恩布什等(2003)。

膨胀率。$-\varepsilon$ 为工资对失业率的反映程度系数。u 为失业率。u_n 为自然失业率，u_n 所对应的产出率即为自然产出率。

当失业率低于自然失业率时，工资膨胀率上升；反之，工资膨胀率下降。

5.2　由总供给曲线推导现代菲利普斯曲线

现代菲利普斯曲线说明通货膨胀取决于三种力量：一是预期的通货膨胀率，二是失业与自然率的背离或称为周期性失业，三是供给冲击。

总供给曲线为 $Y = Y_n + \alpha(P - P^e)$，经变换可写成：

$$P = P^e + (1/\alpha)(Y - Y_n)$$

等式两边同时减去上一年的价格水平，得出通货膨胀率：

$$P_t - P_{t-1} = P^e - P_{t-1} + (1/\alpha)(Y - Y_n)$$

$$\pi = \pi^e + (1/\alpha)(Y - Y_n)$$

在等式右边加进供给冲击（如石油价格变动）ν：

$$\pi = \pi^e + (1/\alpha)(Y - Y_n) + \nu$$

奥肯定律[①]（Okun's law）给出了产出与失业率之间的关系：产出与自然产出率的背离与失业与自然失业率的背离负相关，即产出低于自然产出率时，失业率低于自然失业率，可用如下等式表达：

$$(1/\alpha)(Y - Y_n) = -\beta(u - u_n)$$

将上式代入 $\pi = \pi^e + (1/\alpha)(Y - Y_n) + \nu$，有：

$$\pi = \pi^e - \beta(u - u_n) + \nu$$

---

① 阿瑟·奥肯（Arthur Okun）于 1962 年在一篇论文中揭示了失业与实际 GDP 之间的负相关关系，这一关系被称为奥肯定律。参见：Arthur M. Okun. Potential GNP: Its Measurement and Significance, *in Proceedings of the Business and Economics Statistics Section*, American Statistical Association (Washington, DC: American Statistical Association, 1962), 98-103; reprinted in Arthur M. Okun, *Economics for Policymading* (Cambridge, MA: MIT Press, 1983), 145-158。

这便是现代菲利普斯方程式或称现代菲利普斯曲线①。

5.3 菲利普斯曲线与总供给曲线的关联

短期总供给曲线表明,产出与未预期到的价格水平变动相关;菲利普斯曲线表明,失业与未预期到的通货膨胀率的变动相关。两者揭示的问题是同一硬币的两面。尤其是,两者都表明了,古典二分法的实际变量与名义变量之间的联系在短期中被打破了。

当研究产出与价格水平时,用总供给曲线更方便;当研究失业与通货膨胀的关系时,用菲利普斯曲线更方便。

6 通货膨胀与失业的短期取舍

现代菲利普斯曲线揭示了通货膨胀与失业间的反向关系,这种反向关系限定在"短期"含义上。在菲利普斯曲线 $\pi=\pi^e-\beta(u-u_n)+\nu$ 中,人们的预期通胀率 π^e 随时间调整,管理者无法使通胀率长期保持在预期通胀率之上,从而也无法使失业率长期保持在自然失业率之下。因为在长期中,人们会逐渐调整预期,使自己的预期通胀率适应管理者选择的任何通胀率水平。通胀率与失业率之间的取舍关系在长期中不存在,仅在短期中成立。

通货膨胀率与失业率间的取舍关系仅在短期成立这一结论,也可以

---

① 现代菲利普斯曲线与菲利普斯所提出的菲利普斯曲线有三个不同点:一是现代菲利普斯曲线用价格膨胀替代工资膨胀,由于价格膨胀与工资膨胀密切相关,这一替代并无不妥。二是现代菲利普斯曲线加进了预期的通货膨胀;米尔顿·弗里德曼(Milton Friedman)和爱德华·费尔普斯(Edmund Phelps)在 20 世纪 60 年代的研究揭示了预期对总供给的重要性。三是现代菲利普斯曲线包含了供给冲击;20 世纪 70 年代欧佩克引起石油价格大幅度上升,这使经济学家认识到供给冲击的重要性。

如果"预期通货膨胀率 π^e"中的"预期"为适应性预期,则通货膨胀率取决于过去的通货膨胀、周期性失业和供给冲击,此时的自然失业率被称为"非加速通货膨胀的失业率(non-accelerating inflation rate of unemployment, NAIRU)"。

从总供给曲线推导菲利普斯曲线的过程,以及奥肯定律指出的产出与自然产出率的背离与失业与自然失业率的背离负相关关系中清楚地看出。总供给曲线短期向右上方倾斜、长期垂直,决定了菲利普斯曲线短期向右下方倾斜、长期垂直(图9—4)。总供给曲线揭示实际变量产出与名义变量价格之间的关系,菲利普斯曲线揭示实际变量就业(失业)与名义变量通货膨胀率之间的关系。短期中,实际变量产出、就业与名义变量价格水平、通胀率的联系被打破,而长期中,古典二分法成立。

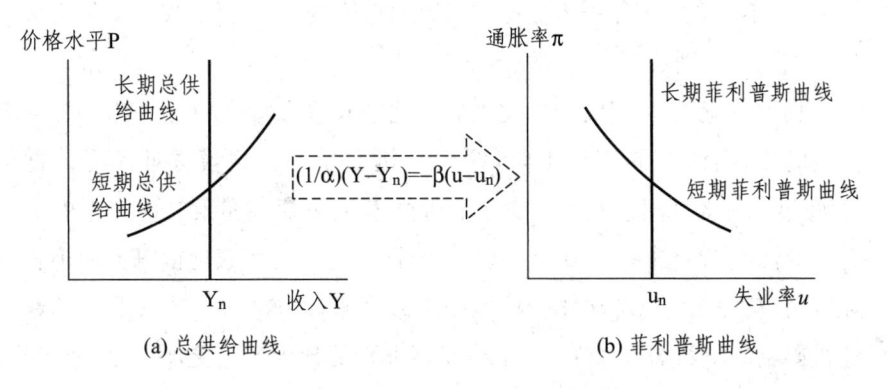

图中公式:$(1/\alpha)(Y-Y_n)=-\beta(u-u_n)$

(a) 总供给曲线　　(b) 菲利普斯曲线

图9—4　总供给曲线与菲利普斯曲线

应用28　寻找短期中通货膨胀与产出增长的平衡点:2009年上半年的货币政策[①]

为应对境外金融经济危机对我国的不利影响,2008年年底中央政府采取的货币政策是"适度宽松"。2009年年初政府工作报告中明确的广义货币(M2)增长率为17%,但2009年1~6月各月M2增长速度不断加速,分别达到18.7%、20.3%、25.4%、25.9%、25.7%、28.4%。无论是与2008年1~6月各月M2增速18.9%、17.4%、16.2%、16.9%、18.0%、17.3%相比,还是与2008年全年M2的增速16.6%相比,抑或是

---

① 人民银行网站,www.pbc.gov.cn。

与 2008 年全年 GDP 增速 9.6% 相比，2009 年上半年货币供给增长速度都非常高。

与此同时，2009 年 1～6 月人民币贷款逐月加速增长，分别达到 18.6%、21.5%、27.1%、27.1%、28.0%、31.9%，而 2007 年、2008 年前半年平均增速分别为 16.3%、15.2%，全年平均增速分别为 16.7%、14.8%。2009 年 6 月人民币贷款余额达到 37.7 万亿，同比新增 9.1 万亿，比 2008 年多增 4.9 万亿，多增部分相当于 2008 年全年多增部分的 150%。年初政府工作报告提出的(计划)新增贷款 5 万亿，仅上半年已接近完成这一计划数。

货币供应量、信贷资金如此大规模地进入市场，目的在于为市场提供充裕的流动性，扼制产出下降，缓解危机引发的大规模失业问题。据 2008 年 8 月 3 日国家发改委中小企业司有关负责人在第二届广东中小企业经济论坛上透露，2008 年上半年全国约有 6.7 万家规模以上中小企业倒闭；其中纺织行业中小企业倒闭 1 万多家，2000 多万人失业。随着危机影响的不断加深，2008 年下半年就业形势比上半年更加严峻。2009 年上半年尽管政府实施了庞大的经济刺激计划，但增加的政府投资集中在国有部门，对扩大就业的效果有限，2009 年上半年的就业形势不会比 2008 年上半年好多少。严峻的就业形势使政府不得不容忍快速的货币供给增长速度，希望向市场注入流动性，抑制市场需求下降、扩大产出、促进就业。

货币政策处于艰难抉择的十字路口：货币、信贷紧缩晚了、力度小了，难以避免通货膨胀，这可以从我国历次通胀的经历中观察到；紧缩早了、力度大了，很可能使恢复中的产出重新回落，这方面的典型例子是 1937 年到 1938 年发生在西方的严重的经济二次衰退。理论上的平衡点是，既不使刚刚出现的产出回升重新下降，又要避免后期通货膨胀的出现。但遗憾的是，货币政策长且多变的时滞使任何一个国家的货币当局都无法精确地知晓这一最优的平衡点在何处。

第五篇　分歧与争议

新古典理论在解释20世纪30年代的大萧条时遇到了困难,宏观经济理论在继承与批判新古典主义基础上发展起来。20世纪70年代以滞胀为特征的结构性危机出现后,以卢卡斯等为代表的新兴古典主义对凯恩斯主义发起了挑战。

尽管在经济现实中,结合了新古典主义与凯恩主义的新古典综合(或称凯恩斯综合)学派始终居于主流地位,但非主流学派的一些主张在解决部分问题时颇具独到之处。经济理论发展中的分歧与争论,以及纷繁复杂的经济现实提醒人们,经济领域还有很多问题远未解决。

有关稳定与增长的经济理论产生并主要发展于西方发达国家,它是否并在多大程度上适用于发展中国家?发展中国家有别于发达国家的诸多结构性特征,可以完全套用西方经济学中的经济政策吗?

市场配置资源的过程同时也是收入在不同人群之间的分配过程,作用于市场的经济政策也会对不同人群的权益分配产生不同影响,经济政策需要考虑到这种权益分配的变动吗?

在上述问题上,经济学家们基于实证研究和规范分析所得出的结论和政策主张,并不完全相同甚至相去甚远。

第 10 章 稳定政策的有效性

决策者可以运用货币政策和财政政策影响短期经济波动,但这并不意味着它就应该这样去做。事实上,政策制定者应不应该、如何干预经济运行,是宏观经济领域长期以来一个有着广泛争论的话题。

凯恩斯学派、新凯恩斯学派、综合学派等以工资和价格黏性为基础,认为经济自我恢复时间漫长,这一漫长的过程是人们所不能接受的,政府可以通过适当的宏观经济政策使经济较快地恢复到均衡状态。

新古典学派、货币主义学派、理性预期学派等以工资和价格充分弹性为前提,认为经济总是处于充分就业的均衡状态,偏离均衡只是暂时的,经济系统所具有的自我恢复能力能使经济暂时偏离后,很快重回长期均衡状态。他们相信市场,对政府旨在维护稳定的政策持悲观态度。他们认为,政府通常是导致问题的根源而不是解决问题的角色。就经济而言,政府能够做得最好的事是找出它如何扭曲了经济并纠正这些扭曲。

从对政府干预市场所持态度上,大致可以将前一类学派归为积极干预学派,将后一类归为非积极干预学派(斯蒂格利茨等,2008)。

1 一般性分析:理由及主张

尽管积极干预学派与非积极干预学派继续着他们的争论,但决策者们似乎从未打算放弃干预经济波动。本文分析这两派论争的目的,并不是要完全接受哪一派的政策主张,而是关注两派特别是非积极干预学派政策主张背后的理由。因为绝大部分经济学家和决策者都认为,这些主张背后的理由在一定程度上是存在的,干预短期经济波动应该充分注意到这些理由,以尽量减少干预政策的负面效应。

1.1 积极干预的理由及其政策主张

积极干预主义者认为,经济衰退期(图 10—1 中点 $1'$),工资和价格的调整极为缓慢,经济恢复到充分就业状态的时间会很长,依靠经济的自我纠错机制进行自我恢复的产出损失过大。政府干预时,各种时滞[①]可能使总需求曲线移至充分就业状态(点 2)需要 1~2 年时间(米什金,2006),而在此期间总供给曲线 AS_1 只会有少许移动。因此,决策者积极干预、扩张总需求,推动经济移动到充分就业状态是必要的。

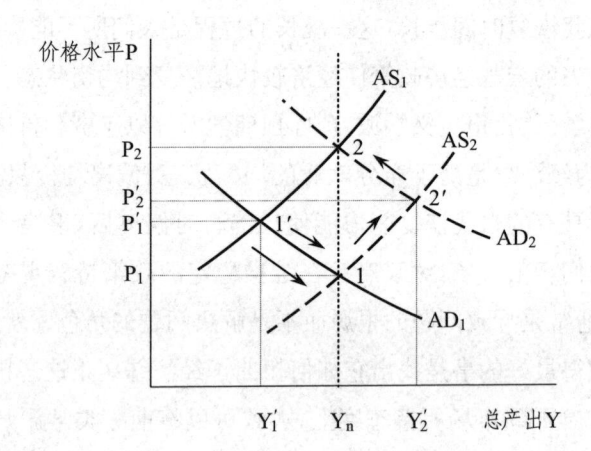

图 10—1 积极干预与非积极干预

1.2 非积极干预的理由及其政策主张

与积极干预主义者的理由及政策主张完全相反,非积极干预主义者

---

① 这些时滞主要包括决策者获取经济数据的时滞、通过经济数据确定未来经济走向的时滞、获取授权执行干预政策的时滞、改变政策工具的执行时滞和干预政策从执行到发挥作用的时滞等。

认为工资和价格的调整很快,产出会迅速地调整到自然率水平,不干预能够节约大量成本。

非积极干预主义者认为通过干预政策推动需求曲线移动到 AD_2 的过程太慢,而工资和价格的调整更快,在积极干预使总需求曲线移动到 AD_2 之前,总供给曲线早已移动到 AS_2,经济也由点 $1'$ 移动到点 1,此时的总产出水平已恢复到自然率水平 Y_n。总供给曲线移动到 AS_2 后,由积极干预政策引致的总需求曲线向 AD_2 的移动才开始起作用,最终经济会达到总供给曲线 AS_2 和总需求曲线 AD_2 的交点 $2'$。但经济并未停止波动,因为此时的总产出高于自然率水平 Y_n,故总供给曲线会再一次回移到 AS_1,经济移到点 2,总产出水平再次回到自然产出率水平。

上述过程中,尽管积极干预主义者的政策主张也使经济最终到达了长期均衡点 2,但经济经历了均衡点 $1'$、1、$2'$、2 的过程,总产出水平经历了 Y_1'、Y_n、Y_2'、Y_n 的变动,物价水平也经历了 P_1'、P_1、P_2'、P_2 的变动。而如果采取他们所主张的非积极干预政策,经济只经历均衡点 $1'$ 到均衡点 1 的移动,总产出水平只经历 Y_1' 到 Y_n 的变动,物价水平也只经历由 P_1' 到 P_1 的变动。总供给、总需求、总产出、物价水平的变动是不好的,所以,非积极干预主义者认为,积极干预主义者的政策主张成本太大,应该实施非积极干预政策,使经济自发地调节到长期均衡点 1。

2 具体分析:财政政策与货币政策

积极干预主义者与非积极干预主义者在政府运用财政政策和货币政策稳定经济时的有效性、政策时滞、是选择财政政策还是货币政策、政策的附加效应(如对长期增长的影响等)等方面,都有明显分歧。

2.1 财政政策上的主要分歧[①]

积极干预主义者的观点:财政政策有效。

理由一:挤入效应。

政府在某些领域扩大支出可以增加私人投资的回报,这会刺激私人投资和总需求,政府干预并非如非积极干预主义者所说的那样会产生挤出效应,而是会产生挤入效应。

应用29 应对东南亚金融危机时扩大财政支出带来"挤入效应"

在应对1997年亚洲金融危机的1998～2002年,我国通过发行长期建设国债增加财政支出,用于消除基础设施"瓶颈"、完善基础设施,这对提高社会投资回报,吸引更多境外投资和扩大境内社会投资起到了积极作用。

经济恢复后的2003～2008年,GDP平均增长率达到11%(此前1978～2002年GDP平均增长率为9.6%),政府税收也快速增长。危机后的经济增长和税收增长不仅完全可以偿还应对危机所发行国债的本息,还有力地促进了其后一个时期的经济增长。

理由二:长期增长的信心。

政府扩大资本性支出的回报只要高出债务利息,扩大支出对长期可持续增长就是有利的。有长远眼光的投资者因此会增强经济增长、预期投资回报率上升的信心而增加投资,这会有利于经济恢复。

当然,政府增加支出也会使部分投资者担忧政府在短期内偿还这些增加债务的能力。如果增加的支出不能带来相应税收收入的增长,政府在未来就必须缩减开支来偿还这部分债务,这会对长期持续增长产生不利影响。

上述两类投资者的关键区别在于,从短期看,政府增加支出能否带来

[①] 参见斯蒂格利茨(2008)。

高于债务利息的回报,从长期看,这些回报能否足够抵消政府偿还债务所带来的对长期经济增长的负面影响。

非积极干预主义者的观点:财政政策无效。

理由一:抵消行为。

私人部门对扩张性财政政策的反应方式,完全抵消了财政政策的扩张效应,使财政政策毫无效果。按照巴罗—李嘉图等价,如果政府通过减税刺激经济,公众面对扩大的政府赤字,会判断未来政府不得不增加税收来偿还这些债务,政府增加税收会导致公众收入的减少,理性的公众会选择增加储蓄而不是增加消费。增加的政府借贷会导致等量储蓄的增加,利率从而投资也不会发生变动。

理由二:挤出效应。

政府赤字的增加会导致利率上升,升高的利率会减少私人投资,即财政赤字增加会对私人投资产生挤出效应。

但积极干预主义者认为,这种判断并不完全符合实际,理由是,当经济衰退、萧条时期即总需求不足时,这种挤出效应会有但不可能挤出等量的私人投资。政府增加支出,经济总量即总需求会在总供需均衡水平下增长,此时政府支出的增加并不必然会导致对私人投资的挤出;减税也会在不减少投资的情况下刺激消费增长。

积极干预主义者还认为,即使出现因政府支出增加或减税而导致利率上升,央行还可以运用货币政策增加货币供给来抵消利率上升。即使出现所谓"流动性陷阱",央行的货币政策至少可以抵消因赤字导致的利率上升部分。

2.2 货币政策上的主要分歧

积极干预主义者的观点:一般情况下货币政策有效。

积极干预主义者认为流动性偏好理论是解释均衡利率决定的理论之一,货币政策是短期管理总需求、促进长期增长的重要政策,是有效的。

积极干预主义者也注意到货币政策有可能无效的特殊情况。如出现流动性陷阱时,利率不会受到货币供应量增加的影响。又如,当通货紧缩、价格水平为负时,通过增加货币供给使名义利率下降到很低也可能无法降低实际利率。

此外,以格林沃德、斯蒂格利茨等为代表的部分经济学家强调信贷的重要性(斯蒂格利茨等,2008),他们认为信贷而不是货币本身决定经济活动水平。即使实际利率较低,当银行发现自身收支平衡状况较差,或风险较高时,银行也可能选择少贷款或更多地向政府项目(收益较低但安全)贷款以避免风险。

这些强调信贷的经济学家也指出,在面临信贷约束时,利率(货币政策本身)的下降,会刺激经济。这表现在三个方面:一是利率下降会使收入由债权人向债务人转移,而债务人的边际消费倾向大于债权人。如果企业和居民都面临信贷约束,利率下降,企业将扩大投资,居民将增加消费。二是利率下降会使房地产、股票价格上升,财富效应会使居民消费更多。企业和居民以房地产、股票为抵押物的价值上涨,贷款增加,这倾向于增加投资和消费。三是银行常常将个人的贷款额度与个人收入挂钩,利率下降会使个人未来还款额减少,这会倾向于增强个人的贷款意愿。

非积极干预主义者的观点:货币政策基本无效。

非积极干预主义者坚持古典二分法,认为经济一般接近充分就业状态,增加货币供应量对产出、就业等实际变量没有影响,只会带来价格水平的上涨。

非积极干预主义者对上述观点的论证有一些脱离实际的假设,如他们假定所有经济参与者均为风险中性,不存在现金约束等,这显然与经济现实相去甚远。

这种观点的最大问题远不仅于此。按照非积极干预主义者的说法,货币供应量等名义变量并不影响产出、就业等实际变量。既然如此,他们也就无须极力反对通货膨胀,因为通货膨胀仅仅是名义变量的改变,对实际变量并无影响。

3　理性预期：对非积极干预主义者的支持

非积极干预主义者之所以会有上述主张,除了他们认为工资和价格具有充分弹性外,还有一个重要的理论依据是理性预期。20世纪70~80年代,以芝加哥大学的罗伯特·卢卡斯(Robert Lucas)和纽约大学的托马斯·萨金特(Thomas Sargent)为首的经济学家,对积极干预政策常常不尽如人意的效果从理性预期角度进行了分析。结论是,当被估计的变量的行为发生改变时,预期的形成方式也会相应地发生变化。政策发生变化时,公众并不会按照以前的信息来预期政策效果,干预政策的效果在很大程度上取决于公众对这一变化了的政策所作出的预期。

以反通胀政策为例,非积极干预主义者认为,如果公众有如下预期:当通货膨胀出现时,决策者会坚决地实施反通胀政策,控制物价上涨,此时,公众因预期到决策者会采取紧缩性的干预政策阻止物价上涨,就不会要求增加工资,企业的供货商也不会要求涨价,总供给曲线不会移动,而总需求曲线因坚决的反通胀的紧缩性政策的出台,也不会移动。

按照理性预期理论,让公众对决策者反通胀充满信心十分关键。理性预期革命使人们更注重干预政策恰当的实施方式,提醒决策者不应试图调节经济使之没有任何波动,而应该制定和实施一些不确定性尽可能小的干预政策,以促进形成一个更加稳定的经济环境。

4　根本分歧：经济学之外

积极干预主义者与非积极干预主义者分歧的表面原因是,前者认为,由于某种长期劳动合同的存在,以及企业同供货商签订了价格固定的长期合约等原因,工资和价格黏性,经济出现波动后调整缓慢,重新回到总产出的自然率状态经历的时间太长；而后者认为工资和价格完全弹性，经济出现波动后会很快地调整到自然增长率状态。此外，理性预期也可能使干预政策带给经济更频繁的波动。

两者的根本性分歧是他们在伦理、道德、政治哲学上对政府及其行为价值判断上的不同。正如主张非积极干预的弗里德曼所言，"我丝毫不怀疑工资刚性的存在，因为它显然存在，是生活中的事实，无可否认。问题在于他们是否重要，他们在哪些方面比较重要，他们对解释哪种现象非常关键"。"真正把经济学家们分门别类的不是他们是否承认市场失灵，而是他们对在市场失灵基础上附加政府失灵的重要性所持的不同看法"（布赖恩等，2000）。而主张积极干预的凯恩斯的观点是，"只要好人当权，一切都将是好的。""在一个思想和感情都正当的社会里，人们能够安全地采取危险的行动"（弗里德曼，2001）。

弗里德曼曾明确表示，"我并不认为我比大多数凯恩斯主义者更加相信市场力量自身的均衡倾向，但是同绝大多数经济学家，无论是凯恩斯主义者还是货币主义者相比，我对政府行为的效果是非常缺乏信心的，我很怀疑政府有能力抵消市场失灵，而不是把事情弄得更糟"（布赖恩等，2000）。

非积极干预主义者坚持以工资和价格的完全弹性为假设进行研究并提出政策主张，就是因为他们认为在分析市场失灵与政府失灵时，工资和价格的刚性并不重要，重要的是，如果以工资和价格的刚性为前提推论出积极干预主张，具有经济人特征的政府干预经济不仅会加剧经济波动，还可能会使社会上的一部分人奴役另一部分人。

第 11 章 是相机抉择还是政策规则

尽管绝大多数经济学家都认可短期中货币政策对经济有实质性影响，但在菲利普斯曲线是否存在、以什么样的方式存在上，有明显分歧，这使得他们在如何操作货币政策上有相机抉择与政策规则的不同主张[①]。

相机抉择是指管理者针对经济变动自主作出判断、自主选择政策；而政策规则是指管理者事先向社会承诺政策怎样对经济变动作出反应，并严格信守这一承诺。

以罗伯特·索洛、本杰明·弗里德曼等为代表的经济学家认可短期菲利普斯曲线的存在，即短期内通货膨胀与失业之间存在替代关系，并认为经济处于均衡状态的自然失业率（或自然产出率）并非一个常数而是不确定的。央行操作货币政策工具时应该不断摸索，在通货膨胀与就业之间寻找自然失业率这一平衡点，货币政策操作应该相机抉择而不是政策规则。

而以米尔顿·弗里德曼、约翰·泰勒、格里高利·曼昆等为代表的另一些经济学家不认可传统的短期菲利普斯曲线所指出的通货膨胀与失业之间的替代关系[②]，加之考虑到政策操作上的时间不一致性问题、管理者

[①] 相机抉择与政策规则的争议并非存在于积极干预主义内部，实际上，依政策规则行事既可以是积极的，也可以是非积极的或消极的。如按照实际产出增长率确定一个相应不变的货币供给增长率，这一思路就属于非积极干预主义，而在考虑实际产出增长率基础上，再加进失业率的考虑（如失业率高于某一数值几个百分点，货币供给就多增长几个百分点），这种思路就属于积极干预主义。

[②] 泰勒就指出，应该根据通货膨胀与失业的时间波动而不是他们在某一时间段上的水平来估计、构建两者变动性的替代关系，通货膨胀的波动幅度与实际 GDP 的波动幅度之间存在替代关系，而不是传统意义上所说的通货膨胀率与失业率之间的替代关系。参见索洛等（2004）。

经济政策的能力限制与机会主义的存在,他们认为货币政策操作依规则行事,会更有利于经济稳定。

1 相 机 抉 择

相机抉择支持者认可短期菲利普斯曲线的存在,并认为自然失业率的短期稳定性很差。理由是,给通货膨胀带来压力的诸多因素,如劳动力的人口统计构成、外生因素带来的能源和食品价格上涨、外生因素所造成的进口品价格上升、正式或非正式的价格管制等,会影响自然失业率。自然失业率也可能随劳动力市场环境的变化而变动,如失业保险的范围、期限和条件的变化,工会力量和工会工作的积极性,以及对企业解雇员工限制措施的实施与取消等,都会使自然失业率发生变动。自然失业率还可能随产品市场特征如国际国内市场竞争程度的变化而变动。

自然失业率自身的这些经常、自发、难以解释的变动,使央行和外部的观察者均无法精确地确定自然失业率究竟是多少,而自然失业率估算值与其实际值之间即使存在很小的如 1% 的误差,由奥肯定律所揭示的产出损失会达到 GDP 的 2% 或更多,这是无法让人接受的。短期菲利普斯曲线仅能解释现象而无法准确预测产出、失业的未来变动,这会使货币政策无法精确控制真实经济的运行状态。

考虑到货币政策时滞,当通货膨胀尚未出现并可能会出现时,央行应该提前判断各种经济指标的变化,适时操作货币政策。这样作或许会操作过头,但央行可以再次采取反向操作。这一反向操作当然会有成本,但与依政策规则可能使经济偏离自然失业率位置几个百分点的做法相比,成本还是比较小的。只要自然失业率存在不确定性,就可以采取探索性的货币政策去寻找这一自然失业率。基于此,相机抉择而不是政策规则更适宜。

2 政策规则

政策规则支持者认为,要求货币当局事先承诺一个行事规则并严格按规则行事,对经济稳定有利,依规则操作货币政策比相机抉择更有效率。

2.1 主张者的理由

直观地理解,相机抉择相对于政策规则在操作上具有灵活性,可以随经济的变动更快地作出更符合政策目标的反映,给予货币当局相机抉择的权力有利于经济稳定。但是,政策规则的主张者们指出了以下事实,这些事实不得不让人们重新思考相机抉择的这些直观优势。

事实一:政策的前后不一致性问题

在与劫持者谈判释放人质这一典型例子中,政策的前后不一致性问题表现得最为清晰。

面对可能出现的劫持人质事件,政府对外宣布不与劫持者谈判,这会使准备劫持人质的劫持者形成劫持人质没有利益的预期,这无疑会大大减少甚至消除劫持事件的发生。如果政府无一例外地兑现这一承诺,理性的劫持者就不会劫持人质,结果是劫持事件大大减少甚至消失。

但现实常常是,劫持事件发生后,政府在家属、社会的压力下,出于种种考虑,很可能违背事先的承诺与劫持者谈判。劫持事件发生后政府的做法与劫持事件发生前的承诺不一致,即政策的前后不一致性问题,会使政府不与劫持者谈判的事先承诺基本不发挥实质性的作用(指大大减少甚至消除劫持事件)。

设想一下,如果有某种办法使政府完全能够兑现其事先不与劫持者谈判的承诺,劫持事件就有可能彻底避免。

货币政策规则正是基于与上述例子相似的理由而得到部分经济学家

的支持。货币当局面临通货膨胀与失业之间的两难处境(尽管不是传统菲利普斯曲线所指出的那样),而通货膨胀率取决于预期的通货膨胀率。如果央行能让公众形成较低的预期通货膨胀率,它在货币政策操作中就会面临较有利的取舍关系。例如,它使公众的预期通货膨胀率为零,就能通过较少的货币扩张即以较低的通货膨胀率换取相对适宜的就业率,而这要比在较高的预期通货膨胀率基础上扩张货币即用较高通货膨胀率来提高就业率要有利。而要使公众形成较低的通货膨胀预期,它可以宣布将以一个较低的通货膨胀率作为货币政策的操作目标,并确实依此操作货币政策。

如果央行有相机抉择的权力,公众按照央行承诺的较低的通货膨胀率目标形成了自己较低的预期通货膨胀率,并据此确定了工资、价格水平;央行受降低失业率的刺激,会扩张货币、违背事先的承诺(恰如在劫持事件发生后政府违背事先不与劫持者谈判的承诺一样)。央行这样做的结果是,公众通过以往的经历了解到央行并不会遵守事先的承诺,从一开始就不会相信央行的承诺,也不会形成较低的通货膨胀预期,而是较高的通货膨胀预期。在公众较高的通货膨胀预期的基础上,央行受降低失业率的激励,运用相机抉择的权力扩张货币,会使实际的通货膨胀率(公众较高的预期通货膨胀率加上央行扩张货币形成的通货膨胀率)达到较高水平。

而如果央行没有有相机抉择的权力,它事先宣布一个较低的通货膨胀率目标,货币政策的执行结果就会是较低的通货膨胀率和与之相对应的失业率。这就像如果不给政府与劫持者谈判的权力,劫持事件可能大大减少甚至根本不会发生一样。

应用30 年度考核中的"前后不一致性问题"

2008年12月2日,管理部门印发的《公务员考核规定(试行)》第4章第十八条第四款,明确规定公务员"连续两年年度考核被确定为不称职等级的,予以辞退"。

如严格执行规定,员工两年考核不合格,单位就可辞退该员工。单位员工会认真工作,力求考核合格,至少避免连续两年考核不合格的情况出现。

但某些单位的现实情况是,某一员工第一年考核不合格,第二年考核也很有可能不合格,单位很可能会面临按规定辞退该员工时,多数单位会选择在第二年不对该员工进行考核,以避免辞退员工的局面出现。这样做的理由是,一旦单位按规定辞退该员工,上级部门很可能因辞退员工不利于社会稳定而不允许将该员工辞退(这类似于相机抉择)。

考核政策的前后不一致性,使单位内员工形成了不认真工作、连续两年考核不合格也不会被辞退的预期,单位工作的效率就会较低。如果不给单位以相机抉择的权力,而是严格按规则行事,所有员工都会好好工作,这无疑会提高整个单位的工作效率。

事实二:经济政策中的能力限制与机会主义

决策总是政治过程而非专业研究,这决定了决策过程可能或多或少地要受到特殊利益集团的影响。宏观经济是复杂的,而决策者的专业知识毕竟有限,这就难免出现决策者无法准确地判断各种不同水平的经济政策建议,导致决策者可能选择表面看来能解决问题,而实质上只会使问题更加复杂的政策建议。

此外,在西方,机会主义可能使政治家们将宏观经济政策当作其竞选的手段。相当多的公众会按照大选时的经济状况给政治家投票,这就为政治家在选举年将经济发展得繁荣(尽管可能是表面的)提供了激励。经济数据也反映了如下事实:当选后政治家们降低通胀,失业增加,下一个大选年时失业下降,通货膨胀升高。这种经济运行中的所谓政治周期是人为的,是应该尽力避免的。

为了避免政策的前后不一致性问题和决策者能力限制、机会主义倾向,经济学家们希望能通过一定的规则和机制,来使宏观经济运行少受这些问题的干扰。

2.2 几种规则

最早的政策规则由货币主义者提出,米尔顿·弗里德曼就主张以一个缓慢且稳定不变的货币供给增长率(如每年货币供给增长率 3％)作为货币当局的操作规则。他认为,绝大多数重大的经济波动来自货币供给的变动,一种缓慢且稳定不变的货币供给增长会有利于产出、就业和价格水平的稳定。

但这一规则遇到的很大困难是它的支持者越来越少。当经济经历货币需求变动的冲击时,货币流通速度就可能出现较大变化,如果此时仍维持既定的货币供给增长速度,对经济稳定就不是一个适当的做法。如 2008 年前后美国次贷危机出现后,金融领域去杠杆化,货币流通速度明显放慢,包括美国在内的各国央行均通过增加货币供给来提高流动性,以此稳定金融和经济体系。而如果采用一个缓慢且稳定不变的货币供给增长率,金融、经济体系可能会很快崩溃。

另一种货币政策规则是以名义 GDP 为货币政策目标。这一规则的做法是,央行事先宣布一个计划的名义 GDP 增长率,如果名义 GDP 增长率高于这一计划的名义 GDP 增长率,央行就降低货币供给增长率,反之则提高货币供给增长率。这种货币政策规则考虑了货币供给速度的变动,并直接以名义 GDP 为目标,理论上看,它比以不变的货币供给增长率规则要有利于稳定经济。

还有一种货币政策规则是以通货膨胀率为目标。这一规则的做法是,央行事先宣布一个较低的通货膨胀率目标,当实际通货膨胀率高于这一宣布的目标时,它就降低货币供给增长率,反之则提高货币供给增长率。这种货币政策规则同样考虑了货币流通速度的变动,且直接以宏观经济目标中的通货膨胀作为政策目标。

如果能够精确地知道自然失业率,就可以用自然失业率作为政策目标。但遗憾的是,我们几乎无法精准地知晓某一经济体的自然失业率。如果央行宣布的自然失业率高于真实的自然失业率,并按宣布的自然失业率操作货币政策,则可能加速通货膨胀,反之则会导致通货紧缩。所以迄今为止,几乎没有经济学家们主张用自然失业率、实际 GDP 增长率等实际变量作为政策规则的目标。

第 12 章　稳定政策在发展中国家与在发达国家相同吗

新古典理论认为制度并不重要,因为经济结果由反映资源、偏好和技术的基本经济力量所决定,这些力量会导致帕累托效率,制度并不能影响均衡的选择。市场及市场均衡适合于所有商品、所有时间和所有风险结构。无论是发达国家还是发展中国家,都面对相同的宏观经济变量如产出、就业、通货膨胀等,都需要实现内部平衡与外部平衡。这似乎表明,发展中国家在管理短期均衡和促进长期增长时,只需套用西方宏观经济学中的理论和政策即可。

确实有不少人士(如主张华盛顿共识的国际金融机构和美国财政部、美联储)有上述主张并依此主张行事,当 1997 年亚洲金融危机爆发时,国际货币基金组织就极力要求受援国实施严厉的紧缩性财政、货币政策,以产出、就业的大幅下降来应对危机国家的货币贬值和价格攀升。实行完全的浮动汇率、完全的资本账户自由化也是他们经常为发展中国家稳定经济开出的药方。

实际上可能行不通。发展中国家(尤其在发展的早期)在发展水平、体制等方面有别于发达国家,在外部性、公共产品、资本市场特别是风险或跨期市场、信息完备程度等诸多方面与发达国家存在明显差异,发展中国家的企业、个人和政府的行为与发达国家有很大不同,这些差异或不同会对宏观经济政策产生重要影响(斯蒂格利茨等,2008)。

1 政策目标差异及其对政策选择的影响

发展中国家与发达国家处在不同的发展阶段，公众、政府关注的重点也不尽相同，这使得发展中国家在选择宏观经济目标或面对多个目标进行重要性排序时，往往与发达国家并不完全相同。

1.1 发达国家的政策目标

发达国家在20世纪70年代以前，宏观经济政策的目标为价格稳定下的充分就业。此后，由于高通货膨胀率的出现，宏观经济政策关注的重点是价格稳定。导致这种转变的另一个理由是，发达国家的经济学家和政策制定者们认为，只要实现了价格稳定，市场力量会自动实现充分就业这一目标。

1.2 发展中国家的政策目标

20世纪50年代至70年代期间，发展中国家的宏观经济政策关注增长。20世纪80年代至20世纪90年代早期，部分发展中国家出现危机，宏观经济政策逐渐转向短期宏观管理。在发展中国家的短期宏观管理上，经济学家和政策制定者存在着相当大的分歧，这些分歧主要表现在通胀与失业、通胀与增长、短期稳定与长期增长的取舍上。

发展中国家同时存在农业部门的隐蔽性失业、城市非正式部门（如街头贩卖、街头地摊等）的就业和正式部门（制造业和服务业）的工资性就业，而且几乎无法清晰地将这些就业人群分开，菲利普斯曲线反映的通胀与失业之间的稳定关系较弱，人们在政策能否及如何影响通胀与失业之间的关系上，存在争议。

部分经济学家认为高的通胀会带来低的未来增长，而另一部分经济学家则持完全相反的观点，认为只要通胀率不是太高，通胀对增长的影响很小。

在短期政策特别是紧缩性政策对长期增长的影响上也存在分歧。部分经济学家如 IMF 的大部分经济学家认为,短期紧缩性的政策有利于长期增长,而另一部分经济学家则持完全相反的观点。

2 体制、行为方式、结构与稳定性

发展中国家相对发达国家在一些基础性结构上很不完善,这使得发展中国家经济对冲击的反应更敏感。当较大的冲击出现时,发展中国家稳定经济要经历的过程更长、代价也更大。

2.1 体制与行为方式

发展中国家相对发达国家最普遍、最典型的特征之一是市场体制欠完善,由竞争性价格引导资源优化配置的领域较少、层次较低,非市场性因素对资源配置的影响大,资源配置效率、生产率较低,财富更多地向强势群体集中、贫富差距较大。

部分发展中国家特别是亚洲多数发展中国家(包括亚洲发达国家的日本)裙带关系严重,资源特别是发展中急需的信贷资金,较多地通过裙带关系分配,而不是通过市场依效率进行配置。这会扭曲市场并给经济体系的稳定性、灵活性带来较大的负面影响。

部分亚洲发展中国家民族独立后,出于尽快摆脱贫困、增强国力的良好愿望,实施政府主导型经济发展战略。这一战略的普遍性做法是,政府挑选对经济发展带动作用强的行业,给予这些行业在税收、进出口政策等方面的优惠政策,或(和)成立专门的金融机构对这些行业进行扶植。在战略实施初期,因政府选定产业的规模及经济总规模不大,集中资源支持这些选定行业的发展,会使这些产业在短期内快速增长。初期较好的增长效果进一步增强了政府主导经济发展的自信心。但随着经济规模的扩大和经济活动的渐趋复杂,以及国际经济环境变动,政府往往在挑选优势产业、优势企业上力不从心,而且,政府的扶植政策往往会对金融机构和企业形成过度的安全保护,这会激励企业去过度冒险,从而加剧经济非均衡性,降低经济体的抗冲击能力。

2.2 增长动力及有形资本积累的重要性

与发达国家经济增长以技术进步为增长动力不同,发展中国家经济增长主要依靠有形资本的积累,提高国民教育水平和知识水平,引进、消化、吸收先进技术,以及资源从生产力较低的农业、城市非正式部门向生产力更高的部门转移。

这其中,有形资本积累在增长中发挥着重要作用,国内储蓄、外汇短缺使供给约束成为许多发展中国家实现供需均衡的重要制约。这种制约具体表现在,即使资本得以充分利用,也无法完全吸收现有劳动力,这与发达国家所面对的需求不足不尽相同。

2.3 产业结构特征

与发达国家农业比重小且以大型农场为主不同,发展中国家农业比重高,发展水平越低的发展中国家农业比重越大,且大多以家庭农场和佃农为主。发展中国家产业集中度低,服务业中非正式经济活动比重高。

农业比重大且部分发展中国家农产品价格较为灵活,这会有利于抵消冲击对经济的影响(如我们经常说的"手中有粮、心中不慌"或从另一角度说的"无粮不稳")。农村与城镇就业的灵活转移如我国的农民工在城乡间的流动,也有利于减轻就业方面所遇到的冲击。

2.4 金融市场结构及融资结构与稳定性

发达国家具有相对完备、结构合理的金融市场,而发展中国家金融市场(股票市场、债券市场、基金市场、金融衍生工具市场)不发达。

发展中国家不发达的资本市场使企业融资更多地依赖内源融资。当企业(也包括居民)更多地依靠内源融资时,利率工具的变动对投资、消费的影响会相对发达国家弱很多。

外源融资方面,资本市场不发达使企业更多的依赖银行贷款,而不是如发达国家那样主要通过资本市场发行股票、债券、商业票据获得发展资金。债务市场比证券市场分散风险的功能弱,资本市场不发达会使金融市场转移、消化风险的能力弱,一旦遇到较大的贸易、资本账户冲击时,冲击在经济中就可能会被放大而不是如发达国家那样被削弱。更多地依靠银行贷款还会使整个银行系统比较脆弱,当受到较大冲击时,银行就可能面临危机,整个经济也可能难以幸免。而且,更多地依靠银行贷款使企业的资产负债率较高,当遭受金融危机时,经济调整到正常状态必须经过对金融机构的再注资过程,这会非常困难且经历较长时间。

尽管发达国家如美国、日本在金融稳定方面也出现过大问题,但总体而言,发展中国家金融更不稳定。尤其是部分由政府主导经济发展、"裙带资本主义"严重的发展中国家,在金融自由化、新业务和信贷大幅增长时,监管不足,金融市场波动大、稳定性差。

加之社保体系不完备,公众行为更多地表现为风险厌恶,公众对较大冲击反应会更敏感,经济中的某一部分受到冲击难以自动平稳化;如某个领域投资、消费的缩减就很难被其他领域的增加所平衡,这使得发展中国家宏观经济的稳定性较发达国家要差。

2.5 价格刚性与调整的代价

发展中国家市场发育程度较低,经济中的价格刚性较强,受到冲击时收入或产出调整比较困难。不同部门价格刚性差异明显,当较大冲击出现时,相对价格如初级产品与制成品、国内产品与进口产品、投资品与消费品价格,而不是发达国家更关注的产品和服务相对货币的价格(价格总水平)会出现较大变化。这些相对价格决定着产出构成,当相对价格发生变化时,产出构成也会相应地变动。相对发达国家而言,资源由相对价格下降的领域转移到相对价格上升的领域更困难,且要付出产出、就业上的代价。

发展中国家体制、发展战略、结构性特征使其经济常常表现出较大的不平衡性，极易遭受外部冲击而出现剧烈波动，20世纪90年代东南亚金融危机就是明显的例子。发达国家体制机制相对健全，但并非完美，金融过度自由化、监管不足、全球性的结构失衡等，会加剧其内外部的不平衡，甚至酿成严重的金融经济危机。

应用31　泰国："裙带资本主义"和金融自由化①导致金融危机

20世纪90年代，拉美债务危机得到解决，西方资金感觉到西方世界之外投资的安全性增强。20世纪90年代早期，发达国家出现温和衰退，为应对危机，各国央行利率极低，这也促使西方投资者到国外尤其是新兴市场国家这些"新边疆"去寻求高收益投资机会。而此时包括泰国在内的部分东南亚国家正在实施不适度（自由化步伐远快于监管能力的提高节奏）的金融自由化，1994年后，欧洲、日本的资金不断地流向东南亚各国。

欧洲、日本的银行向泰国金融公司提供贷款，这些金融公司中相当部分是具有"裙带资本主义"特征的公司，它们基本上没有储户，也少有能引导资金投向高收益领域的专业化信息。国外银行明知这种状况仍向其贷款，其中重要原因是国外银行认为，即使贷款出现问题，金融公司的裙带关系会为这些贷款提供额外的保险。

金融公司在外汇市场上将其向欧洲、日本等国银行所借外币兑换为

---

① 金融自由化包括国内自由化和国外自由化或称国际化，金融自由化对促进经济增长、稳定和增进国民福利无疑会发挥重要作用，也是金融发展的趋势。金融自由化过程中，过早或不适度地实施金融自由化，或者政府盲目信任金融机构的自律，常常出现无力监管、无法实施有效监管、放弃必要监管的状况，导致金融、经济的剧烈波动。在过去20年发生的26次金融危机中，有18次发生在金融国内自由化和国际化后的5年内，且这些发生危机的经济体在危机前通常都有良好的财政状况。

事件向极端方向发展，通常由多个因素造成。金融危机也由众多的因素如体制、发展战略、经济政策、监管政策等方面的原因所导致，20世纪90年代以来，在日本、泰国、韩国等东南亚国家及美国爆发的危机，同样源于多种因素。本节连续4个应用中所提出的导致这些国家爆发危机的因素仅是主要的或重要的原因。

第12章 稳定政策在发展中国家与在发达国家相同吗 229

泰铢,再以较高的利率贷给国内公司如房地产开发公司。外资的大量拥入使泰铢升值,泰国央行为了维护固定汇率,不得不用泰铢购买外币,这导致央行的外汇储备、经济中泰铢供应被动增加。泰铢供应增加导致信贷扩张,相当部分信贷资金进入房地产和股市投机。

货币信贷扩张使投资、消费需求快速增长,进口大增,兴旺的经济推高工资,出口竞争力下降,出口增长减速,巨额贸易逆差出现。

同时,越来越多的投机和投资损失出现,投资商、投机商破产增多,一些金融公司倒闭,国外银行对贷款渐趋谨慎。资金链断裂,地价、股价急速下跌,泡沫开始破裂。

国外贷款急剧减少,但国内企业为进口付款仍需大量外汇,泰铢贬值不可避免。市场特别是其中的投机者察觉到这种结果极可能出现,他们纷纷卖出泰铢、买入外币,进一步增大泰铢贬值的压力。如果泰国央行放任不管,贬值会使泰国政府声誉受损,且泰国银行、金融公司和其他企业都有以美元计价的债务,泰铢贬值将很可能使这些银行、金融公司和其他企业破产。泰国央行动用外汇储备赎买泰铢、维护汇率,外汇储备很快用光。1997年7月2日,泰国不得不放弃保卫泰铢的努力,允许泰铢贬值,经济陷入严重衰退。

应用32 韩国:政府主导经济、"裙带资本主义"和金融自由化导致金融危机

战后,韩国政府实施出口导向战略,为特殊贷款提供担保,引导信贷资金流向政府希望发展的部门如进出口部门。经济中以家庭企业为特征的财阀具有很强的经济、政治影响力。危机爆发前,最大五家财阀的销售额占全国GDP的近50%。如果财阀遇到困难,它可以得到政府的直接援助和指令性贷款。国内公众和国外贷款人都认为财阀太大不能倒闭。过大的政府安全网和政府对银行监管宽松符合以财阀为代表的银行、企业的利益,它们可以在少受监管的情况下,疯狂借贷、随心所欲地经营,这导致贷款不断向财阀集中。

20世纪90年代,财阀们的盈利下降,1993~1996年,最大的30家财阀的资本回报率不到3%,1996年下降到0.2%,仅有最大的5家财阀盈利。盈利状况很差且资本负债率极高,正常情况下银行不会继续向其发放贷款,但银行认为政府不会让财阀破产,继续"贷新还旧"。

为了获取更多发展资金,在财阀的争取下,韩国政府加快金融市场对外开放,允许金融机构不受限制地借入短期外债(财阀的要求也符合当时政府逐渐放松金融管制、实施金融自由化的政策方向),但限制长期借贷。虽然短期资本会使金融变得脆弱,但在政治上,限制长期资本也算是政府限制了外国资本流入。

为了更方便借贷,财阀通过各种手段,将其拥有的不能从外国借款的金融公司,变成可以通过发行债券和商业票据在银行间市场和国外市场借款的商人银行。1990年韩国仅有6家商人银行,1997年增加到30家,其中16家为财阀所有,2家属于以财阀为主要股东的外国所有。商人银行向财阀控制的银行、非银行金融机构贷放大量资金,财阀再用这些资金向钢铁、汽车、化工等领域进行低效投资。隐含的政府安全网使银行产生了很大的道德风险;央行对银行的监管也不到位,而且,超过30%的非银行金融机构资产被财阀持有,而政府对非银行金融机构的监管更不到位。

大量外国贷款刺激信贷膨胀,1992~1997年,金融机构贷款年增长率高达20%,1993~1996年,外债总额从670亿美元增加到1 650亿美元,占GDP比重从19.4%上升到31.6%,其中外国短期贷款占一半以上(米什金,2007)。

贷款膨胀使不良贷款增加,而此时因日元贬值,韩国半导体芯片、钢铁、化工产品等主要出口产品价格大幅下跌,本来微利的财阀和相关中小企业陷入困境。1997年1月23日韩国第14大财阀破产,年底前30大财阀中又有5家破产,大量中小公司破产,财阀"太大而不能倒闭"的神话破灭。

金融和非金融机构资产负债表不断恶化,不确定性增加,韩国证券市场指数(KOSPI)从1996年4月底高点980.9下跌到1997年6月的低点

第12章 稳定政策在发展中国家与在发达国家相同吗 231

470.8点,跌去52%。股市下跌带来的资本净值减少进一步恶化公司资产负债表。

1997年7月泰铢崩溃,市场参与者怀疑其他东亚国家也存在类似问题,不确定性和悲观情绪蔓延,外国贷款人发现韩国银行部门陷入困境,不再展期他们向韩国金融机构和财阀的贷款,开始撤离韩国证券市场。

银行信用下降,为偿还外国债务筹措资金遇到障碍,韩国央行将外汇储备存在韩国银行的国外分支机构来支撑这些银行,无力用外汇储备保卫本币。1997年10月到年底,韩元贬值47%。大幅贬值使银行要用更多的韩元偿还外币债务,大量短期债务需要偿还更增加了银行的流动性困难,银行资产负债表更加恶化。同时,大幅贬值提高进口价格,通胀出现。韩国央行在IMF建议下紧缩货币,市场利率上升,投资、消费下降,实际年GDP增长率从1997年上半年的5.7%下降到下半年的-5.4%。

应用33 日本:政府主导经济、"裙带资本主义"和金融自由化导致金融危机

日本的政府主导型发展模式取得过骄人的经济发展业绩。在政府主导的发展模式下,受政府青睐的产业和公司在银行贷款与进口上会得到更多的优惠,这使得整个日本类似于一家集中管制的庞大企业。在经济结构方面,日本的重要特征之一,是主要公司围绕一家主办银行组成公司集团,集团内各成员互相持有大量股份,公司管理基本不受外部股东约束。集团内成员可以方便地从主办银行借款,而公众似乎也不太在意主办银行的财务状况和他们的存款是否安全,公众相信政府不会坐视他们失去存款。

危机爆发前的较长时期内,金融自由化、放松监管使日本银行的安全与保守经营传统荡然无存,政府对银行实施监管的措施如资本充足率、大额贷款和流动性资产比率限制,以及其他一些控制风险的法规形同虚设。公司从银行借贷资金投资房地产和股市,推动房地产、股票价格节节攀

升。1990年年初,日本全国公司股票总市值高过美国,而当时美国国内生产总值为日本的两倍多。传统产业公司的股票市盈率高达60倍以上(克鲁格曼,2009)。

1990年,对过度投机感到担心的日本银行提高利率,从1991年开始,地价、股价开始暴跌,以土地、股票为抵押的大量银行贷款成为呆坏账,金融机构和国民经济最终被急剧增长的不良债权拖进危机深渊。尽管日本将利率降到接近零的水平,但政府拖延处理银行巨额不良债权,企业裁员、转向海外生产及政府提高消费税率等使就业、收入减少,个人消费低迷,以及忽视有利于恢复景气的与生活相关的小型公共投资,使消费、总需求增长长期不振。

应用34 美国:全球性消费储蓄结构和金融自由化过程中监管不足导致次贷危机

即使是美国这一市场体制最完备、金融市场最发达的成熟市场经济国家,也爆发了次贷危机并引发了严重的金融经济危机,给全球金融、经济带来巨大冲击。与日本1991年和东南亚1997年的金融危机主要由国内体制、发展战略、不适度的金融自由化等因素引发的危机有所不同,美国次贷危机及由此造成的金融经济危机,更多地与全球性消费储蓄结构失衡和金融自由化过程中的监管不足有关。

美国住房抵押贷款市场提供的贷款按质量分优质贷款、中级贷款和次级贷款三类。次贷危机爆发前三类贷款在美国住房抵押贷款市场中的份额分别约为75%、11%和14%。次贷借款人中很多人无工作、无收入、无财产,提供次级贷款的银行面临较高的违约风险。为了转移风险、收回资金,住房贷款金融机构通过特殊目的公司(SPV)把众多次级住房抵押贷款收集起来做成资产池,在此资产池基础上做成标准化的次级(住房)资产抵押债券(MBS)出售给投资银行,投资银行通过出售债务抵押债券(CDO)将风险转移给保险公司、对冲基金和个人等投资者。

为了应对2000年互联网泡沫破灭和2001年"9·11"事件给经济带

来的负面冲击，2000年年底至2004年年中，美联储多次削减利率，维持了20世纪90年代后期以来的经济、房地产和房地产金融市场的持续繁荣，次贷证券快速扩张。2004年6月开始，美联储连续上调利率抑制可能的经济过热。2006年后房价下跌，次贷市场违约率上升。

一个比较有限的次贷，经过打包和评级、投行和商业银行自营、保险公司担保不断放大，发展成规模很大的金融衍生产品。而危机出现时，经过购房者不还款、债券价值下跌，投资银行资产负债表出现亏损、投资者卖出债券、资产价格大跌，以及随后评级公司给投资银行或商业银行下调评级、融资受阻、陷入困境这种多级减值，金融市场资金链断裂，经济陷入严重紧缩，全球主要经济体也遭受重创。

导致危机的原因主要是，美国低储蓄、高消费与新兴市场国家的高储蓄、低消费，使美国发行债券长期保持充裕的流动性成为可能，同时为房地产等资产价格上涨、次贷衍生品市场快速扩张提供了条件。

金融自由化背景下，金融监管机构依然沿用原有的监管思路，将金融衍生品视为表外业务，对投资银行、保险公司、评级公司、对冲基金等非银行金融机构和融资安排这一影子银行系统（或称平行银行系统）监管宽松。金融机构和金融业务已全球化，而监管并未全球化，也使一国的监管机构难以实施有效监管。金融国内自由化和国际化过程中监管缺失，最终酿成了波及全球的金融经济危机。

3 政策工具效力与政策选择

发展中国家与发达国家在政策目标、结构性特征等方面的差异，决定了两类国家在宏观经济政策效力上的差别，总体上看，财政政策和货币政策在发展中国家稳定经济的效力要弱于发达国家。

3.1 财政政策

从税收看,发展中国家相对发达国家而言,税收占 GDP 的比重低;经济总量小、税基小;直接税(如所得税、房产税、遗产税、社会保险税等)较少,间接税(如关税、消费税、销售税、货物税、营业税等)较多;逃税、漏税比较普遍、纳税程度较低。这些特点决定了政府通过税收工具调节经济要比发达国家困难得多。

从政府支出看,与发达国家政府支出中养老金、医疗保障等方面的比重较高不同,发展中国家政府支出中资本性支出比重较高,一旦遇到经济困难,发展中国家政府只能更多地减少资本性支出,这会影响到长期增长。

与此相反的情况是,在经济紧缩时政府通过债务更多地增加资本性支出(如我国应对 1997 年东南亚金融危机时发行国债,扩大基础设施领域的政府投资支出),则会因改善基础设施条件,提高社会投资的效益,促进经济长期增长。

3.2 货币政策

发展中国家相对发达国家货币市场不发达且通常被分割,使货币政策的影响范围(如个人住房抵押贷款、企业外源融资特别是借款)要小很多,这会降低货币政策的效力。

换一个角度看,不发达的货币市场及信贷数量比信贷价格更为有效等特点,也会有利于政府通过信贷数量政策稳定经济。银行数量相对较少有利于央行管理信贷系统,必要时还可以对某些领域如房地产市场、股票市场实施更具针对性的稳定政策。如为了防止房地产、股票等资产价格大幅波动给信贷市场带来的负面影响,央行可以限定房地产、股票为抵押品的贷款比例。

此外,财政政策与货币政策的相互作用在发展中国家可能会更强。

当财政通过央行借款①时,货币供给会增加。而当政府赤字占 GDP 比重很大,偿还利息支出占政府支出比重很大时,利率变动会对政府的财政状况产生明显影响。

应用35 对通过控制信贷规模、窗口指导抑制经济过热的争论

1998年开始,我国商业银行贷款增加量由此前的指令性计划,改为指导性计划管理,在逐步推行资产负债比例管理和风险管理的基础上,实行"计划指导,自求平衡,比例管理,间接调控"的信贷资金管理政策。

抑制2002年开始的投资需求快速增长时,管理部门联合发文,限制商业银行对部分投资快速增长行业的信贷规模。同时,央行利用其与商业银行间的行长联席会或业务部门间的碰头会,向商业银行说明其对经济、金融形势的判断,通报货币政策意向,对商业银行信贷业务提出建议。虽然这些指导性的建议不具法律效力,但迫于央行的地位,各商业银行通常都会情愿或不情愿地接受这些建议或劝告。

经济学界对政府通过行政(发文)、窗口指导②等方式,干预商业银行信贷规模、投向的做法,存在支持与反对两派观点。支持的观点认为,商业银行尚无权完全自主地调整存贷款利率,企业投资的资源成本、环境成本外部化带来高投资收益使投资需求非正常增长,部分以政府为背景的国企(如各类政府所属投资开发公司)在还贷上也缺乏硬约束,在这种体制环境和微观基础下,货币政策通过货币渠道和信贷渠道的传导都不顺畅,中央政府通过行政发文、窗口指导控制商业银行的信贷规模,来应对流动性过剩,抑制经济过热,实属无奈。

反对的观点从完善体制的长期考虑,认为政府通过行政、窗口指导等

---

① 这完全等同于央行印钞。如我国在《中国人民银行法》出台以前,财政就曾向中央银行借款1 689亿元。1995年3月8日实施的《中国人民银行法》明确禁止了这种财政向中央银行透支的做法。参见周小川:"关于当前我国经济金融形势",2005年2月21日。资料来源:http://www.sj71.com/html/43/n-34543.html。

② 20世纪50年代产生于日本的窗口指导,是指央行通过劝告、建议等方式影响商业银行信贷的行为。

方式干预商业银行信贷规模与投向，尽管是基于体制环境、微观基础的无奈之举，但这丝毫没有改变它对商业银行市场化改革的负面影响。信贷增长是商业银行市场行为的结果，信贷增长快很可能是经营管理水平高、市场竞争力强的表现。监管机构应该从银行的资本充足率、拨备覆盖率、存贷比、流动性等方面进行审慎监管。对商业银行的信贷规模和增速进行直接控制，会不可避免地扭曲商业银行的市场经营行为，不利于将商业银行改革为现代金融企业，也与银行业监管应当保护银行业公平竞争、提高银行业竞争能力这一监管目标相悖。

第 13 章 经济领域的正义

用积极干预主义与非积极干预主义来区分经济学家在宏观经济领域的正义观[①]很不严谨甚至武断,因为这两个派别基于政府干预市场的态度而划分。在市场是否存在失灵,如果存在,市场失灵对经济运行和由此对不同人群境况的影响(这里就包含着是否正义的问题),以及政府应该对市场失灵的作为上,积极干预主义与非积极干预主义有较大分歧。这种分歧在一定程度上反映了两派经济学家在经济领域乃至社会领域的正义观。

绝大部分非积极干预主义者信奉市场原教旨主义(market fundamentalism),认为经济政策只应着眼于效率,市场机制的最后结果是否正义与经济政策无关,正义问题应由其他政治程序去解决。经济政策考虑权益在个人、阶层之间的分配是不适当的,会严重影响市场效率。

促进稳定和增长的财政政策(如支出结构、税收结构)、货币政策(如对通货膨胀的态度)会对个人、阶层的权益分配有不同影响。这一点,非积极干预主义者不可能没有注意到。注意到这种不同影响而忽略它,原因是这些主张者在经济政策的效率与公平上,取效率而舍公平,而这又直接决定于主张者所秉承的正义观。

正义涉及伦理、道德、哲学、政治等范畴,讨论该话题确实令人生畏。从每个个体人、各阶层的权益看,一项经济政策对他们权益分配的影响,常常是不同的,有时甚至差异甚大。完全通过经济领域之外的政治程序

[①] 政治哲学上将正义观大致划分为自由至上主义、功利主义和自由主义。参见本章附录。

并不能保障每个人、各个阶层权益分配中的公正,经济政策对正义的适度考虑是必要的。

正义话题的复杂性远超出作者的驾驭能力,本章仅对宏观经济政策所涉及的正义问题作简要分析,且更多的仅是提出问题。历史上和目前西方不同的正义主张请见本章附录。

1 积极干预主义者与非积极干预主义者的正义观

绝大部分非积极干预主义者认可市场竞争的结果是正义的,短期经济波动本身并不存在正义问题;即使存在非正义并由政府来消除这种非正义,也应该是经济领域之外的事。换言之,这一学派认为在起点正义(这实际上根本不可能做到,见本章附录)和程序正义的前提下,市场配置资源的结果就是正义的。出现经济衰退时,经济可经由市场自我调节,重回正常增长轨道;如果政府干预,则会带来长期的经济、政治上的损失。即使出现长期严重的如1929年的大萧条和2008年严重的金融经济危机,大量工人长期失业、生活长期处于窘迫境地,政府也应该袖手旁观。

绝大部分积极干预主义者认为,无论是短期稳定政策还是长期增长政策都与正义问题紧密相关;如凯恩斯反驳新古典学派的那句经常被引用的话,"在长期我们都不存在了",在相当程度上是指(代际)正义问题。积极干预主义者认为,经济衰退时大量工人长期失业对工人及家庭境况的影响,无论从伦理、道德、政治及工人自身的忍耐程度上,都是非正义的。政府运用反周期的稳定政策尽快使经济走出衰退,无论从工人生活的生命周期,还是从工人相对其他人的境况看,都体现了正义性。

2　财政政策与货币政策中的正义

从促进长期增长的角度看,增加人力资本如教育、医疗卫生方面的支出,会带来明显的外溢性收益,由政府财政支出承担这部分支出是合理的。但政府财政要面对在诸多外溢性强的支出领域(如公共设施、防务等)的取舍,如果更多地关注人人享有平等的生存权、健康权和受教育权,政府财政就应该更多地向体现这些权益的教育、医疗卫生领域,特别是向依靠其自身能力无力取得这些权益的弱势人群倾斜,这必然会涉及有限财政资金在不同人群之间的分配问题。

着眼于短期稳定的财政政策也会直接涉及正义问题。经济过热时采取紧缩性财政政策,政府就不得不在减少哪些领域(涉及哪些人群)的支出上作出选择。这种选择除了要考虑紧缩政策的效力外(不同领域的财政乘数不完全相同),还要考虑到不同人群的承受能力。如接受政府救助的弱势人群的支出就不应该减少,而公共机构的不合理经费支出就应该削减。

总需求不足实施扩张性财政政策时,增加的财政支出除了要带动更多的社会投资和消费外,还可能会增加社会保障领域的支出。在发展中国家,除了增加为未来增长改善条件的公共设施的支出外,还应该增加弱势人群的补助。

货币政策不管是数量政策(货币供应量、准备金率)还是价格政策(利率),都是普遍性很强的政策。发达国家的货币政策比较充分地体现了这种普遍性。但在发展中国家,弱势人群的生活窘迫境况为货币当局实施差别化的货币政策提供了必要,欠发达的货币市场也为实施这种差别化的货币政策提供了可能性。

从必要性看,发展中国家的典型特征是为中小企业融资的中小金融机构,以及为农村地区服务的金融机构很少,而从扩大社会就业,关注弱势人群在经济紧缩期间的生活状况考虑,有必要实施差别化的数量政策和价格政策。

从可能性看,发展中国家金融机构少,且一般与货币当局的关系"密切",货币当局通过"窗口指导"甚至信贷额度控制等非传统货币政策影响银行信贷,相对发达国家有效得多。

当然,在实施这些非传统的货币政策时,决策者应该注意到,这些非传统的货币政策可能会对正在发育完善的市场机制产生负面影响,政策实施中还可能出现歧视性的做法,有损正义。在何时、何种程度上采用这些差别化政策,货币当局应该慎之又慎,避免操作过度对市场造成不必要的扭曲,对长期增长带来较大的负面影响。

3 财政支出的正义原则

财政是体现正义的重要领域。财政能力根本上取决于发展水平,发展中国家普遍面对财政资金供给较少与满足人们基本生活的财政资金需求较多之间的矛盾,公平与效率间的矛盾在政府财政收支中表现得比较突出。

财政支出范围主要是公共产品和部分准公共产品。在财政支出形成的公共产品中,部分产品为维护人的生存、基本尊严所必备的条件,他们属于基本公共产品。这些产品包括一个人生存所必需的衣、食、住、基本医疗及其他社会保障,以及有利于机会均等的与个人能力发展密切相关的基础教育、公共卫生等。

按照对财政支出领域的上述分类,结合发展中国家实际,财政支出体现社会正义的基本原则为以下几条。

第一,基本公共产品的人均均等分配。理由是,从社会形成的角度看,每个个体的基本贡献是不可缺少的,社会正是基于每个个体的基本贡献才有了人类社会区别于动物的种属特征。基本公共产品是作为社会中的每一个个体维护其自身和整个社会基本尊严所必需的基础条件,是社会文明的基本标志。全社会的每一个个体享受均等的基本公共产品是正义的最基本要求。

第二,非基本公共产品的比例分配。比例的分子为财政资金形成(分配、购买或享有)的各类产品和服务;比例的分母是分配的依据,如劳动、资本、技术、需要、职务等。例如在按劳分配的原则下,分子为收入,分母为劳动的数量和质量。

第三,对自然残障者的补偿和对弱势群体的补贴。对自然残障者补偿的理由是,自然残障(包括健康、智力和其他自然天赋)者要达到或接近正常人的某一方面的能力,或尽可能减少他们与正常人在某一方面能力上的差距,需要社会在基本公共产品上向他们倾斜,以使他们尽可能享受到正常人一样的生活或尽可能减少他们与正常人生活质量的差距。

对弱势群体补贴的理由是,起点平等是无法达到的,因为资源的初始获得总是非正义的,通过无数次个人选择,部分人在社会中可能居于非常不利的地位,他们成为社会的弱势群体。起点不平等可能会影响到个人的选择,而社会对这种影响可能给人们带来的弱势地位应该承担一定的责任。通过社会对弱势群体的补贴会对社会经济发展产生积极的促进作用,这一促进作用不仅有利于弱势群体,也有利于给弱势群体提供补贴的那部分群体。

在任何情况下,上述第一原则都应优于第二原则,因为保障每个人最基本的生存、基本生活与身心健康居于绝对优先地位。第三原则是对第一原则、第二原则必要的补充。

应用36 短期财政扩张政策关注弱势人群的生存状况[①]

为应对金融经济危机,刺激需求、促进经济增长与就业,2008年年底中央政府出台了庞大的经济刺激计划。在2009~2010年两年4万亿元

---

① 国家发改委网站,www.ndrc.gov.cn。

的刺激计划中,城市低收入阶层的廉租住房、棚户区改造等保障性住房计划支出 4 000 亿元,农村水、电、路、气、房等民生工程和基础设施 3 700 亿元,医疗卫生、教育文化等社会事业发展 1 500 亿元(向基层、农村地区倾斜),上述三个领域共计支出 9 200 亿元,占计划总支出的 23.8%。

附 录

附录 1 第 3 章相关知识

1 通货膨胀的成因[①]

1.1 货币主义学派关于通货膨胀的成因

货币主义学派认为,货币供应量是推动总需求曲线移动的唯一因素,换句话说,通货膨胀一定是货币供应量的高增长所导致。以弗里德曼为代表的货币主义学派坚定地认为,任何时候通货膨胀都是一种货币现象。

1.1.1 货币主义学派对货币供应与通货膨胀关系的解释

假定经济的起始位置位于对应于自然产出率的点 1(附图 1—1),如果货币供应量在第一年稳定增加,总需求曲线向右移动至 AD_2。在较短的时间内,经济可能会停留在 AS_1 与 AD_2 的交点 $1'$ 的位置,总产出可能会暂时位于高于自然产出率水平的位置 Y'。因 Y' 处的失业率低于自然失业率水平,工资会上涨,推动总供给曲线向左移动至 AS_2,与 AD_2 相交于点 2,点 2 对应自然产出率和自然失业率水平,价格水平上升。

如果货币供应量稳定增加的情况在第二年、第三年持续出现,总需求曲线和总供给曲线会重复第一年的移动过程,推动价格水平不断向上攀升,通货膨胀出现。

[①] 本附录在分析通货膨胀原因时,运用了总供需均衡方面的知识,读者可在阅读第 9 章后,再阅读本附录。

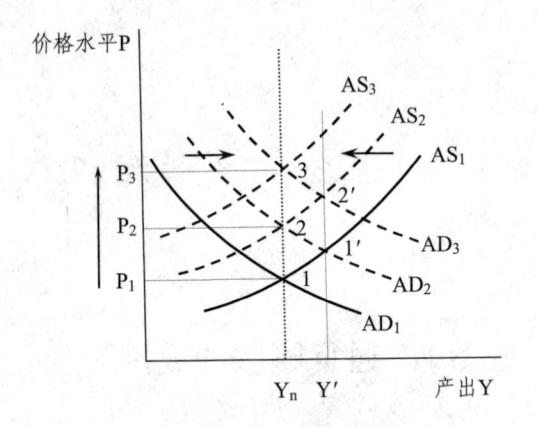

附图1—1 货币供应量的不断增加导致通货膨胀

1.1.2 通货膨胀成因之一：追求高就业目标

货币供应量不断增加导致通货膨胀出现的一个动因,是政府单纯追求高就业目标而不顾政策可能带来的通货膨胀。追求高就业目标会带来两类通货膨胀：一是成本推动型通货膨胀,二是需求拉动型通货膨胀。

1.1.2.1 成本推动型通货膨胀

假定经济的起始位置位于对应于自然产出率的点1(附图1—2),如果工人提出增加工资要求并得以实现,工资上涨推动成本上升,总供给曲线会向左移动到 AS_2 与 AD_1 的交点 $1'$ 的位置,点 $1'$ 对应的产出率 Y' 低于自然产出率水平 Y_n,价格上升。

点 $1'$ 的就业率低于自然就业率,政府可能会通过政策扩张经济、提高就业率,这样做的结果,是总需求曲线向右移动,直至就业率达到自然率水平(对应自然产出率)的点2。此时工人提高工资愿望实现,价格水平上升至 P_2[①]。

如果工人继续提出增加工资要求并得以实现,总供给曲线和总需求曲线会重复上述移动过程,结果是价格水平再次上升。

---

① 工人要求增加工资后产出下降,此时政府扩张经济的政策被认为是适应工人增加工资要求的适应性政策。

因为不可能连续地运用增加政府支出或减税来不断地扩张经济,政治程序等方面的原因使政府支出总有一个上限,税收也会有一个下限。所以,政府扩张经济的政策只能是货币扩张,成本推动型通货膨胀也只能是一种货币现象。

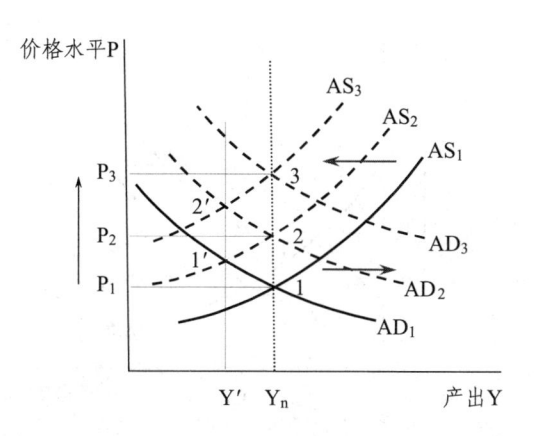

附图 1—2　追求高就业的货币政策导致成本推动型通货膨胀

1.1.2.2　需求拉动型通货膨胀

即使在充分就业时,自然失业率也会大于零。如果政府追求低于自然失业率的失业率目标,它也会通过扩张性政策推动价格水平的连续大幅攀升,导致通货膨胀。

假定经济的起始位置位于自然失业率的点 1(附图 1—3),政府追求低于自然失业率的就业目标,会刺激总需求,导致总需求曲线右移至 AD_2,与总供给曲线 AS_1 相交于点 $1'$,此时的失业率低于自然率水平,产出 Y' 高于自然产出率 Y_n。

点 $1'$ 处失业率低于自然失业率,工资水平面临上涨压力。工资水平的上涨会推动总供给曲线向左移动至 AS_2,与总需求曲线 AD_2 相交于点 2,此时的失业率为经济处于长期均衡状态时的自然率水平,相应地,产出也位于自然率水平,价格水平上升至 P_2。

由于政府追求低于自然失业率的就业目标,这一过程会重复,结果是价格水平连续攀升,通货膨胀出现。

与成本推动型通货膨胀一样,需求拉动型通货膨胀中,政府扩张经济的政策只能是不断增加货币供给,需求拉动型通货膨胀也只能是一种货币现象。

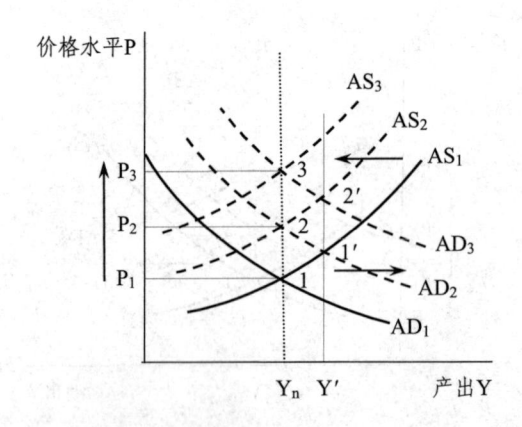

附图 1—3　追求高就业的货币政策导致需求拉动型通货膨胀

成本推动型通货膨胀与需求拉动型通货膨胀均由货币供给量的持续高速增长所致,这使得从货币供给角度无法区分这两类通货膨胀。成本推动型通货膨胀出现时失业率高于自然失业率,而需求拉动型通货膨胀出现时失业率低于自然失业率,如果能够准确地知晓自然失业率,也就能够准确地区分这两类通货膨胀。但不幸的是,至今我们仍不能准确地知道一个经济体的自然失业率。

而且,需求拉动型通货膨胀会提高工人对通货膨胀的预期,这会使他们提出增加工资的要求,从而需求拉动型通货膨胀可能会引发成本推动型通货膨胀。总之,这两类通货膨胀在理论上可以区分,但在实践中区分却十分困难。

1.1.3　通货膨胀成因之二:政府的长期预算赤字

货币供应量不断增加导致通货膨胀出现的另一个动因,是政府长时间发债来弥补预算赤字。政府预算赤字来自政府支出大于收入(税收)的购买行为。政府要实现这种行为,或者增税或者发债。依靠长期增加税收弥补政府长期预算赤字,受到政治程序和公众承受能力的制约,几乎不可行,唯一途径就是发行国债。

如果政府长期向中央银行发行债券,则会直接创造出高能货币(基础货币),不断增加货币供给量,带来价格水平不断攀升,通货膨胀出现。为了避免出现这种情况,目前包括我国在内的多数国家均有法律禁止政府直接向中央银行借债。

理论上讲,如果政府长期向公众发行债券,并且这些债券由公众持有,则不会创造出高能货币,不会引发通货膨胀,但实际情况可能并非如此。有人认为,政府长期向公众发债会使债券价格下降、利率水平上升,央行不得不通过公开市场操作购入债券、抵制利率上升,这会创造高能货币,长期如此则会带来通货膨胀。也有人认为,当政府长期大量向公众发行债券时,公众会预期到将来政府会增加税收来还债,公众会增加储蓄以应对将来的税收增加和收入下降。这会增加公众对债券的需求,这些需求恰好等于政府的债券供给。这便是巴罗所提出的李嘉图等价。

如果这些债券最终不是由公众持有,则只可能是中央银行通过公开市场操作购入,这会创造高能货币(这种弥补政府支出的方法常常被称为债务货币化),增加货币供应量。长期如此,则会导致通货膨胀。

可见,政府长期大量向公众发债是否会引发通货膨胀的关键,是这些债券最终由公众持有还是由央行持有。尽管在这点上目前并无共识,但这些债券最终由央行持有的可能性存在。这就决定了,只要政府通过长期大量发债(不管是直接向央行发债还是向公众发债)来弥补长期存在的预算赤字,通货膨胀就有可能发生。

如果预算赤字不是长期的而是暂时的,在赤字存续期间,货币供给量会增加,价格水平会上涨。没有预算赤字时,政府就没有必要发债,价格水平也就不会上升。暂时性的政府预算赤字不可能使货币供给长时间大幅度上涨,不可能引发通货膨胀,只会导致价格水平的暂时性上升。

1.2 凯恩斯主义者关于通货膨胀的成因

凯恩斯主义者在通货膨胀的成因上与货币主义者相同,他们认为,货币供给量的快速增长带来价格水平的持续快速上升。在导致总需求和总供给变动的原因中,凯恩斯主义者认为除了货币供给量的变化外,财政政策、供给冲击也可以导致总需求和总供给曲线的移动,那么,财政政策、供给方面的冲击是否也会导致通货膨胀呢?

1.2.1 财政政策不会导致通货膨胀

假定经济的起始位置位于对应于自然产出率和自然失业率的点1[附图1—4(a)],政府支出的扩张使总需求曲线右移至 AD_2,并与总供给曲线 AS_1 相交于点 $1'$。此时的产出高于自然率水平,价格上涨至 P_1'。这会导致工资上涨,总供给曲线左移至 AS_2,并与 AD_2 相交于点2,点2对应于自然产出率、自然失业率水平,价格水平上涨至 P_2。

如果政府支出连续多年增加,价格水平会不断上涨,通货膨胀出现。但政治程序会阻止政府支出的连续增加,且政府支出规模有上限(不可能大于GDP)。显然,政府支出的增加总是暂时性的,价格水平的上涨也总是暂时性的,这种暂时性的价格水平上涨不会带来通货膨胀。

减税也不可能连续多年进行,且税收减少总有下限(税收不可能减少到零)。减税与政府扩大支出一样,只会带来价格水平的暂时性上升,而不会带来通货膨胀。

1.2.2 供给方面的因素不会独自导致通货膨胀

供给冲击主要是原油价格上涨、自然灾害、战争对供给能力的毁坏等。以原油价格上涨为例,如果因某种原因使原油价格上涨,企业生产成本上升,总供给曲线向左移动至 AS_2[附图1—4(b)],如果货币供应量不变,总需求曲线不会移动,AS_2 与 AD_1 相交于点 $1'$,此时的产出低于自然率水平,价格水平上升。点 $1'$ 处的失业率高于自然率水平,总供给曲线会向右移动到原位置,产出回到自然率水平,价格回落到 P_1。

其他供给方面的冲击对经济的影响也与此类似。但要注意的是,当工人要求增加工资导致企业成本上升,使总供给曲线左移时,如果货币当局此时通过增加货币供应量刺激经济,则会使总需求曲线右移,价格水平上升。当这种情况反复出现时,就有可能出现成本推动型通货膨胀。这种情况下,通货膨胀的出现总是与货币供给量的连续增加相伴随,仅是供给方面的变动不可能引发通货膨胀。

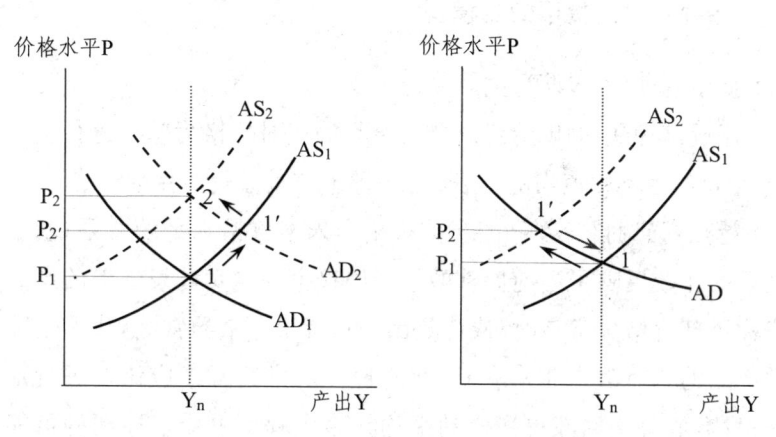

(a) 政府支出的暂时性增加只导致价格水平的暂时性上升

(b) 供给冲击过后价格会回落到原来水平

附图 1—4　政府支出增加和供给冲击不会导致通货膨胀

2　通货膨胀与产出波动①

本部分的内容有以下几个前提:一是以理性预期为预期行为,这也是20世纪70年代中期以后货币经济学研究领域的主流假设。二是政策论述中普遍认可"李嘉图等价",可简单理解为未来消费和投资的整个路径与现在的税收无关。三是区分稳态(所有变量都按固定速度变化的动态均衡)持续性通货膨胀与高于或低于正常通胀率的不规则周期性波动,前

---

① 本小节主要参考弗里德曼等(2002)。

者为理性的行为主体所预期到,而后者则难以预期到。四是仅限于封闭经济;这一设定的缺陷是明显的,因为它忽略了通货膨胀与贸易条件和汇率紧密相关这一事实,但这一设定可以减少因开放条件所带来的研究的复杂性。

2.1 弹性价格、货币幻觉模型

(1) 提出者:以卢卡斯为主。

(2) 假设:模型中的供给者以自己产品的相对价格为基础进行生产决策,单个供给者不知道当前一般价格水平和当前总货币存量。

(3) 特点:强调自身产品的当前价格与未来价格水平的联系,基于这种联系的比较反映了当前储蓄的预期回报率。当卖者发现他的产品价格或称局部价格异常高时,或许是因为总货币存量异常高,或者是因为他的产品的相对需求非常有利,此时理性的供给反应应该是进行加权平均;权数取决于局部价格变动平均在多大程度上受上述两种可能性的影响。

(4) 结论:只有在没有被预期到的情况下,通货膨胀才会影响总产出;如果供给者能根据经济运行的已有知识进行准确的预测,即使是高且不断加速的通货膨胀也不会影响产出。显然,随机的产出行为完全不会受到货币当局的影响,即货币政策无效。

(5) 反对意见:戈登(Gordon)和米什金(Mishkin)通过赋予预期货币增长率显著的解释能力,得出了与卢卡斯不同的结论。

2.2 黏性价格、理性预期模型

(1) 提出者:以费希尔(Fisher, S.)的模型为代表。

(2) 假设及结论:价格在每个时期并不能自动调整至市场出清水平。在名义工资确定的情况下,意外的通货膨胀会使实际工资低于预期值,总产出会高于正常水平。

(3) 特点:此模型不具有政策无效性特征:如果需求冲击序列相关,则可设计货币政策规则对现行工资水平确定后的各种冲击做出反映,从而能够影响产出过程中的方差。而如果排除"超中性"(弗里德曼等,2002),该模型满足卢卡斯所定义的自然率假说:不存在可使产出持续高于其自然率的货币政策。

(4) 疑问:与数量决定相关的价格黏性涉及的是名义价格而不是实际价格,即如果价格事先确定,为什么不通过指数安排得出实际价格。

2.3 非加速通货膨胀失业率(NAIRU)模型

(1) 假定:失业与通货膨胀加速程度存在稳定的菲利普斯关系。

(2) 结论:如果失业与通货膨胀变化之间存在稳定的负相关关系,则可通过不断加速的通货膨胀率,持续地将失业率保持在较低的水平上。所以,NAIRU 不具有自然率性质。

(3) 疑问:通过货币手段可以永久地提高产量,无法让人信服,这引致了纯理论的反对意见。

2.4 真实商业周期模型

(1) 提出者:基德兰德(Kydland)和普雷斯科特(Prescott)、劳恩(Long)和普洛瑟(Plosser)、金(King)和普洛瑟(Plosser)。

(2) 假定:不存在能把货币冲击导向产出或失业的工资—价格机制,即它假定根本就不存在菲利普斯关系。

(3) 结论:货币存量对产出波动的反映由技术或偏好方面的实际冲击引致。

(4) 特征:非严格意义上的新古典理论基础,因为真实商业周期理论认为商业周期纯粹是总供给变动(主要由技术扰动造成),与货币或其他需求方面的因素无关。

2.5 泰勒的价格交错模型

在理性预期下，开始时的工资集合和产出与正常水平差额的对数只是随机地偏离预期值，不同的加速程度将会与不同水平的超额需求存在恒定联系。因此，与 NAIRU 相同，这一模型并不满足自然率假说，但显然它也不同于 NAIRU 模型。

小结：大量的实证分析试图验证上述哪一类菲利普斯曲线更贴近于现实，但至今没有明确结论。主要原因是，在试图验证经济观点时都必须依赖于相应的假定，而这些假定与那些需要验证的经济观点一样令人怀疑。

货币对产出自然率的影响在实证意义上不是很重要：一是预期通货膨胀对产出的实际影响不会很大（弗里德曼等，2002）；二是即使有影响，对产出的影响也很缓慢，因为资本存量相对年度投资额而言很大；三是理论分析所得出的影响方向并不十分明确，德鲁泽恩（Drazen）的世代交替模型得出了较高的通货膨胀会增加产出，但其他一些模型如斯托克曼（Stockman）和金布罗（Kinbrough）则得出了完全相反的结论。

总之，货币在商业周期中对产出的影响，主要是由于产出相对其自然率或正常水平的波动，而不是正常值本身的波动。

3 通货膨胀成本分析模型

如果通货膨胀能够完全预期到且经济不存在其他扭曲，通货膨胀可被看做是对实际货币余额课征的一种税，通货膨胀的成本就是这种税对福利效应的扭曲。这种税的结果将使人们减少使用货币，这会对其他资产的持有产生影响，进而带来其他扭曲，这种扭曲也是通货膨胀的成本。

但是，通货膨胀通常不是完整指数化且能完全预期到，更高的通货膨胀可能会带来更大的通货膨胀的不确定性，或是相对价格的更大变动，这会削弱价格机制有效配置资源的作用。我们将考察两类模型，一是假定经济主体无法精确地监控总体价格水平及其变动，二是分析经济主体不按照通货膨胀调整名义价格可能是他们的理性选择，原因是调整价格会有成本，或者信息不对称使他们不会调整名义价格。

3.1 完全预期到的通货膨胀的福利成本

3.1.1 实际利率不变且一次总付税

以实际利率不变、一次总付税为前提进行分析，是通货膨胀成本的早期研究，这些研究主要考察短期内的通货膨胀成本。其中的费希尔分析框架假定生活在两个时期的单一经济主体，在两个时期都消费单一商品，并满足两个期间最大化的效用方程和约束方程。

依据费希尔分析框架，以实际利率不变且一次总付税为前提分析的结论是，通货膨胀所带来的消费者剩余损失，大于通货膨胀带给政府额外的收入（这种收入可理解为额外的"通货膨胀税"）。如果用这一办法减少消费者的一次总付税，则仍存在消费者剩余的损失（弗里德曼等，2002）。

贝利(Bailey)运用卡甘(Cagan)总结的多次恶性通货膨胀的数据证明：随着通货膨胀接近无穷大，通货膨胀对福利造成的损失（实际上是由货币的消失所带来）可能占国民收入的30%～50%。这里面隐含的结论是：通货膨胀上升会使人们以实际货币余额的较小存量来完成设定的交易量，这必然带来货币流通速度的提高，进而增加消费者的成本或牺牲他们的闲暇。

巴罗(Barro)也运用上述卡甘的多次恶性通货膨胀数据证明：通货膨胀为正时，通货膨胀的边际福利损失大于因提高通货膨胀而增加的政府额外收入的50%。

3.1.2 拓展分析：选择一次总付税或通货膨胀为政府预算筹措资金

前述通货膨胀成本以通货膨胀不影响实际财富和实际利率为前提，

这在短期可能成立。但长期看,通货膨胀既可能影响财富也可能影响利率,理由主要有三:一是所谓托宾效应(Tobin),高通货膨胀对实际货币余额需求的降低,实质上是通过持有的资产组合变换来实现,降低实际货币余额可能引起实物资本持有量的增多,这就可能提高人均产出并降低实际利率。二是如费德斯坦(Feldstein)所指出的那样,除了投资组合变动外,若储蓄率取决于实际利率,则可能还存在储蓄效应(见储蓄的生命周期模型)。三是据有关税收结构假说,通货膨胀率上升将影响政府的预算约束,这些抵消性的财政政策可能还会对经济产生更深远的影响。因我们仍假定政府只使用一次总付税和通货膨胀这两种手段中的一种为其预算筹措资金,所以我们仅关注前面两个原因。

在通货膨胀影响实际财富和实际利率的情况下,高通货膨胀降低实际利率极有可能增加通货膨胀的福利成本,至少对那些净贷款人的家庭而言是如此;而人均实际收入的提高会降低这种福利成本,但因实际货币余额与实际资本存量相比要小得多(约相当于 1/40,见格林和谢辛斯基,1977),实际货币向资本转换(提高人均实际收入)对降低实际利率的作用可能会很小,即由人均实际收入提高引发的对实际利率的降低效应会很小,故而,增加的福利成本比传统认为的福利成本要小。也就是说,考虑实际财富和实际利率变动后,通货膨胀的福利成本会比不考虑时要略小一些,但这种福利成本仍然存在(弗里德曼等,2002)。

上述在一次总付税前提下的研究表明,尽管至今人们很难精确测试通货膨胀的成本,但可以肯定的是,正的通货膨胀率不可取。

3.1.3 进一步的拓展分析:没有一次总付税

以没有一次总付税为前提进行的研究主要分为两个流派:

一是假定公司利润税和个人所得税没有一次总付税,其他税种均为一次总付税,在此前提下,考察满足政府的预算约束会对前述一次总付税所得到的结论产生怎样的影响。结论是:即使是在费德斯坦提出的模型中,也不可能对不同的通货膨胀率的福利效应进行估计,而现实经济制度和税收制度的复杂性,使这种估计更不可能。但可以肯定的是,在合理的参数范围和稳定状态下,托宾效应存在,且通货膨胀的增大会提高资本产出比率。

二是以最优税收结构为前提进行考察,以此推断出一般性结论。如德鲁泽恩(Drazen)的跨时分析框架(稳态增长模型),该模型假定,交易所消耗的实际资源为经济主体的时间,持有货币余额可以便利交易、减少此类时间,这等价于假定消费者拥有一个每期的效用函数;家庭永远存在并利用效用折现率来最大化终生效用的现值;家庭实现跨时配置的资产只有货币和资本品。

结论是,在没有一次总付税前提下,如果用通货膨胀的收入来降低扭曲性最强的税(政府用税收和通货膨胀这两种手段中的一种为其预算筹措资金),理论上讲,有可能存在通货膨胀的福利收益。但至今的研究尽管一些理由支持货币供给增长率应该为正,但对是否应该接受正的通货膨胀率则并无定论。

而费希尔的结论是,用通货膨胀增加收入、降低扭曲性税收的理由并不充分,因为以这种方式增加政府收入的边际成本大于扭曲性税收。费希尔用简单的贝利方法来计量,10%的通货膨胀率,可能会使 GNP 下降大约 0.3%。而如果考虑到非指数化税收制度所造成的扭曲效应,则可能会使 GNP 下降大约 0.7%;如果考虑到测算中的不精确性,则 10%的通货膨胀率有可能使 GNP 下降 2%~3%。

3.2 通货膨胀率与相对价格的不确定性

3.2.1 经济主体分不清总体价格变动与相对价格变动(混淆相对与总体)

库契尔曼使用卢卡斯的多市场和信息不完美经济主体模型,探讨供给冲击和需求(货币供给)冲击对均衡结果的效应。结论是,通货膨胀的平均水平与其变动性或不可预测性之间不存在必然联系。该模型中的任何通货膨胀成本,并不来自通货膨胀本身,而是来自通货膨胀背后的货币政策的成本。

库契尔曼在模型中加入一个债券市场,估算债券市场交易者因不正确地预测实际利息率而蒙受的损失,结论是,意料之外的通货膨胀及不同市场间预期通货膨胀率的变动可能会引起社会成本。

此外还会存在两类成本:一是债券交易增多,用于交易增多的实际资源被消耗(典型交易者意料之外的损失的预期值,在情况知晓之前随通货膨胀预期的总体方差而增大);二是使财富出人意料地在经济主体之间重新分配。

3.2.2 经济主体不能完全预见未来价格时的情况(混淆恒久与暂时)

库契尔曼运用模型对经济主体不能完全预见未来价格时通货膨胀的成本进行了考察(弗里德曼等,2002)。模型的假定是:经济中包含多个商品市场,这些市场均为竞争性且瞬间出清。

模型的实质是:在经济主体不能完全预见未来价格的情况下,经济主体无法完全预见模型中有关变量的未来值,但必须在自己产品的市场出售日之前一个期间做出供给决策(即提前一个时期进行供给决策)。供给决策的依据是市场的预期价格与经济整体的预期价格的相对值。而市场中对该商品的需求由名义需求与价格的相对值决定;名义需求由恒久性相对需求冲击和暂时性相对需求冲击,以及货币存量共同决定。

基于模型研究的结论是:通货膨胀的成本完全由恒久性相对需求冲击和暂时性相对需求冲击产生,但具体是恒久性或是暂时性,取决于引起冲击的是实质因素(对应于恒久性需求冲击)还是货币因素(对应于暂时性需求冲击)。

3.2.3 不可预期的通货膨胀下工资决策带来的资源配置无效率

在对混淆"恒久与暂时"的分析中,经济主体实质上必须提前一个时期来进行供给决策,但对供给决策中工资和就业决策没有探讨。凯茨和罗森伯格运用一个简单的局部均衡模型证明,如果劳动供给者的名义工资在知晓消费品价格变动之前固定不变,由货币供给波动或其他不可预测事件所导致的不可预料的通货膨胀,会导致资源配置的低效率。

3.2.4 价格调整带来的菜单成本

经济中存在如下现象:企业并非随通货膨胀经常调整产品价格,而在非经常性地调整价格时,价格调整的幅度一般较大。为了解释这些行为,经济学家们提出了菜单成本,即企业变动价格会有固定成本发生。

至 20 世纪末,理论界对通货膨胀的成本考察的结论可以归纳如下:第一,通货膨胀特别是高且易变的通货膨胀的成本,包括通货膨胀本身的成本和为降低通货膨胀而采取政策的成本。第二,通货膨胀的成本被认为与企业间相对价格的变动性、总体通货膨胀的变动性及不确定(不可预测)性有密切关系,而这都会产生昂贵的成本。第三,在一般均衡模型中,总体通货膨胀、其随时间而变动的性质、其不可预见性都是内生变量,这些变量之间的各种联系取决于模型的外生驱动力的性质。第四,迄今为止,理论上所探讨的成本范围仍然很窄,与人们直觉所理解的成本之间存在很大差距;理论上仍未能令人信服地直接估计通货膨胀的福利成本。对通货膨胀增大通货膨胀的变动性与不确定性,实证研究也并未得到令人满意的确认。

附录2 第4章相关知识

1 货币需求与货币供给

1.1 货币需求

凯恩斯的流动性偏好理论认为货币市场的供给与需求决定利率水平。除了流动性偏好理论外，20世纪初由欧文·费雪、艾尔弗雷德·马歇尔、A.C.庇古等人建立的古典货币数量论，以及20世纪50年代由米尔顿·弗里德曼创建的现代货币数量论，在货币需求理论中也占有重要地位。以下将按照这几个理论提出和发展的时间顺序进行简要介绍，便于读者进一步了解货币供求变动机理及与利率变动的关系。

1.1.1 古典货币数量论

费雪（Irving Fisher）1911年出版的《货币的购买力》(*Purchasing Power of Money*)对古典货币数量论进行了归纳：货币流通速度等于一年中单位货币购买经济体所生产最终产品和服务的平均次数。用公式表达如下：

$$V = PY/M$$

其中：V为货币流通速度，P为价格总水平，Y为总产出，PY为经济体的名义总收入即名义GDP，M为货币总量。

略作变换，即有：

$$MV = PY$$

上式便是交易方程式（equation of exchange），它表明了名义收入与货币数量和货币流通速度间的关系。

费雪认为,交易方程式中的货币流通速度在短期相当稳定。理由是,货币流通速度由经济中影响人们交易方式的制度因素决定;如更多地使用记账或信用卡交易,可少用货币而提高货币流通速度,更多地使用现金交易则会因货币的增加而使流通速度下降。经济中这些制度性、技术性因素在短期的变动总是很慢,所以,流通速度在短期应该很稳定。

在等式 MV=PY 中,如果 V 相当稳定,则名义收入 PY 仅取决于货币数量 M 的变动,这便是货币数量论。

当货币市场均衡时,人们持有的货币数量即上式中的 M 即为货币需求 M^d,稍作变换有:

$$M^d = (1/V) \times (PY)$$

货币数量论表明,既定水平名义总收入(PY)所支持的交易规模决定了人们的货币需求量,所以这一理论也是一种货币需求理论。

从上式不难看出,货币需求仅是名义收入的函数,利率对货币需求没有影响,这是古典货币数量论的另一个重要结论。

古典货币数量论对价格总水平也提供了一种解释:古典经济学家们都认为工资和价格充分弹性,一般情况下,经济体的总产出总是稳定在充分就业的水平上。依此前提,短期内的产出 Y 应该相当稳定。在 V、Y 相当稳定或被视为不变的情况下,从交易方程式 MV=PY 可以得到,价格总水平的变动仅来自货币数量的变动。这便是货币数量论对价格总水平变动的解释。

需要注意的是,实证研究结论并不支持上述货币流通速度相当稳定或不变这一结论,事实是,短期内货币流通速度变动剧烈,如大萧条期间货币流通速度就出现巨大的下降。

古典货币数量论者认为货币流通速度相当稳定的一个重要原因,是第二次世界大战前尚无准确的 GDP 和货币供给数据,战后政府才开始收集、统计这些数据,经济学家们无法通过实证分析来发现他们得出的货币流通速度不变这一结论的错误。

实证结论与古典货币数量论的不一致,促使经济学家们重新思考和研究影响货币需求的其他因素,探索更符合实际的货币需求理论。

1.1.2 凯恩斯的流动性偏好理论及其发展[①]

凯恩斯在1936年出版的《通论》中,提出了流动性偏好理论(liquidity preference theory),这是一种摒弃货币流通速度不变的观点,强调利率重要性的货币需求理论。

凯恩斯从人们为什么要持有货币这一问题开始研究,他认为人们持有货币基于交易、预防和投机三个动机。

交易动机:与古典货币数量论者相同,凯恩斯也认为人们持有货币的原因之一是因为货币有交易功能,他认为交易性货币需求与收入成正比。

预防动机:与古典货币数量论者不同,凯恩斯认为人们持有货币并非仅为交易,还有预防意料之外的需要。如果人们不持有这部分货币,就可能会失去一些好的机会。例如,某位女士下班路上遇到自己心仪的某一品牌服装大幅减价,如果她平时为了应急总是带着钱,她就可以购买,而如果没有带钱,她就只能极不情愿地放弃这一机会。

凯恩斯认为,人们愿意持有预防性货币余额的多少决定于他们对未来交易规模的判断,且一般而言,未来交易规模与收入成正比。这样,基于预防动机的货币余额也与收入成正比。

投机动机:与古典货币数量论者明显不同,凯恩斯认为货币具有财富储藏功能。人们出于投机而储藏财富。财富与收入关联密切使投机性货币需求与收入紧密相关,而且,他通过人们在储藏货币与债券这两种资产选择上的分析,指出人们的投机性货币需求与利率负相关。

上述三种持币动机表明,货币需求(凯恩斯认为是"实际货币余额"(real money balances))与收入正相关、与利率负相关。即:

$$\frac{M^d}{P} = f(\underset{-}{R}, \underset{+}{Y})$$

[①] 参见米什金(2006)。

上式也被称为流动性偏好函数(liquidity preference function)。稍作变换有：

$$V = \frac{PY}{M^d} = \frac{Y}{f(R,Y)}$$

在短期收入水平 Y 相当稳定的前提下，利率 R 变动会导致 $f(R,Y)$ 的反向变动(负相关)，进而导致 V 的正向变动，也就是说，利率上升货币流通速度加快，反之减慢，而并非古典理论中所描述的那样，短期收入水平 Y 相当稳定、货币流通速度 V 不变。

显然，如果仅有交易动机和预防动机，收入即为决定货币需求的唯一重要因素，凯恩斯的货币需求理论与古典理论不会有多大区别。但他对人们基于投机动机储藏货币的揭示，特别是利率对人们储藏财富影响的分析，使他的货币需求理论与古典理论有了明显区别。

第二次世界大战后，经济学家们对凯恩斯提出的三种持币动机、利率对三种持币动机的影响进行了丰富和发展。

交易需求方面：威廉·鲍莫尔(William Baumol)和詹姆斯·托宾(James Tobin)研究得出的结论是，人们基于交易动机的货币需求与利率水平负相关，且很敏感。

预防需求方面：与上述鲍莫尔—托宾分析框架相类似的研究表明，利率上升，持有货币的机会成本增加，货币需求下降。人们基于预防动机的货币需求与利率水平负相关。

投机需求方面：按照凯恩斯的分析，人们以预期回报率来决定是持有货币还是持有债券，那么，现实中就不可能出现同时持有货币和债券的情况，而这与现实情况明显不符。因此，经济学家们对凯恩斯在投机需求方面的上述论述进行了严厉批判。

托宾引入资产回报率风险并假定人们都是风险厌恶型，对凯恩斯的货币投机需求进行完善。托宾认为，债券的预期回报率可能会高于货币，但债券价格波动大，回报率风险大，有时回报率甚至为负。债券回报率尽管高于货币(货币没有风险)，但基于回避风险考虑，人们仍愿意持有回报率为零(托宾的假定)的货币。人们通过同时持有债券和货币,还可以降低所持资产组合的总体风险。这样,现实中人们同时持有债券和货币的情况就得到了解释。

显然,托宾的发展仍未完全回答货币的投机性需求是否存在这一问题。理由是,国库券预期回报率的风险类似于货币,但预期回报率比货币高,按照托宾的观点,人们会持有债券和国库券,仍不会持有货币。

1.1.3 弗里德曼的现代货币数量论[①]

米尔顿·弗里德曼在1956年发表的"货币数量论:一种新的阐释"论文,对货币数量论进行了发展。他认为,人们除持有货币这种资产外,还会以债券、股票和商品等形式持有财富。持有这些资产而不持有货币,取决于这些资产相对货币的预期回报率 r_m[②]。影响其他资产需求的因素也必定影响人们对货币的需求。他运用资产需求理论对货币需求进行了分析。他的实际货币余额需求如下:

$$\frac{M_d}{P} = f(\underset{+}{Y_p}, \underset{-}{R_b - R_m}, \underset{-}{R_e - R_m}, \underset{-}{\pi^e - R_m})$$

其中: $\frac{M_d}{P}$ 为实际货币余额需求;

Y_p 为持久性收入,简单地可理解为预期平均长期收入;

R_m 为货币的预期回报率;

R_b 为债券的预期回报率, $R_b - R_m$ 为债券相对货币的预期回报率;

R_e 为普通股的预期回报率, $R_e - R_m$ 为股票相对货币的预期回报率;

[①] 货币数量论(包括古典货币数量论和现代货币数量论)是货币主义的理论核心,货币主义与凯恩斯主义的一般性区别主要是:前者侧重于长期分析,而后者侧重于短期分析;前者强调货币市场的供需均衡,而后者侧重于产品市场,它不仅论述货币供需,还论述边际消费倾向和投资的边际效率。两者一个重要的实证性的争论是,货币主义认为没有政府干预,私营经济将是稳定的,现实混合经济中发生的不稳定来自政府的干预;而凯恩斯主义认为没有政府干预,私营经济是不稳定的。参见梅耶等(1994)。

[②] 弗里德曼认为,货币的预期回报率 r_m 与银行对(包括在货币供给中的)存款所提供的服务(如自动支付账单)、货币余额的利息收入正相关。

π^e 为预期通胀率，$\pi^e - R_m$ 为商品相对货币的预期回报率。

变量下方＋号代表正相关，－号代表负相关。

资产需求理论认为，人们对一种资产的需求同财富正向关联。货币作为一种资产，人们对它的需求也与持久性收入 Y_p 正相关。持久性收入的特征是短期内波动小，这必然使货币需求随经济波动的变化也很小。

弗里德曼认为，货币需求对其他资产相对货币的机会成本的变动并不一定不敏感，但利率变动引起非货币金融资产预期回报率变化时，货币的预期回报率也会出现同向变动，使货币需求函数中的这些机会成本项（$R_b - R_m$、$R^e - R_m$、$\pi^e - R_m$）相对稳定，结果是利率变动对货币需求几乎没有影响。

这样，在弗里德曼的货币需求函数中，影响货币需求的主要因素就只有持久性收入这一项。上述货币需求函数就可以简化为：

$$\frac{M^d}{P} = f(Y_p)$$

持久性收入短期内变动很小，货币需求短期内的随机波动也很小，货币需求量也就可以预测。而 Y 和 Y_p 的关系较易预测，货币流通速度 V 也就可以预测，即 $V = \dfrac{Y}{f(Y_p)}$ 可预测。

上式中，V 可预测，Y 和 Y_p 的关系可预测，结合简化的货币需求函数，货币数量变动对总支出 Y（名义收入）变动的影响也可以预测。

可见，尽管弗里德曼并不认为货币流通速度是个常数，但他所得出的货币供给决定名义收入这一结论与古典货币数量论相同。正因为如此，弗里德曼的货币需求理论被称为货币数量论。

1.1.4 现代货币数量论与流动性偏好理论的分歧

弗里德曼将股票、债券、商品等作为货币的替代物，认为具有重要意义的利率并非仅有债券利率这一种；而凯恩斯则将货币以外的金融资产归为债券，认为具有重要意义的利率仅有债券利率，其他金融资产的利率（回报率）随债券利率一起波动。

弗里德曼将商品作为货币的替代物，商品相对于货币预期回报率的变动会对人们选择持有货币或商品产生影响，这一假设会使货币数量的变动对总支出（商品）产生直接影响。

两者在货币需求上的结论性的区别是，弗里德曼认为货币需求随经济波动的变化很小，利率变动对货币需求几乎没有影响，而凯恩斯的观点则与之相反。

1.1.5 实证结果

有关货币需求对利率敏感性的实证研究几乎都表明，货币需求对利率敏感，这一实证结论有利于凯恩斯的流动性偏好理论。但货币需求对利率超敏感的极端状态即所谓的流动性陷阱[①]，至今并未出现，基于流动性偏好理论推导出的这种极端情形并未得到实践检验。

20世纪70年代初期以前，实证分析结论支持货币需求函数的稳定性，这有利于货币数量论而不利于流动性偏好理论。但此后，金融创新的发展改变了货币的内涵与外延，实证分析结论显示出货币需求函数极不稳定。

货币需求函数极不稳定，使货币流通速度难以预测，还使许多国家的央行将货币政策的中间目标从调节货币供应量转变到调节利率上来。

1.2 货币供给

实际货币供给余额由货币当局（如央行）决定的货币供给和短期中固定的价格决定。以下将对与货币供给有关的问题进行简要分析，以便读者大致了解经济中货币供给的机理。

1.2.1 货币的计量[②]

可以采用归纳法即从货币的本质（货币与非货币的核心区别），以及

---

① 流动性陷阱的含义是，货币需求曲线几乎水平地与垂直的货币供给曲线相交，货币供给变动即供给曲线左右移动时利率几乎不变。

② 参见梅耶等(1994)。

实证法即货币供给对政策的影响(如货币供给变动影响名义收入、货币当局可以控制货币供给等)两个角度来度量经济中的货币。

货币的本质属性表现为货币是普遍接受的交换中介,这一属性为货币所独有。货币的其他属性如储藏财富并非货币所独有,其他物品如首饰、古董、字画也有储藏财富的功能。价值标准也是货币的独有属性,但因价值标准是抽象的而非具体的,考察"价值标准以多快的速度增长"等问题没有实际意义,从价值标准角度无法计量货币。

从交换中介这一本质属性出发,经济中可用于支付的现金、活期存款、旅行支票等都是货币,而定期存款则不是。从货币交换中介属性定义的货币一般称为 M_1。

从实证角度计量货币,货币是流动资产或流动资产的一个集合。从货币供给对政策的影响看,作为货币的这些流动资产具有对名义收入有可预测的重要影响和可由货币当局控制这两个特征;如果不具备这两个特征,从实证角度计量货币就缺乏实际意义。

大多数经济学家认为,与名义收入关系最密切的货币计量口径是 M_1,也有部分经济学家认为比 M_1 更广义的 M_2、M_3 与名义收入的关联性更强。比较而言,从货币本质属性计量的 M_1 比从货币供给对政策的影响计量的 M_2、M_3 更稳定一些。

上述两个角度在货币计量上的分歧实际上并不重要,因为这种分歧并不涉及经济如何运行,重要的是在何种情况下选择何种货币计量口径。从经济生活需要看,哪一种计量口径与名义收入变动的关系最密切,就可以选用哪一种货币计量口径。如果这样,从哪一角度计量货币就不太重要了,因为只要事实证明哪一个货币计量口径对收入更有可预测性的影响,就可以选择这一货币计量口径。

真正的计量方面的麻烦可能在于如何对待一些准货币,这些准货币具有部分货币的属性但又称不上货币。如信用卡的信贷额度,从可接受的交换中介这一货币的本质属性看,它实质上就是货币,至少可称为货币的替代品。但从货币为个人财富的一部分这一特征看,信用卡的信贷额度并不是个人财富,它又有别于货币。

放弃简单的二分法(某种资产是货币或非货币)或许是一个不错的选择,因为货币与其他高度流动性资产之间的差别仅仅是流动性的程度,而并非具不具备流动性。如果有此共识,我们可以对通货、储蓄存款、信用卡的信贷额度等赋以相应的权重,再计算其加权平均数[①]。

1.2.2 多倍存款创造

假定某人将向中央银行出售证券所得 10 000 元用于交易,他将这笔资金存入存款机构如商业银行 A。同时假定,商业银行将可获得的全部准备金[②](存款)用于发放贷款或购买证券,不持有超额准备金。再假定法定存款准备金率为 10%。

此人将 10 000 元的支票存入商业银行 A 后,商业银行 A 的 T 形账户为:

商业银行 A

资产		负债	
在中央银行的准备金	￥10 000	存款	￥10 000

---

① 比如有人就提出用"货币服务指数"来计量货币,计算货币服务指数时,以货币资产所支付利率来衡量该货币资产的货币性即加权平均数中的(倒数)权重。持此主张的人认为,金融资产的收益主要来自金融资产具有的流动性(即货币性)和利息,均衡状态时所有金融资产的总收益应该相等,利息越低表明其以货币性带来的内涵收益越大,因此可用金融资产的利息水平作为其货币性的(倒数)权重。

② 我国的存款准备金制度根据 1983 年 9 月《国务院关于中国人民银行专门行使中央银行职能的决定》重新恢复建立。1995 年 3 月《中国人民银行法》对存款准备金有明确规定,并将其列为中国人民银行货币政策工具的首位。1998 年 3 月 24 日中国人民银行发布了《关于改革存款准备金制度的通知》,对有关存款准备金制度的事宜作了具体规定。

按照《中国人民银行法》的规定,银行业金融机构即我国境内的商业银行、城市信用合作社、农村信用合作社等吸收公众存款的金融机构和政策性银行、金融资产管理公司、信托投资公司、财务公司、金融租赁公司,以及经国务院银行业监督管理机构批准设立的其他金融机构,均应按规定的比例和期限向人民银行各分支机构缴存存款准备金。

我国现行的存款准备金制度,只对存款计提准备金。这些存款包括商业银行吸收的非财政性存款,具体包括企业存款、储蓄存款、农村存款、信托投资机构吸收的信托存款,以及农村信用合作社、联社和城市信用合作社、联社等集体金融组织吸收的各项存款。

商业银行 A 按 10% 的法定准备金率向中央银行交存法定准备金 1 000 元后，余下 10 000－1 000＝9 000 元可发放贷款。假定它不持有超额准备金，它将 9 000 元发放贷款（或购买证券）并将贷款金额记入借款人的存款账户，此时商业银行 A 的 T 形账户为：

商业银行 A

资　产		负　债	
在中央银行的准备金	￥1 000	存款	￥10 000
贷款	￥9 000		

贷款人用从商业银行 A 借得的 9 000 元购买商品和服务，商品和服务的卖方将买方支付的 9 000 元存入商业银行 B，商业银行 B 会将此 9 000 元支票送到中央银行去清算。清算后，商业银行 B 的 T 形账户为：

商业银行 B

资　产		负　债	
中央银行准备金	￥9 000	存款	￥9 000

商业银行 B 按 10% 法定存款准备金率向中央银行交付 900 元存款准备金，余下 9 000－900＝8 100 元可发放贷款（或购买证券），它将此 8 100 元发放贷款并将贷款金额记入贷款人的存款账户，此时商业银行 B 的 T 形账户为：

商业银行 B

资　产		负　债	
中央银行准备金	￥900	存款	￥9 000
贷款	￥8 100		

从商业银行 B 得到此 8 100 元贷款的借款人会用此 8 100 元购买商品和服务，商品和服务的卖方会得到 8 100 元支票并将支票存入商业银行 C，商业银行 C 也会将此 8 100 元送到中央银行去清算。商业银行 C

留下法定准备金 8 100×10％＝810 后，会将余下的 8 100－810＝7 290 发放贷款(或购买证券)，它将 7 290 元发放贷款并将贷款金额记入贷款人账户。

从商业银行 C 借到 7 290 元贷款的贷款人会将 7 290 元购买商品和服务，商品和服务的卖方会得到 7 290 元支票并将支票存入商业银行 D，商业银行 D 也会将此 7 290 元送到中央银行去清算。商业银行 D 留下法定准备金 7 290×10％＝729 元后，会将余下的 7 290－729＝6 561 元发放贷款(或购买证券)，它将 6 561 元发放贷款并将贷款金额记入贷款人账户。

这一过程会如此延续下去。在此过程中，每一个存款机构如商业银行 A、B、C、D……都在创造存款：A 的存款为 10 000 元，B 的存款为 9 000 元，C 的存款为 8 100 元，D 的存款为 7 290 元……这一系列存款机构的存款数会越来越小，直至一个接近于 0 的存款数。

这就是多倍存款创造，其含义是，银行准备金的初始增加创造了一系列的存款(附表 2—1)。

附表 2—1　银行准备金的初始增加创造了一系列存款

银行	存款(元)	贷款(元)	准备金(元)
商业银行 A	10 000	9 000	1 000
商业银行 B	9 000	8 100	900
商业银行 C	8 100	7 290	810
商业银行 D	7 290	6 561	729
…	…	…	…
…	…	…	…
所有银行	100 000	100 000	100

可以证明，在法定准备金率 r 下，如果银行准备金初始增加 ΔR，上述一系列的存款增加 ΔD 为：

$$\Delta D = (1/r) \times \Delta R$$

模型中的 1/r 被称为简单存款乘数（simple deposit multiplier），它等于法定存款准备金率的倒数。

1.2.3 多倍存款紧缩

与多倍存款创造中银行准备金增加带来一系列存款创造相反，银行准备金减少也会带来一系列存款紧缩。在以下分析中，我们同样有与上述"多倍存款创造"中的三个假定。

商业银行 A 的一位客户从商业银行 A 开出一张 10 000 元的支票，用于购买中央银行证券。支票清算后，商业银行 A 的 T 账户为：

商业银行 A

资产		负债	
在中央银行的准备金	－¥10 000	存款	－¥10 000

按 10% 的法定准备金率，商业银行 A 减少了这 10 000 元存款，它就应该少发放或减少 10 000－10 000×10%＝9 000 元贷款。它可以出售 9 000 元证券或收回 9 000 元贷款。它将出售 9 000 元证券所得到的 9 000 元支票送到中央银行清算后，商业银行 A 的 T 形账户变化为：

商业银行 A

资产		负债	
在中央银行的准备金	－¥10 000	存款	－¥10 000
在中央银行的准备金	＋¥9 000		
证券或贷款	－¥9 000		

商业银行 A 出售债券或收回贷款来达到中央银行法定准备金要求的行为，会不可避免地使其他存款机构如商业银行 B 的准备金出现相同数额的减少。因为从整个银行体系看，它出售 9 000 元证券会减少其他存款机构如商业银行 B 的等额准备金（它收回 9 000 元贷款也会使借款人从其他存款机构提取支票，减少其他存款机构等额准备金）。

当它向商业银行 B 出售 9 000 元证券，从商业银行得到 9 000 元支

票并将支票拿到中央银行清算后,商业银行 B 的 T 形账户为:

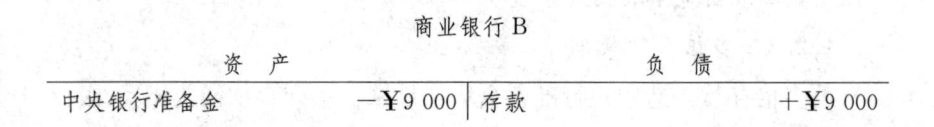

商业银行 B

资产		负债	
中央银行准备金	－¥9 000	存款	＋¥9 000

按 10% 法定存款准备金率,商业银行 B 减少了 9 000 元存款(准备金),它就应该少发放或减少 $9\,000-9\,000\times10\%=8\,100$ 元贷款。它可以出售 8 100 元证券或收回 8 100 元贷款。它将出售 8 100 元证券的支票送到中央银行清算后,商业银行 B 的 T 形账户变化为:

商业银行 B

资产		负债	
中央银行准备金	－¥900	存款	－¥9 000
	（－9 000＋8 100）		
证券或贷款	－¥8 100		

商业银行 B 出售债券或收回贷款的行为也会不可避免地使其他存款机构如商业银行 C 的准备金出现相同数额的减少。因为从整个银行体系看,它出售 8 100 元证券会减少其他存款机构如商业银行 C 的等额准备金。

当商业银行 B 出售 8 100 元债券给商业银行 C 时,它会从商业银行 C 得到一张 8 100 元支票,当商业银行 B 将此支票拿到中央银行清算后,商业银行 C 的账户变化为:

商业银行 C

资产		负债	
中央银行准备金	－¥8 100	存款	－¥8 100

同样,按 10% 法定存款准备金率,商业银行 C 减少了 8 100 元存款(准备金),它就应该少发放或减少 $8\,100-8\,100\times10\%=7\,290$ 元贷款。

它可以出售 7 290 元证券或收回 7 290 元贷款,当它这样做并将所得支票送到中央银行清算后,商业银行 C 的 T 形账户变化为:

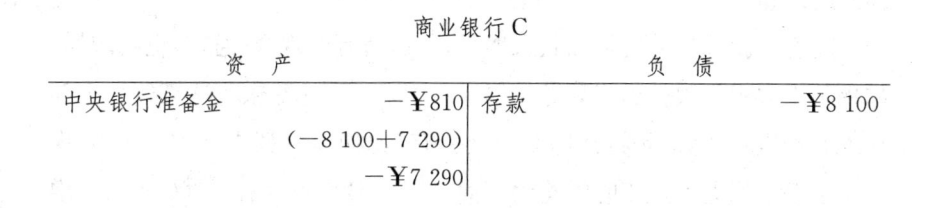

商业银行 C

资产		负债	
中央银行准备金	−¥810 (−8 100＋7 290)	存款	−¥8 100
	−¥7 290		

另一家存款机构如商业银行 D 又会面临相似的法定准备金不足的问题,商业银行 D 现在也不得不出售债券或收回贷款,以满足法定准备金的要求。

这一过程会延续下去。在此过程中,每一个存款机构如商业银行 A、B、C、D……都在紧缩存款:A 紧缩的存款为 10 000 元,B 紧缩的存款为 9 000 元,C 紧缩的存款为 8 100 元,D 紧缩的存款为 7 290 元……这一系列存款机构紧缩的存款数会越来越小,直至一个接近于 0 的存款数。

这就是多倍存款紧缩,其含义是,银行准备金的初始减少带来了一系列的存款紧缩。

按照上述存款乘数可以计算出因减少 10 000 元存款带来的存款紧缩为:10 000/0.1＝100 000 元。

多倍存款紧缩与多倍存款创造一样会带来相同的存款变动,不一样的是方向完全相反。

1.2.4 存款创造过程中的漏出

上述多倍存款创造与多倍存款紧缩中唯一的漏出是法定存款准备金,但实际上还会有其他漏出,如超额存款准备金、公众持有的现金和为非个人定期存款所保留的准备金。

在多倍存款创造中,商业银行 A 按 10% 的法定准备金率向中央银行交存法定准备金 1 000 元后,余下的 9 000 元可能并未全部发放贷款。如果它将其中一部分如 1 000 元作为超额准备金,商业银行 B 收到的支票存款就不是 9 000 元而是 8 000 元，多倍存款创造数额就会减少。而如果商业银行 A 将余下的 9 000 元全部作为超额存款准备金，则存款创造过程就此终止。

随着存款数量的增加和收入增长，公众持有的现金(通货)也会增加。如果某人向中央银行出售证券所得 10 000 元后，他并未将这笔资金全部存入商业银行 A，而是将其作为现金持有(比如他打算将这 10 000 元现金用于春节回老家过年时的花销)，商业银行 B 就不会有 9 000 元的新增存款，存款创造过程也会就此终止。

可开列支票存款(无须提取准备)中的一部分如果转为定期存款，这部分定期存款会停留在银行系统内部，必须为其保留相应数量的准备金，这一数量的准备金(非定期存款本身)就不能进入存款创造过程。

存款创造过程存在的漏出会影响存款创造能力，这说明，并非仅有中央银行会影响存款水平和货币供给，银行对超额准备金的决策、公众对现金持有的决策、借款人对借款数量的决策等，都会影响到货币供给能力。

1.2.5 货币乘数

在多倍存款创造的例子中，如果某人将向中央银行出售证券所得的 10 000 元不存入银行，而是以现金方式持有，银行系统的准备金就不会增加，银行也不会由此 10 000 元创造出多倍的存款。但是，不管他是存入银行还是持有现金，支票存款加流通中现金即通常所称的基础货币或高能货币并不会出现变化。

还有另外一种情况，当某人从银行取出存款并将这部分存款以现金方式持有时，银行系统的准备金也会发生变化，但基础货币不改变。

这说明，从中央银行角度看，它通过证券买卖来控制经济中的基础货币比控制准备金效果要可预见得多，或称它对基础货币比对准备金的控制能力更强。

基于上述原因，我们建立基础货币 MB 与货币供给 M 之间的关系，以便考察央行如何通过控制基础货币来控制货币供给。

$$M = m \times MB$$

其中：m 为货币乘数，它代表基础货币的变化所引起的货币供给的变化。下面将推导在有货币漏出时的 m 由哪些因素决定。

假定公众意愿持有的现金水平 C 和超额准备金 ER 与支票存款 D 同比例增长，则由公众决定的现金比率 c 和由银行决定的超额准备金比率 e 分别为：

现金比率 c＝现金水平/支票存款＝C/D

超额准备金率 e＝超额准备金/支票存款＝ER/D

法定存款准备金 RR＝法定存款准备金率×支票存款＝r×D

银行系统准备金 R＝法定准备金＋超额准备金

$$R = RR + ER$$
$$= r \times D + ER$$

基础货币 MB＝银行系统准备金 R＋现金 C

$$MB = r \times D + e \times D + c \times D$$
$$= (r+e+c) \times D$$

货币供给 M 等于支票存款 D＋现金 C，即：

$$M = D + C$$
$$= D + c \times D$$
$$= (1+c) \times D$$
$$= (1+c) \times (MB/(r+e+c))$$
$$M = (1+c)/(r+e+c) \times MB$$

其中：$(1+c)/(r+e+c) = m$ 为货币乘数，它是公众决定的现金比率 c、银行决定的超额准备金比率 e 和中央银行决定的法定准备金比率 r 的函数。

不难发现，货币乘数 m 比多倍存款创造中的简单存款乘数 1/r 要小，原因是，与简单存款乘数相比，货币乘数包含现金比率 c 和超额准备金率 e，流通中的现金和超额准备金不会带来多倍存款创造。一般情况下，超额准备金率 e 很小，但也有 e 很大的时候。

1.2.6 决定货币乘数的因素

在货币乘数中,法定存款准备金率 r 由中央银行决定,可以看成是一个相对稳定的数。但超额准备金率 e 和现金比率 c 分别取决于银行和公众如何持有他们的资产,e、c 会随经济条件变化而变动。

银行持有的超额准备金率 e,取决于银行以这些超额准备金进行投资(如发放贷款)与持有这些超额准备金所获得收益的比较。对一个在市场中争取利润最大化的银行而言,它应该将超额准备金保持在某一水平,在这一水平上,超额准备金的边际机会成本,即将这些超额准备金进行投资能获得的收益减去投资成本,等于银行的边际收益,即避免因银行准备金短缺而要获取准备金的成本乘以准备金短缺的概率。

一般而言,利率越高,持有超额准备金的机会成本会越高,所以超额准备金率与利率负相关。

银行持有超额准备金的主要收益,等于遭受存款外流时银行收回贷款、卖出证券、从央行和其他机构借款,甚至破产所带来的成本。如果预期存款外流,持有超额准备金的预期收益就会上升,按照资产需求理论,银行就会增加对超额准备金的需求。所以,超额准备金率与预期存款外流正相关。

公众意愿的现金比率 c 取决于持有通货的机会成本,即取决于存款的收益、购买证券的收益。存款收益增加,现金比率会下降。购买证券的收益升高时,公众意愿的现金比率很可能会上升,因为在证券收益(利率)较高时,公众增加证券购买并不一定会减少现金持有,他们很可能是减少存款,此时现金对存款的比率会上升。

收入或财富的增加会改变公众在存款、证券的收益与持有通货的便利之间的选择,这会改变现金比率。

税率的改变可能使逃税交易增加或减少,从而改变现金比率,因为用通货交易可以逃税。

毒品和其他非法交易的增减也会改变现金比率,这些交易通常都用现金。

所以，收入、财富、利率影响超额准备金率 e 和现金比率 c，进而影响货币乘数，这也说明，货币乘数具有部分内生性；即使央行保持银行法定准备金率不变，货币存量也会随收入提高而增加，随收入的减少而减少，表现出顺周期特征①。

1.2.7 贴现贷款对货币供给的影响

在分析货币乘数时我们假定央行能完全控制基础货币，但现实情况并非如此，贴现贷款央行就无法完全控制。

央行可以设定贴现贷款利率（贴现率），但它不能控制银行在此贴现率下是否贷款或贷多少款，银行的决策也会发挥作用。

考虑到央行无法完全控制贴现贷款，一般将基础货币分为贴现贷款所创造的基础货币（借入基础货币）和非借入基础货币，对非借入基础货币，央行可以完全控制。

1.2.8 货币创造的另一种观点

我们在前面的分析中一直有如下隐含的假定：储备金增加，银行就会增加贷款。有人对此隐含假定提出了反对意见，反对的观点认为，准备金增加时，银行并不一定会增加贷款。银行也是市场中争取利润最大化的企业，它应该将自己的产出定在利润最大化水平上，而不一定是定在最大可能产出水平上（有准备金就发放贷款即是将产出定在最大可能产出水平上）。这就如同我们不会认为汽车生产厂商的汽车产量完全依据其能获得的原材料、零配件数量上，还要考虑市场需求一样。

争取利润最大化的银行在决定其产出水平时，既要考虑成本，也要考虑需求、边际收益，这决定了它不可能只要有准备金就发放贷款。此外，现实中并不是银行想发放多少贷款，企业、个人就愿意借贷多少资金。货币乘数分析中仅考虑到供给方银行的产出水平，并未考虑到需求方企业、个人的贷款意愿，是不恰当的。

---

① 请注意利率在收入效应作用下会表现出随收入增长而上升的特征。参见第 4 章 2.2.3。

对这种观点的一种回应是,假定初始状态银行创造了均衡的存款量,此时银行持有公众存款而获得的边际收入与提供这些服务的边际成本相等。如果银行增加了储备金,为增加的储备金提供的存款服务的成本主要是将这些资金作为超额准备金而放弃的部分利息收入(超额准备金、法定准备金或者没有利息或利率远低于贷款利率)。但准备金增加后(存款)利率会降低,提供存款服务的边际成本也会下降。此时的边际成本应该小于边际收益,银行会因此扩大其存款量。这正如货币乘数所分析的那样,当准备金增加时,银行存款也会增加。

仅对银行的供给进行分析,而对其他企业的供需进行分析来决定其利润最大化的产出水平,看起来显然不对。但部分人士认为,存款与其他商品有根本区别,存款供给会提高名义收入,名义收入增加会增加名义货币需求,当更多的存款(供给)经过一段时间后,社会对货币的需求也会增加。正是货币有供给自动创造需求的这一特点,我们可以不用过分考虑需求。

2 我国及世界上部分经济体货币供应统计体系[①]

2.1 中国

1994年10月,中国人民银行正式向社会公布货币供应量统计数据。2001年、2002年和2004年,按照国际通行原则并根据我国实际情况,人民银行分别对我国货币供应量指标进行了调整,现行的货币供应量包括四个层次:M0,指现金或流通中的货币,为人民银行历年货币发行总额。M1,指M0+企业活期存款+机关团体存款+农村集体存款,M1亦称为"狭义货币供应量"。M2,指M1+单位定期存款+自筹基建存款+居民

---

① 参见中国人民银行研究局:"关于向社会征求对《关于修订中国货币供应量统计方案的研究报告》意见的公告"附件三:"货币供应量统计方法的国际对比",2003年12月17日。

储蓄存款＋其他存款(财政存款除外)，M2亦称为"广义货币供应量"。M3，指M2＋债券、财政存款＋其他金融机构存款＋货币银行同业存款。

其中，M0与消费变动密切相关，是最活跃的货币。M1反映居民和企业资金松紧状况，是经济周期波动的先行指标，流动性仅次于M0。M2流动性偏弱，反映的是社会总需求的变化和未来通货膨胀的压力状况，通常所说的货币供应量，主要指M2。M3为考虑到金融创新状况而设立，目前暂未测算。

2.2 美国

美国中央银行货币供应量统计由M1、M2和M3三个层次组成。M1为流通中现金、支票账户存款和旅行支票。M2为M1＋居民储蓄存款、定期存款和居民在互助基金(MMDAs)的存款。M3为M2＋货币市场基金机构存款(MMMFs)和负债管理工具(大额定期存单、回购协议和欧洲美元)。

2.3 欧洲中央银行

欧洲中央银行货币供应量统计体系由狭义货币M1、中间货币M2和广义货币M3三个层次组成，其中M3是欧洲中央银行重点监测的指标。狭义货币M1为现金和具有即时支付能力的存款，如隔夜存款，是欧洲中央银行货币统计中流动性最强的货币。中间货币M2为M1＋期限为两年以内的定期存款。广义货币M3为M2＋回购协议＋货币市场基金(MMF)＋货币市场票据＋期限为两年以内的债券。期限超过两年的定期存款在广义货币M3之外统计并公布，作为参考指标。

2.4 英国

现金M0为在英国中央银行(Bank of England)之外的现钞和硬币，包括商业银行和建筑协会持有的现金；每月公布按四个星期三计算的余额平均值。狭义货币M1为流通中现金(不包括银行和建筑协会库存现金)+国内私人部门活期存款。广义货币 M3 为流通中现金+国内私人部门所有类型本币存款(包括 CD)。欧洲货币供应量 M3H 为 M3+国内居民持有的外汇存款,该指标旨在为欧盟国家货币供应情况对比分析提供方便。

2.5 日本

日本中央银行的货币供应量统计分四个层次,分别是 M1、M2+CDs、M3+CDs 和广义流动性。狭义货币 M1 为流通中现金和非金融机构活期存款,活期存款包括支票账户存款、储蓄存款、税收财政账户存款。M2+CDs 为 M1 加上准货币和大额定期存单 CDs,其中,准货币包括定期存款、零存整取存款、非居民日元存款和居民外币存款。M3+CDs 为 M2+CDs+邮政储蓄存款、劳动信贷协会及农业合作社存款等。广义流动性为 M3+CDs+信托投资性存款、金融机构签发的商业票据、回购协议、本国政府债券和用作证券性贷款的抵押现金、国外政府在日本发行的债券。

上述各层次货币统计中,存款持有者包括非金融性公司、个人和地方政府。

2.6 中国香港

M1 为市民持有的法定货币+硬币+持牌银行的客户本外币活期存款。M2 为 M1+持牌银行客户的本外币储蓄存款和定期存款+持牌银行发行而由非金融机构持有的可转让性存款证明(NCD)。M3 为 M2+有限制牌照银行和接受存款公司的客户本外币存款+由以上两类机构发行而由非金融机构持有的 NCD。

附录3 第6章相关知识

知识积累与增长:基于产业创新的内生增长理论

基础研究和科学发展会推动技术创新,但要将理论转化为商品还需要大量投资。欠发达国家即使能够从发达国家直接借鉴已有的知识和技术,对知识和技术的适应、消化也需要大量投资。所以,基于产业创新的内生增长理论认为,技术进步是一个由市场力量引导的过程,技术进步的动力来源于理性的经济决策者为了获得潜在的盈利机会所进行的投资。当创新者发现研发活动能够在不完全竞争市场上获取垄断利润时,他们便对产业研发活动进行投资,正是垄断利润推动了研发创新。

绝大多数产业的研发投资产生两种不同的产出,一是与具体产品有关的知识,这些知识使企业能够生产出某种新产品,或用新的成本更小的生产过程生产一种原有产品。创新者通过专利权、对竞争者保密等手段,获取这部分知识的收益。二是更一般性的知识。创新者很难完全获取这部分知识的全部收益,技术溢出使后来者能用比前辈更少的成本实现技术上的突破。由此带来的创新成本下降阻止了边际利润递减。知识积累的过程内生地提高生产率,生产率的提高带来长期持续的经济增长。

企业开展研发或是为了降低已有商品的生产成本,表现为过程创新;或是发明新产品,表现为产品创新。依新产品与原有产品间的关联性,产品创新可分为品牌多样化(或称增进生产的专业化)与产品质量提高。品牌多样化的特征是新产品有新功能,新产品与原有产品间有水平性的关联性。产品质量提高的特征是新产品与原有产品功能相近但质量提高。

品牌多样化与产品质量提高反映了经济增长的相互补充的两个方面。

1.1 品牌多样化

1.1.1 研发投资中产生的知识具有公共性与外部性

如果将知识资本视为私人产品(正如我们将物质资本视为私人产品一样),由创新者研发投资所产生的新产品的收益将可完全由创新者获得。但因研发投资收益递减,研发投资的利润率最终会下降到贴现率水平,此时由研发投资获取更高收益的动机消失(与新古典增长模型相似),从长期看增长终将停止。

但是,创新者可能并未认识到创新产生的新知识的使用价值,或对新知识的进一步使用需要更多的创新者所不具备的技能,或这些技能不易从市场中获取,而知识产权对这些新知识又很难定义和保护。结果是,创新者无法完全排除他人自由地使用他们研发投资所带来的这些新知识。新知识或知识资本具有的公共性和外部性,使创新者无法独占创新的全部收益,并导致下一代创新者比上一代创新者有更低的研发成本,进而使创新与技术进步可以持续。

1.1.2 不同的补贴政策对创新者带来不同的激励

政府补贴研发、刺激产品开发,资源会由生产部门转向研发部门,但不改变企业将设计方案转化为生产的积极性,由此带来的更快的创新速度和更高的经济增长以生产产量的下降为代价。

对生产多样化产品的企业进行补贴即对生产进行补贴,会同时提高研发利润和生产利润,不会导致资源在研发与生产两个部门间的再配置,不会改变均衡增长率。因为补贴政策同时提高了研发与生产部门的利润,实际上政策并未有效地激励任何一个部门,仅是提高了均衡条件下的工资水平。

1.1.3 在补贴带来的更快创新速度与减少家庭消费所损失福利之间的取舍与权衡

如果研发带来的溢出收益下降得越慢,资源基础(经济规模)越大,研发部门的生产率越高,国民对新产品兴趣越大、消费行为的耐心越强,补贴研发的最优规模(或称力度)也就越大,研发活动就会兴旺发达。但政府补贴研发、提高创新速度,以减少消费、损失家庭福利为代价,政府需在通过补贴刺激更快的创新速度以获取更高长期收益,与短期损失家庭福利之间,进行权衡与取舍。

1.2 内生的产品质量提高

持续不断的技术进步使原有产品过时,富有创新精神的创新者将研究的目标瞄准市场上的这些产品,试图研发出这些产品的更高级版本。如能成功,创新者即可用研发出来的质量更高的产品取代原有产品的市场份额。如果研发在经济上可持续,则产品的平均质量会不断提高,经济增长可持续。

与品牌多样化相同,在内生的产品质量提高中,技术溢出同样发挥重要作用。创新活动能够丰富公共知识,这会便利后续的创新活动。如创新者研发出新产品后,其他研发者可研究其各种特征,这就是一种溢出。但技术溢出的形式有所不同,如即使每个新产品的研发者不一定能研发出新产品,他们的研发也会对其他研发者提供经验与教训。

1.2.1 产品质量提高的最优幅度取决于创新活动的资源需求弹性

在企业可以选择产品质量提高的幅度时(此时产品质量提高的幅度被内生地决定),产品质量提高的幅度越大,研发成本也越大,研发成功后的利润也就越大,创新者将权衡研发的成本与收益。这种情况下,每个创新者最优的质量提高幅度取决于研发所需资源的需求弹性,弹性越大,最优的质量提高幅度越小。

与品牌多样化中的结论相同,如果一国资源基础(经济规模)越大,研发部门的生产率越高,国民对新产品兴趣越大、消费行为的耐心越强,研发活动就会越多,否则,就可能不会出现创新。

1.2.2 社会最优的创新幅度

政府可以采取激励政策,影响企业家对产品质量提高幅度的选择。内生的产品质量提高模型表明(格罗斯曼等,2009),政府应该按"产品质量提高的幅度"来制定激励政策,而不应该按"新产品与现存产品在种类上的差别"来制定激励政策(目前专利权政策中常见的做法)。

1.3 要素积累

与资本设备和熟练工人被用于一种用途之后就无法用于其他用途不同,知识能被广泛应用而不受限制,也就是说,知识积累不受收益递减规律的约束。以下的分析假定研发为投资的唯一形式,初级投入品(非熟练)劳动(力)为唯一生产要素。

1.3.1 物质资本:创新推动资本形成而不是相反

假定创新产品是生产单一的最终产品所需要的中间产品,最终产品由家庭消费或由企业作为资本设备。生产创新产品这种中间产品仅需要劳动,生产最终产品除需要创新产品外,还需要劳动和设备。将物质资本分别引入前述"品牌多样化"和"产品质量提高"分析模型(格罗斯曼等,2009),可得出如下结论:一国劳动供给规模越大,研发活动的劳动生产率越高,最终产品成本中资本与中间品份额越高(即劳动份额越小,这能使固定的劳动供给中有更多的劳动从事创造知识的生产活动),以及创新者拥有的垄断权力越高,长期的投资率就越高。而主观贴现率越高,长期投资率就越低。

同时有如下结论,物质资本在长期增长中仅起辅助作用。这似乎与许多国家的现代增长历程所表现出的物质资本积累与人均收入增长间的显著相关关系,或资本积累推动收入增长的传统主流观点相矛盾,但这种矛盾并不一定存在,因为传统的资本积累与人均收入增长间的相关关系并未揭示出两者之间的因果关系。

1.3.2 人力资本:人力资本总量增长推动创新和经济持续增长

人力资本是指经济决策者能够投入时间进行"训练"来获得的一组专

业技术。一个人在学校接受教育也就是接受"训练"的时间越长,他所获得的人力资本量就越大。显然,人力资本可以无限增长。

在内生增长模型中引入人力资本积累,可得到如下结论:教育部门生产率的提高,会提高熟练工人相对非熟练工人的工资水平,那些以前对从事何种职业无所谓的非熟练工人会希望成为熟练工人,熟练工人供给增加、相对工资下降,这会使研发成本下降,创新活动增加,创新率提高。短期看,希望接受培训的那部分非熟练工人可能增加也可能减少,但长期中人力资本总存量一定呈增长趋势,人力资本的相对工资一定呈下降趋势,这会促进研发活动的不断扩张。

1.3.3 要素供给规模、构成与长期创新率、增长率间的关系:人力资本存量差异如何影响各国经济增长绩效

要素密集度与长期创新率、增长率之间的关系是,在要素供给同比例增长的前提下,长期中各种要素规模较大的经济体的创新率、增长率较高(格罗斯曼等,2009)。

如果一国仅在人力资本存量上多于另一国,前者会将更多的人力资本用于研发,并有更高的创新率、增长率。劳动禀赋更多的国家会更多地从事劳动密集型生产,更少地从事人力资本密集的研发活动,其知识存量更少,创新率和增长更低。

可见,如果两国要素禀赋构成不同,经济规模较大国家的增长率不一定高于经济规模较小的国家。在投入系数固定情况下,研发部门使用最密集的要素的增加会提高创新率和增长率,研发部门使用最不密集的要素的增加会降低创新率和增长率。这也印证了著名的两要素贸易模型的雷布津斯基定理(Rybczynski theorem),该定理指出,当一种资源禀赋增加时,最密集使用这种资源的部门会扩张以吸收增加的资源,这会将其余要素吸纳进扩张部门,而使用其余(未增加的)要素的部门会收缩。

要素可替代性与创新率、增长率之间的关系是,当劳动与人力资本的替代弹性小于1时,人力资本存量增加,人力资本报酬下降,研发成本下降,创新率与增长率提高。劳动供给增加,人力资本报酬提高,创新率和

增长率下降。

替代弹性大于1时,人力资本存量增加,人力资本报酬下降,创新率和增长率提高,结果与弹性小于1时相同。但此时劳动供给增加会带来人力资本报酬的下降,这会提高创新率和增长率。不难发现,在人力资本与劳动具有充分可替代的情况下,较大经济体的创新率和增长率比小经济体高。

本小节的结论是,人力资本的积累会带来较高的创新率和增长率,但劳动供给增加会带来研发活动的萎缩。一个拥有较少人力资本的大国会比一个拥有较多人力资本的小国的创新率、增长率低。如果所有要素同比例增长或者如果所有生产活动中的要素替代弹性都大于1,创新率和增长率随经济规模扩大而提高。

附录4 第8章相关知识

1 开放经济中的 IS—LM 模型对 DD—AA 模型的一般化

将国内实际利率对总需求的影响考虑进 DD—AA 模型,可以得到开放经济的 IS—LM 模型,这一模型可以理解为是对 DD—AA 模型的一般化。

在开放经济的 IS—LM 模型中,IS 曲线表示产品市场和外汇市场均衡时的名义利率与产出水平的组合,LM 曲线表示货币市场均衡时的名义利率与产出水平的组合。

1.1 产品市场与外汇市场曲线

当预期实际利率较低时,厂商借款投资便有利可图[①],持有存货比持有其他资产更为有利,所以,随着预期实际利率的下降,投资会上升。预期实际利率下降时借款更合算而储蓄的吸引力下降,利息敏感性商品的

---

① 这涉及一国跨时生产可能性边界问题,一国生产的当前消费产品与未来消费产品的数量取决于将多少当前消费产品用于投资来生产未来消费产品。将部分现有资源从当前消费转为投资生产未来消费产品时,当前消费的产量 Q_p 下降,未来消费产品产量 Q_f 上升。

假定相对于当前的未来消费价格为 $1/(1+r)$,r 为实际利率,经济在当前和未来生产的总价值为:

$$V = Q_p + Q_f/(1+r)$$

竞争性市场中,厂商的决策会最终形成一个总产出价值 V 最大的生产模式。当 r 下降时,减少当前消费、增加投资生产未来消费产品,会使总产出价值 V 更大。参见克鲁格曼等(2002)。

购买也会增多。基于此,开放经济中的 IS—LM 模型的总需求可写成实际汇率、可支配收入、实际利率的函数:

$$D(EP^*/P, Y-T, R-\pi^e)$$
$$=C(Y-T, R-\pi^e)+I(R-\pi^e)+G$$
$$+CA(EP^*/P, Y-T, R-\pi^e)$$

产出 Y 与总需求的函数关系可表示为:

$$Y=D(EP^*/P, Y-T, R-\pi^e)$$

利用利率平价条件 $R=R^*+(E^e-E)/E$ 消去上式中的 E,则有:

$$Y=D(E^e P^*/P(1+R-R^*), Y-T, R-\pi^e)$$

经济中的通胀率随着实际产出 Y 与产出的自然率水平 Y_n 之间的差距扩大而上升,即有 $\pi^e=\pi^e(Y-Y_n)$,将此式代入上式,略去 G,有:

$$Y=D[E^e P^*/P(1+R-R^*), Y-T, R-\pi^e(Y-Y_n)]$$

假定 P, P^*, T, R^* 不变,并给定预期汇率,如果名义利率下降,本币将贬值,经常项目改善,同时,名义利率下降直接刺激投资和消费,这会同时增加进口。

所以,R 下降使总需求上升,只有在 Y 上升时才能使产品市场仍然维持均衡①,这样,IS 曲线向下倾斜②。

1.2 货币市场曲线

货币市场均衡条件为 $M^s/P=L(R,Y)$,利率上升会减少货币需求,在给定产出水平上会出现超额货币供给,为了保持货币市场均衡,Y 必须上升以刺激对货币的交易需求,因此 LM 曲线斜率为正。

---

① 产出的上升会提高人们的通胀预期,从而刺激需求,但消费需求上升的幅度会小于产出上升的幅度。这也意味着,产出的下降也能降低通胀预期,从而降低需求,IS 曲线向上倾斜也是可以的。但我们假定后一种情况不会出现。参见克鲁格曼等(2002)。

② IS 曲线和 DD 曲线都反映产品市场的均衡状态,但 DD 曲线向上倾斜而 IS 曲线向下倾斜,原因在于,利率平价条件 $R=R^*+(E^e-E)/E=R^*+E^e/E-1$ 决定了利率 R 与汇率 E 的负相关关系。

1.3 IS—LM 模型

将 IS 曲线与 LM 曲线组合起来,就得到开放经济中的 IS—LM 模型(附图 4—1)。这一模型与封闭经济中的 IS—LM 模型十分相似,不同之处在于,开放经济的 IS—LM 模型中的产品市场曲线 IS 考虑了外汇市场且利率为名义利率。

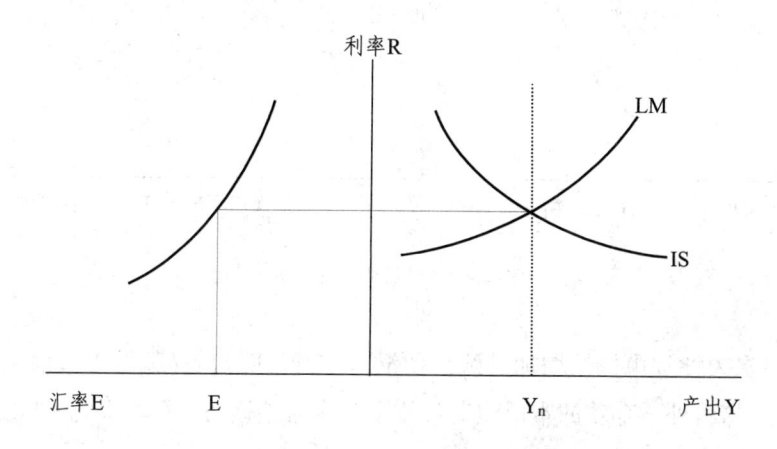

附图 4—1 开放经济中的 IS—LM 模型

1.4 一次性和永久性货币供给增加的效应

一次性货币供给增加使利率 R 下降,投资和消费需求增加,汇率上升即贬值,经常项目改善,产出增加,货币市场曲线 LM 向右移动至点 2 位置(附图 4—2 右半部分)。

永久性货币供给增加(通胀)除了使 LM 曲线向右移动外,还通过提高人们的预期汇率,使 IS 曲线向右移动,与 LM 相交于点 3。

与等量的一次性货币供给增加相比,永久性货币供给增加后,新的均衡点 3 的利率和产出更高一些。有时,点 3 的利率甚至比点 2 的利率还高,原因在于,永久性的货币扩张会通过预期通货膨胀效应即费雪效应来推动名义利率上升(见第 5 章 6.2.1.2)。

一次性货币供给增加不会改变预期汇率,外币存款的本币预期收益不变,但汇率上升,外汇市场在点 $2'$ 重新均衡(附图4—2左半部分)。

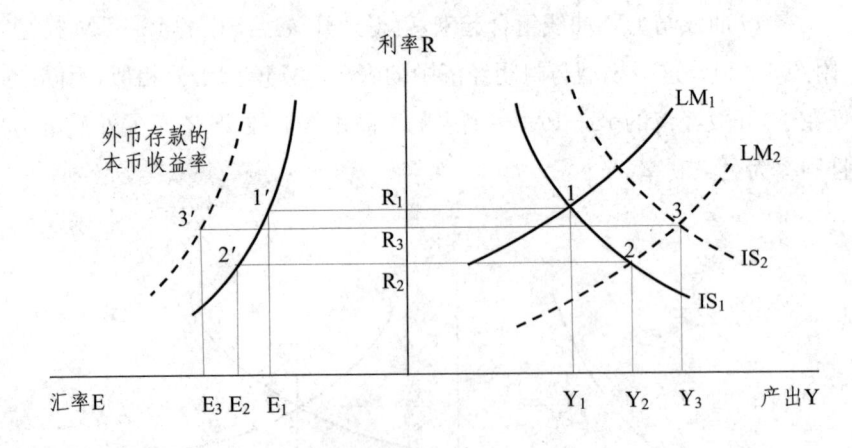

附图 4—2　货币扩张效应

永久性货币供给增加导致预期汇率上升,使外币存款的本币预期收益率提高,外币存款的本币预期收益率曲线向左移动。汇率上升,外汇市场在点 $3'$ 处重新均衡。

1.5　一次性和永久性财政扩张的效应

一次性政府开支增加使IS曲线向右移动,对LM曲线无影响,新的短期均衡点2的产出和名义利率升高(附图4—3右半部分)。

一次性政府开支增加不会改变 E^e,外币存款的本币预期收益不变,但汇率下降,外汇市场在点 $2'$ 重新均衡(附图4—3左半部分)。

永久性政府开支增加降低了长期均衡汇率,也降低了预期汇率,IS曲线不移动。因为对汇率预期的改变使汇率以更快的速度升值,净出口对货币升值的反映(刺激国内开支)对总需求产生了完全的"挤出"效应。

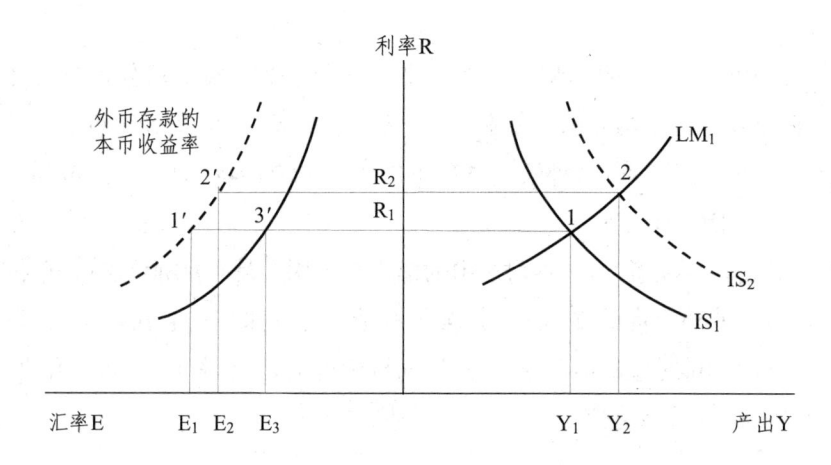

附图4—3 财政扩张效应

2 固定汇率与浮动汇率下的小型开放经济

20世纪60年代建立的蒙代尔—弗莱明模型(Mundell—Fleming model),作为分析封闭经济 IS—LM 模型的开放经济版本,在短期价格黏性假定下,分别对两种极端情形(浮动汇率和固定汇率)下的小型开放经济的产出与汇率关系,进行了分析(曼昆,2005)。尽管这两种极端情形并不能精确地解释现实经济中绝大部分大型开放经济的实际情况,但对透彻地理解不同汇率制度下产出与利率、汇率变动的关系,十分有用。

蒙代尔—弗莱明模型与封闭经济的 IS—LM 模型的相同之处是,两者都强调产品市场与货币市场之间的相互作用;不同之处是,蒙代尔—弗莱明模型假定分析对象是一个资本完全流动的小型开放经济。资本完全流动和小型的含义是,这一开放经济在世界金融市场上想借入或贷出多少资金都没有任何障碍,即这个经济体的利率完全由世界利率决定[①]。

蒙代尔—弗莱明模型与开放经济中的 IS—LM 模型都分析开放经济,即都将国际贸易和国际金融纳入分析模型。区别是,前者分析汇率完全浮动和完全固定这两种极端情形下的小型开放经济,而后者分析开放经济的一般情形。

需要特别注意的是,本附录中的汇率 e 采用的是间接标价法(每单位本币对应的外国货币数),而不是本书其他部分所采用的直接标价法(每单位外国货币对应的本币数)。采用间接标价法时,汇率上升、本币升值,汇率下降、本币贬值。

2.1 蒙代尔—弗莱明模型

2.1.1 产品市场曲线(IS 曲线)

在封闭经济中的总产出 $Y=C(Y-T)+I(r)+G$ 中,加进开放经济中的净出口 $CA(EP^*/P, Y-T)$,用间接标价法的实际汇率 e 替代 $CA(EP^*/P, Y-T)$ 中的 EP^*/P,并忽略可支配收入 $Y-T$ 对净出口 CA 的影响,则小型开放经济中的总产出为:

$$Y = C(Y-T)+I(r)+G+CA(e)$$

在以收入 Y 为横轴、以实际汇率 e 为纵轴的坐标中[附图 4—4(a)],汇率 e 上升、本币升值,净出口减少,IS 曲线向右下方倾斜。

因汇率 e 上升会使净出口和收入减少,收入 Y 变动与汇率 e 变动负相关,即 IS 曲线上每一点的斜率为负,故 IS 曲线向内弯曲。

[①] 利率完全由世界利率决定的含义是,一个小型开放经济体如比利时、荷兰等,国际资本迅速流动使国内利率等于世界利率。如果小型经济体的国内利率短期内略有升高,外国人则会以某种方式如购买这一小型经济的债券,向这一小型经济体贷款,以获取相对较高的预期收益,外国人的这一行动使资本流入这一小型经济体,从而使这一小型经济体的利率回到世界利率水平;相反,如果这一小型经济体的国内利率短期内略有下降,外国人会以某种方式向这一小型经济体借款,以获取较高的收益,资本流出同样会使这一小型经济体的利率回到世界利率水平。

2.1.2 货币市场曲线(LM 曲线)

与封闭经济中的 LM 曲线类似,开放经济中的货币市场(LM 曲线)可表示为:

$$M^s/P=L(r, Y)$$

其中:r 为世界(实际)利率。

在利率由世界利率决定的假定下,实际货币余额需求由世界利率 r 和收入 Y 决定,实际货币余额供给为外生变量,价格水平固定且为外生变量。

货币市场曲线 $M^s/P=L(r, Y)$ 中的收入 Y 并不受汇率 e 的影响,在以收入 Y 为横轴、以汇率 e 为纵轴的坐标中,货币市场曲线为一条垂直于横轴 Y 的直线[附图 4—4(b)]。

2.1.3 蒙代尔—弗莱明模型

将 IS 曲线与 LM 曲线结合到以收入为横轴、以汇率为纵轴的图中,即可得到蒙代尔—弗莱明模型[附图 4—4(c)]。

在蒙代尔—弗莱明模型中,财政政策 G 和 T、货币政策 M、价格水平 P 和(世界)利率 r 为模型以外因素决定的外生变量,收入 Y、汇率 e 为内生变量。

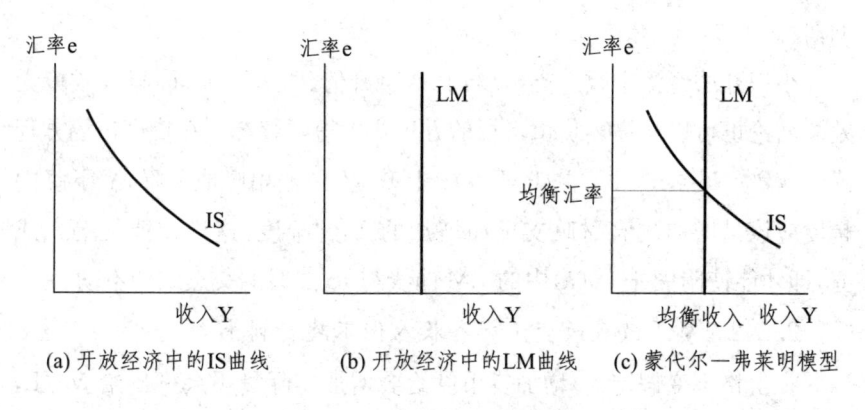

(a) 开放经济中的IS曲线　　(b) 开放经济中的LM曲线　　(c) 蒙代尔—弗莱明模型

附图 4—4　蒙代尔—弗莱明模型

2.2 浮动汇率下的小型开放经济

在浮动汇率(floating exchange rate)制下,汇率自由波动,并对经济变动作出相应反应。

2.2.1 财政政策改变利率和汇率但不改变收入

增加政府支出或减税会增加计划支出,IS曲线向右移动,汇率上升即本币升值,但收入不变[附图4—5(a)]。

而在封闭经济中增加政府支出或减税会增加收入,开放经济与封闭经济中收入对扩张性财政政策刺激有不同反映的原因是,封闭经济中,增加政府支出或减税会增加收入,在实际货币供给余额不变时,收入增加会使利率上升[①]。利率上升会倾向于抑制计划投资,这一抑制作用会在一定程度上抵消政府开支增加的扩张效应。

小型开放经济中,增加政府支出使计划支出增加,IS曲线向右移动,利率上升(至此与封闭经济一致),资本流入增加(而不是封闭经济中利率上升抑制计划投资,部分抵消增加政府支出的扩张效应),汇率上升、本币升值,本币升值使国内产品相对外国产品变得昂贵,净出口减少。因汇率升值所导致的净出口的减少会完全抵消扩张性财政政策对收入增加的影响,收入不变。

小型开放经济中政府支出增加、本币升值、收入不变,即财政政策无效的结论也可以从描述货币市场的方程式中得到解释。在货币市场方程式 $M^s/P = L(r, Y)$ 中,M^s/P 不变,r 上升,Y 必须相应地下降,Y 下降的幅度应该是增加政府财政支出而增加的 Y 的幅度,这样才能使等式成立,即才能使附图4—5(a)中的LM曲线与IS曲线的交点维持不动。

2.2.2 货币政策改变汇率和收入但不改变利率

在价格不变假定下,增加货币供给会增加实际货币余额供给 M^s/P,

---

① 收入水平提高后支出也会增加,人们需要更多的货币进行交易,即更多收入意味着更大的货币需求,在实际货币余额供给不变情况下,利率上升。

LM 曲线向右移动,汇率下降、本币贬值,收入增加[附图 4—5(b)]。

增加货币供给在封闭经济和开放经济中都增加收入,但货币政策传导机制并不相同。封闭经济中,增加货币供给降低利率、刺激投资,从而增加收入。而在开放经济中,增加货币供给使利率产生向下的压力,这会使投资者将资金投向外国以获取更高收益,即资本流出增加,缓解直至消除国内利率下降压力。结果是本币贬值、出口增加、收入增加。与封闭经济不同,开放经济中增加货币供给并不是通过改变利率而是通过改变汇率来增加收入。

2.2.3 贸易政策改变汇率但不改变收入

采取进口配额、关税等措施限制进口时,净出口增加、计划收入增加,但因 LM 曲线垂直,汇率上升、本币升值但实际收入并不增加[附图 4—5(c)]。

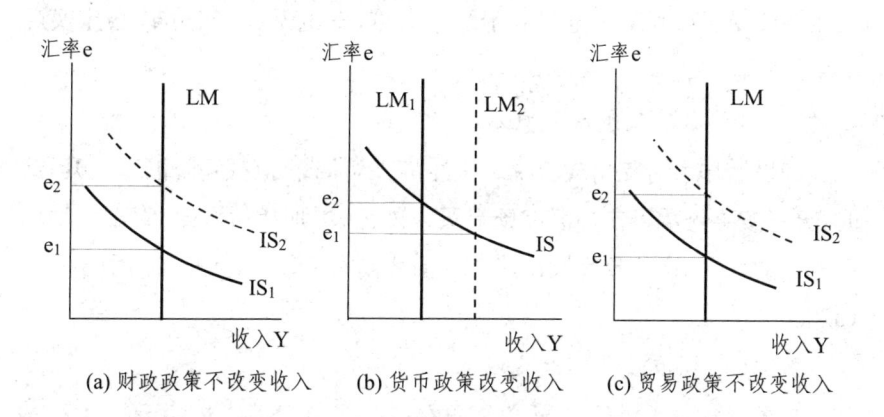

(a) 财政政策不改变收入　　(b) 货币政策改变收入　　(c) 贸易政策不改变收入

附图 4—5　浮动汇率下经济对财政、货币、贸易政策变动的反映

出现此种情况的原因是,虽然贸易政策增加了净出口,但因贸易政策使汇率上升,本币升值又等量地减少了净出口。这种情况在封闭经济和开放经济中完全相同。

2.3 固定汇率下的小型开放经济

固定汇率[①](fixed exchange rate)制度的基本特征是,中央银行宣布一个汇率水平,并随时准备按事先确定的价格买卖外币、稳定汇率。例如,要将人民币对美元汇率固定在2009年1月7日的1美元兑换6.8342元人民币的水平,无论市场需求有多大,人民银行都必须愿意按此汇率用美元储备兑换人民币,并按此固定汇率向以美元兑换人民币者购入美元。

实行固定汇率制度时,国内货币政策完全服务于汇率政策,货币当局可以将货币供给调整到任何水平,来使均衡汇率等于事先宣布的汇率。

需要注意的是,这种汇率制度下,中央银行宣布并通过货币政策操作所维持的是名义汇率,而非实际汇率。即使通过货币供给操作可以稳定名义汇率,如果价格水平变化,实际汇率可能也无法稳定。所以,即使一国能够接受货币政策完全服务于汇率政策,它也无法完全解决稳定实际汇率的问题。

2.3.1 财政政策改变收入

如果增加政府支出或减税刺激经济,IS曲线向右移动,汇率上升,此时,央行按事先承诺在外汇市场上买入外汇、增加货币供给,直至汇率回到宣布的水平,这一政策操作使LM曲线向右移动,收入增加[附图4—6(a)]。

2.3.2 货币政策不改变收入

如果增加货币供给,LM曲线向右移动,汇率下降、本币贬值,央行按事先承诺在外汇市场上投放外汇、买入本币,套利者也会向央行卖出本币、买入外汇套利(本币贬值使套利者按央行宣布的价格卖出本币有利可图),这会使市场上的本币供给减少,本币升值并重回央行承诺的汇率水平,收入不变。这种情况下,央行完全放弃了对货币供给的控制[附图4—6(b)]。

---

① 如在20世纪50年代至60年代的布雷顿森林体系下,主要国家就采用固定汇率制度。

2.3.3 贸易政策改变收入

如果采取进口配额、关税等措施限制进口,净出口增加,IS 曲线向右移动,汇率上升、本币升值。此时央行须投放本币、购买外汇,使 LM 曲线向右移动。结果是收入增加[附图 4—6(c)]。

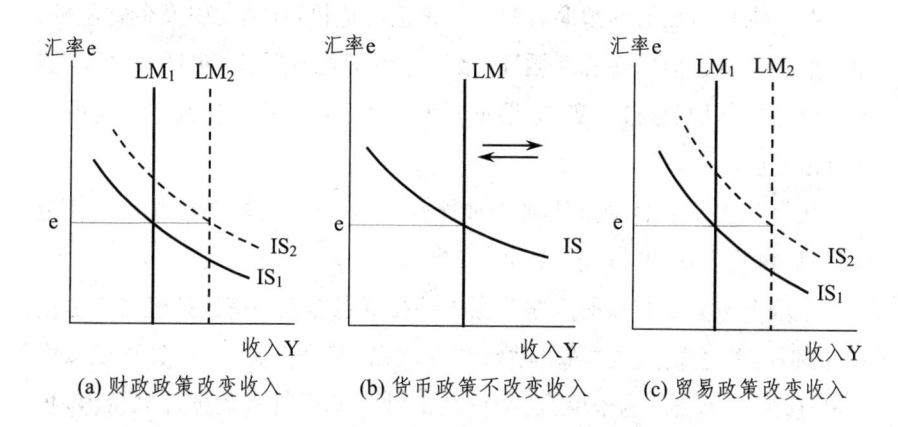

(a) 财政政策改变收入　　(b) 货币政策不改变收入　　(c) 贸易政策改变收入

附图 4—6　固定汇率下经济对财政、货币、贸易政策变动的反映

2.4 利率差的来源

按照上述小型开放经济中的资本流动逻辑(一价定律),开放经济中(不一定是小型开放经济),当一国利率高于另一国时,后者的资金就会流向前者,最终使两个国家或国家间的利率相等。但现实情况并非完全如此,原因主要是受到国家风险和汇率预期的影响。

如果一个国家可能会出现政治动荡,即使该国利率很高,投资者也会慎重考虑是否会向该国投资,因为该国有可能会出现债务拖欠。而要使投资者向有拖欠债务风险的国家投资,该国利率必须高到足以补偿投资者被拖欠的风险。这一因风险而高出的利率部分被称为风险贴水。风险贴水类似于"风险溢价"(见第 4 章 3.1.1)。

如果人们预期汇率会有变动,投资者也不一定完全按照一价定律来决策他们的投资。例如,1997 年金融危机时,市场预期泰国货币泰铢会贬值，贷款人会因泰铢贬值而遭受损失，以泰铢偿还的泰铢贷款利率就会高于美元贷款利率，高出的部分即为泰铢预期贬值的部分。如果不考虑其他因素，在对泰铢贬值预期很高的情况下，即使泰铢利率高于美元利率，国外资金也可能不流入泰国，当时的实际情况的确如此。

对一国货币贬值的预期有时会带来信心危机，并由此引发金融危机。国际信心危机还会出现恶性循环，最终导致危机的"自我实现"。但事实上，危机之所以能够自我实现，根本原因还在于经济中存在某些易受投机者攻击的脆弱性。

从自我实现的金融危机演变过程看，信心危机恶性循环并最终使金融危机"自我实现"的过程大致如下：

一国金融系统存在的问题使国内外投资者对该经济体的经济失去信心，信心丧失提高该国的风险贴水和利率，利率升高、信心丧失压低该国股票、房地产等资产的价格，资产价格下跌降低银行贷款抵押品价值，抵押品价值减少增加银行贷款坏账率，坏账率增加加剧银行系统原有的问题。上述过程不断循环，就可能使银行系统最终出现危机。

2.5 大型开放经济：封闭经济与小型开放经济的混合体

现实中的经济体既不是封闭经济，也少有本部分所讨论的小型开放经济，更多的是具有开放经济特征但利率并不由世界利率决定、资本并非完全自由流动的经济体，是介于封闭经济与小型开放经济之间的大型开放经济体，这些大型经济体具有封闭经济与小型开放经济的混合特征。这决定了财政、货币、贸易政策变动对这些经济体的影响常常是封闭经济与小型开放经济的折中结果。

例如，封闭经济中，货币紧缩提高利率，这会减少投资、降低总收入；而在小型开放经济中，货币紧缩提高汇率、本币升值，这会减少净出口、降低总收入，但利率不变。大型开放经济的折中结果是，货币紧缩提高利率、减少投资，但提高利率、抑制投资的幅度不如封闭经济中的那样大，因为资本净流出的减少（汇率上升抑制净出口）对利率升高产生了抑制作用。相类似地,与小型开放经济不同,资本净流出并不会减少到足以完全阻止利率上升、抑制投资。

3 汇率固定、汇率浮动与有管理的汇率浮动

3.1 浮动汇率制与固定汇率制的优缺点

浮动汇率制的优点是,它可以使国内的货币政策服务于其他宏观经济政策目标,如稳定就业、稳定价格水平等;改变固定汇率制下汇率决定的不对称状态[①];当经济出现变动时,浮动汇率制可以发挥其自动稳定器的功能,使经济实现迅速且痛苦较小的调整,如在外国出现通货膨胀时,浮动汇率制就可减少需求冲击对就业、产出的影响,有利于稳定经济。

缺点是,浮动汇率制下央行自主的国内货币政策也为它实施不负责任的通货膨胀政策提供了可能;对汇率变动的投机行为可能导致国际外汇市场的不稳定,从而影响内部平衡和外部平衡[②],而且,浮动汇率制下国内货币市场的不稳定比固定汇率制下更具破坏性;汇率频繁大幅波动使国际贸易变得困难,因为企业决策会面临汇率波动所带来的国际相对价格的更不可预测性;可能会出现竞争性的货币贬值,损害利益相关国家,最终使包括本国在内的所有国家利益受损;即使在浮动汇率制下,各国也不得不对外汇市场进行大量干预,相对固定汇率制,浮动汇率制并不会给宏观经济政策带来更大的实质性的自主权。

---

① "不对称状态"是指,除储备货币发行国外,其他国家的央行都不得不将本国货币"钉住"储备货币,并且需要持有大量国际储备。储备货币发行国央行在决定世界范围内的货币供给方面居于领导地位(布雷顿森林体系下即如此),其他国家的央行则不得不放弃国内货币供给的自主权。

② 内部平衡是指一国的生产资源得到充分利用且价格水平保持稳定。外部平衡的一种定义是指一国经常项目的平衡。但由于一国可以从跨时贸易中获得收益,大多数国家的政府总是倾向于将外部平衡确定于达到一定的经常项目余额盈余。

固定汇率制的优点即是浮动汇率的缺点,缺点即是浮动汇率制的优点。

现实经济生活中,极少有完全浮动或完全固定的汇率制度,汇率稳定常常是各国货币政策目标之一。

3.2 汇率固定及国际收支危机时的资本抽逃[①]

中央银行在资产市场上交易的主要工具是其资产负债表。中央银行资产负债表上资产负债的增减成为国内货币供给的基础:中央银行购买国外资产,国内货币供给增加;卖出国外资产,货币供给减少。

假定经济的初始均衡状态位于货币市场的点1、外汇市场的点$1'$位置(附图4—7),对应价格P、收入Y_1、货币供给量M_1、本币利率R_0和汇

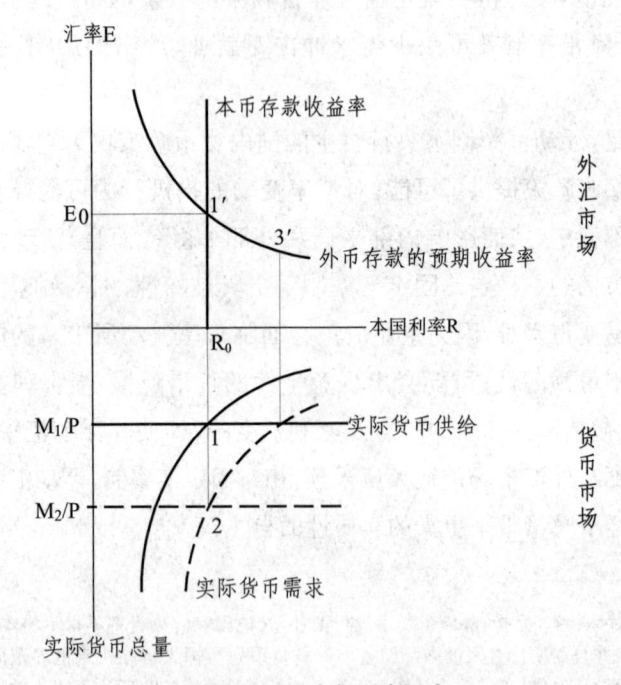

附图4—7 央行固定汇率

---

① 参见克鲁格曼等(2002)。

率 E_0，如果国内收入从 Y_1 增加到 Y_2，预期汇率不变即仍为 E_0，收入增加提高了任一利率水平下的实际货币需求，附图4—7下半部分中的货币需求曲线外移。汇率不变的前提是外汇市场均衡，即附图4—7上半部分中外币存款的本币收益曲线不动。

如果央行不干预，货币需求增加使本币利率上升，按照本币与外币利率平价条件，外汇市场将在点 $3'$ 处均衡，汇率下降、人民币升值。

央行要固定汇率，它必须购买外汇、增加本币供给，直至本币供给增加到 M_2，此时本币利率回到初始水平 R_0，外汇市场重新在点 $1'$ 处均衡。

如果某国央行（如1997年东南亚金融危机时的泰国央行）或因没有足够的外汇储备无法维持原汇率，或不能容忍国内经济紧缩和过高的失业率而不愿继续维持原汇率，并且投资者预期到本币会贬值。当本币预期贬值率从 $(E_0-E)/E$ 提高到 $(E^1-E)/E$ 时，预期本币贬值会使外币存款的本币收益率从原先均衡时的 $R_0+(E_0-E)/E$ 提高到 $R_0+(E^1-E)/E$，即外币存款的本币收益率曲线外移（附图4—8），国内利率仍在 R_0。因预期本币贬值率上升，投资者会抛售本币换取外汇，以避免未来本币贬值后遭受损失。央行必须动用大量外汇储备购买投资者抛售的本币，以减弱和消除本币贬值压力。在此过程中，官方外汇储备会急剧减少，储备的快速下降使国际收入危机出现；央行用外汇兑换本币即紧缩本币供应也会使本币利率上升。其结果往往是不得不采取法定贬值政策。

投资者从央行手中换取的外汇会通过各种渠道流向国外，而不是留在国内，因为国内可能爆发的危机会使投资者寻求更安全的投资场所。这种基于本币贬值恐慌的储备流失被称为资本"抽逃"。

即使经济并非处于放弃固定汇率的情况下，也可能会遭受货币阻击，这种情况常常被称为"自我实现的危机"。这种自我实现的危机之所以会出现，原因并非完全来源于"自我实现"，而是国内经济存在易受投资者阻击的某些脆弱性，正是这些脆弱性招致了投资者的阻击。

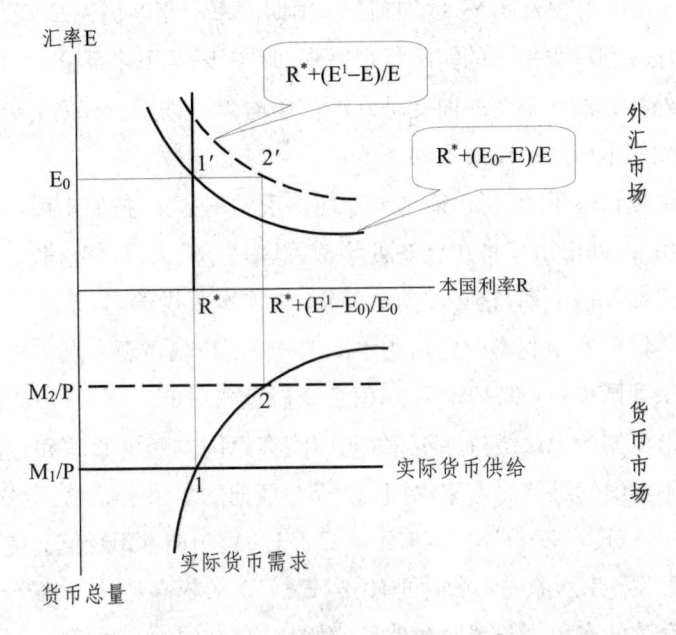

附图 4—8 国际收支危机与资本抽逃

3.3 有管理的汇率浮动及短期中外汇政策与货币政策的相互独立[①]

一般情况下我们都认为，固定汇率制下，央行在外汇市场上的冲销干预会完全受制于国内的货币政策目标。如通过减税等财政扩张政策鼓励出口导致产出增加、本币升值时，央行要抑制本币升值，就必须购买外币资产、投放本币，这会带来通胀压力。要消除通胀压力，央行必须出售国内资产、回收本币，而这又不可避免地给本币带来升值压力。

固定汇率制下的这种分析逻辑有一个前提，这就是，本币资产与外币资产的预期收益率相同时，外汇市场达到均衡。这一前提被称为资产的完全替代。

---

① 参见克鲁格曼等(2002)。

资产的完全替代又以不同资产的风险完全相同为前提。当资产完全替代时,两种资产的预期收益率相等,人们并不会关心两种资产的任意组合。正是有外汇市场上不同外汇资产可以完全替代这一假定前提,才会出现固定汇率制下货币政策的无效性,从而使央行维持固定汇率时对国内货币供给变动无能为力。

事实上,不同资产的风险并不完全相同,因此,市场均衡时不同资产的预期收益率也并不完全相等,即存在"资产不完全替代"。此时,央行在干预汇率时,并不一定会改变国内货币供给。现实中,央行常常通过国内资产市场的反向操作,来冲销因干预外汇市场所带来的国内货币供给的变动。也就是说,当资产不完全替代[①]时,央行可以对汇率和货币政策进行相互独立的操作,以达到既稳定汇率又控制国内货币供给这两个目的[②]。

以下是实现这种操作的条件、机理和图示。

条件:当资产不完全替代时,外汇市场均衡的利率平价条件中必须有一个反映风险程度的因子即风险升水 ρ[③],考虑风险升水 ρ 后,利率平价条件变为 $R=R^*+(E^e-E)/E+\rho$。

机理:从公众角度看,当人们持有国内政府债券存量上升时,因汇率

[①] 即使是在资产完全替代、不存在风险升水的情况下,冲销性干预给市场参与者"央行希望汇率朝哪个方向变动"的信号(称信号效应)来间接地改变市场对未来政策的预期,从而引导汇率变动。

[②] Leroy O. Laney and Thomas D. Willett(1982), Robert E. Cumby and Maurice Obstfeld(1983), Cristina Mastropasqua, Stefano Micossi and Roberto Rinaldi(1988)对中央银行的行为研究,证实了央行能够通过对国内资产的反向操作,来冲销外汇干预对国内货币供给的影响。参见克鲁格曼等(2002)。

反方向看,冲销性干预是否影响汇率也是一个重要问题,如果影响汇率,则会出现干预汇率带来国内货币供给变动,针对国内货币供给变动的冲销性干预又反过来影响汇率,央行会陷入无穷尽的政策操作中。这一方面会人为干扰市场稳定,同时也会大大降低冲销干预的意义。

1982年6月西方七国集团(英、加、法、德、意、日、美)倡导的一项研究(1983年发表)"关于外汇市场干预的工作报告"有如下结论:"很少有证据表明冲销性干预是影响汇率的一个显著因素"。肯尼斯·罗格夫对加拿大数据和其他国家的调查研究,也得出了与此相同的研究结论。但同时也有相反的研究结论。参见克鲁格曼等(2002)。

[③] ρ 类似于第4章"3.1.1 违约风险"中的"风险溢价"。

304 附 录

非预期变动而遭受损失的风险增加,除非本国资产有较高的预期收益率对此风险进行补偿(即存在较高的风险升水 ρ),否则人们不会持有更多的本国资产,所以,人们可持有的本国政府债券存量上升时,国内资产的风险升水 ρ 也上升。从央行角度看,当央行购入国内资产时,公众便不会持有这些已由央行购入的资产,公众受汇率非预期变动遭受损失的风险下降,所以,央行持有的国内资产上升时,风险升水 ρ 下降。这说明,风险升水 ρ 与本国政府债券存量 B 减去央行持有的国内资产 A 的差值成正比,即 $\rho=\rho(B-A)$。

图示:央行通过出售国内资产购买国外资产干预汇率时,因购买国外资产的同时售出了等量价值的国内资产,本国货币供给未发生变动、货币供给曲线不变(附图4—9)。售出国内资产使央行持有的国内资产由初期的 A_1 下降为 A_2,公众持有的国内资产存量由初期的 $B-A_1$ 上升为

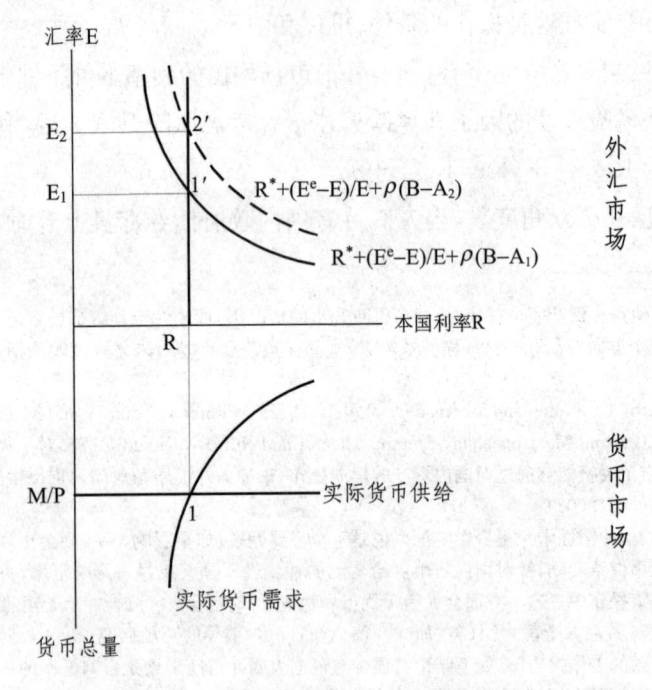

附图4—9 资产不完全替代时,央行购买国外资产使本币贬值但国内货币供给不变

B—A$_2$,风险升水 ρ(B—A)上升,外币存款的本币收益由 R* +(E^e—E)/ E+ρ(B—A$_1$)上升为 R* +(E^e—E)/ E+ρ(B—A$_2$),外币存款的本币收益率曲线向外移动,外汇市场在 2′处重新均衡,汇率上升、本币贬值。如果央行采取反向操作即售出国外资产,则会使汇率下降、本币升值。

如果央行需要改变国内货币供给如增加货币供给、扩张经济时,本币会贬值,此时,央行可以通过出售外汇、购买国内资产这一冲销性操作,改变风险升水 ρ,来保持汇率稳定。

3.4　汇率稳定、货币政策自主权与资本自由流动的三难选择[①]

一个开放国家在汇率稳定、货币政策自主权与资本自由流动这三个目标上,只能同时实现其中的两个目标,即只能选择附图 4—10 中一条边所包含的两个政策目标和一个政策,而无法同时选择三个目标。

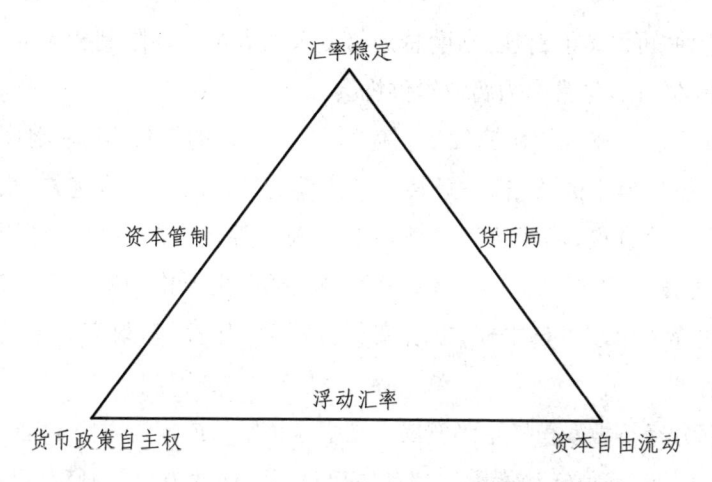

附图 4—10　只能同时在三个目标中实现其中的两个目标

例如,一个开放国家要实现汇率稳定与货币政策自主,它就只能选择与这两个目标相关联的资本管制政策,而无法选择资本自由流动。如果它同时选择资本自由流动,资本自由流动会给本币带来升值或贬值压力,

---

[①]　参见克鲁格曼等(2002)。

要消除升值或贬值压力、实现汇率稳定目标,它就必须不自主地扩张或紧缩货币供给,货币政策自主权目标无法实现。如果它要掌握货币政策自主权,即在本币面临升值或贬值压力时,不被动地操作货币政策,本币的升值或贬值就不可避免,汇率稳定目标无法实现。

绝大多数发展中国家左右自身贸易条件的能力不如发达国家,同时为了控制通胀预期,汇率稳定对他们十分重要,他们常常选择汇率稳定和货币政策自主权这两个目标,同时实施资本管制政策。通过对私人资本流动的管制(资本控制下仍然存在各种逃避管制的行为,这种资本管制实际上是减慢而不是完全管制住了资本流动),在较长时间内通过"钉住"汇率制度实现汇率稳定。针对各种逃避资本管制的行为,实施"钉住"汇率的发展中国家有时也会让其货币贬值以提高货币政策自主性。

这种"可调整的钉住"制度总是与复杂的资本流动限制相关联,损失效率是必然的,且常常为腐败提供机会。

现代通信技术的快速发展,使这种"可调整的钉住"汇率制度很容易招致投机资本的攻击;一旦某个经济体的货币出现贬值迹象,投机资本就会迅速逃离,从而给该经济体造成破坏性极大的危机。经历危机后,这些发展中国家或者选择如货币局那样的更严格的固定汇率制度,完全放弃货币政策自主权,或者实行灵活管理的汇率制度甚至是浮动汇率制度。

部分经济学家积极主张发展中国家应该坚持或恢复对资本流动的管制,以实现汇率稳定和货币政策自主权目标。而西方政策制定者则坚持认为资本管制基本无法实现,对经济活动的破坏作用大,容易孳生腐败,并不是一个明智的选择。这种情况下,改良性的制度如有管理的浮动汇率制度就更加受到人们的重视。

4 储备货币发行国的特权地位及通货膨胀的输出[①]

以下的探讨以储备货币本位制下固定汇率制度安排(类似于布雷顿森林体系)和"资产完全替代"为前提[②],结论虽然并不完全符合现实情况,但通过简化,我们能比较透彻地理解储备货币发行国的特殊地位和通货膨胀在国与国之间的传递。

4.1 储备货币发行国的独特地位

在储备货币本位制下,非储备货币发行国的央行会固定本国货币与储备货币之间的汇率。非储备货币发行国的汇率固定后,储备货币发行国的汇率也同时被固定,所以,储备货币发行国无须固定自己的汇率,无须干预外汇市场,无须保持国际收支平衡。

与非储备货币发行国不同,储备货币发行国可以自主地运用货币政策维护内部平衡。例如,储备货币发行国增加国内货币供给,储备货币相对其他货币贬值,非储备货币发行国为了维持固定汇率,必须也要扩大国内货币供给,使本国货币贬值,进而维持本国货币相对储备货币的汇率。

在上述过程中,储备货币发行国居于主导、主动地位,而非储备货币发行国必须依储备货币发行国货币政策的变动相应地调整自己的货币政策,才能维持固定汇率,这就是这种储备体系天生的不对称性。

这种不对称性使储备货币发行国具备了巨大的经济力量,它的国内货币政策不仅能影响本国经济,还能影响外国经济。

[①] 参见克鲁格曼等(2002)。
[②] 注意本附录 3.3 中资产完全替代与资产不完全替代的区别。

4.2 非储备货币发行国的内部平衡与外部平衡及固定汇率制的经济不协调

4.2.1 产出曲线与内部平衡

如果国外价格水平 P^* 和某一非储备货币兑储备货币的汇率 E 保持不变(短期经济),该国国内的价格水平主要由总供需关系决定,而与预期的通货膨胀无关,此时该国内部平衡仅需满足产出、就业目标。该国的产出可表示为:

$$Y_n = C(Y-T) + I + G + CA(EP^*/P, Y-T)$$

上式中,Y_n 为充分就业时的自然产出率,它是可支配收入(Y−T)的增函数。经常项目盈余 CA 是可支配收入(Y−T)的减函数,是实际汇率(EP^*/P)的增函数。

财政扩张会扩大总需求和总产出 Y,汇率 E 上升即贬值,货币贬值会增加净出口、总需求和总产出 Y。在以 E 为纵轴、财政政策为横轴的坐标中,产出曲线 $Y = Y_n$ 向右下方倾斜(附图 4—11)。只有这样,才能在汇率上升时通过财政紧缩政策,以及汇率下降时通过财政扩张政策来使产出保持在 Y_n 曲线上。

Y_n 曲线右上方,财政过度扩张使产出高于充分就业时的需求,资源过度利用;Y_n 曲线左下方,财政过度紧缩使产出低于充分就业时的需求,资源未得到充分利用,失业率高于自然失业率水平。

固定汇率下货币政策无效,决策者可以运用财政政策和汇率政策,使经济稳定在充分就业水平。

4.2.2 经常项目曲线与外部平衡

外部平衡可以转换成下述问题:政府如何通过汇率和财政政策变动来稳定经常项目目标水平。

汇率上升经常项目改善、财政扩张经常项目恶化,所以,在以汇率 E 为纵轴、财政政策 G,T 为横轴的坐标中,经常项目 CA 的曲线 XX 向上倾斜(附图 4—11)。只有这样,才能在汇率上升时通过扩张性的财政政策,以及汇率下降时通过紧缩性财政政策来使经常项目 CA 保持在 X 曲线上。

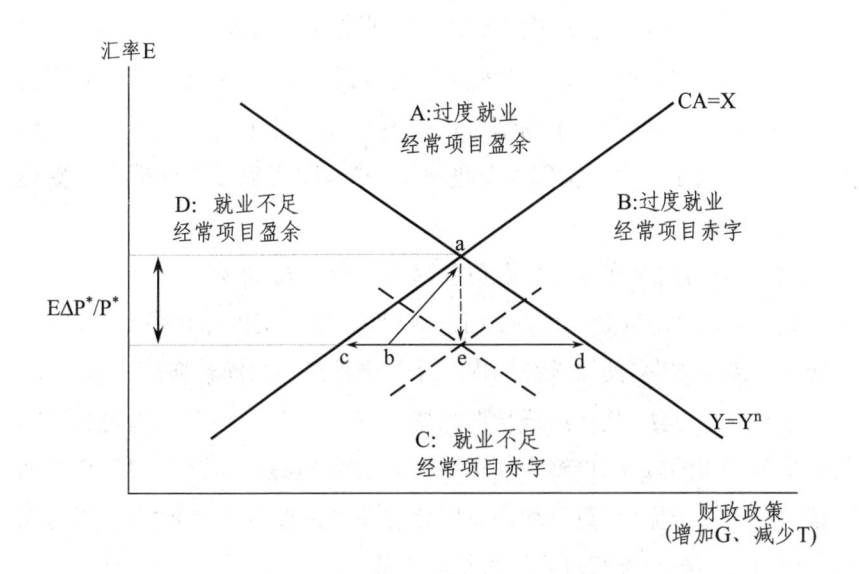

附图 4—11　汇率与财政政策的组合决定产出、实现内外部平衡及维持平衡的困难

X 曲线左上方,经常项目盈余,右下方经常项目赤字(如果目标水平不为零,经常项目盈余实质上是超过目标水平,经常项目赤字实质上是低于目标水平)。

产出曲线 Y_n 与经常项目曲线 X 的交点 a 即为满足内部平衡和外部平衡的点。由两条曲线划分的四个象限分别代表了四类经济不协调,这些经济不协调反映了相应的政策结果。

4.2.3　内部平衡与外部平衡的困境

固定汇率制度下,财政政策是实现内外部平衡的主要手段,因此时的财政政策改变了经济中对产品与服务的总需求水平,此时的财政政策又被称为支出—变动政策。固定汇率制度下,仅靠财政政策很难维持内外部经济平衡;只有当经济位于经过点 a 的水平线上,财政扩张或紧缩不会引起汇率的变动时,仅用财政政策才有可能维持内外部平衡。

如当经济位于区域 C 的点 b 时,如仅用财政扩张政策,经济只会在经过点 e 的水平线上移动、回不到内外部平衡的点 a,经济会处于失业与经常项目赤字的状态。此时经济至多能达到点 d;点 d 减少了失业但使赤字进一步扩大,即实现了内部平衡但更偏离外部平衡。或使经济达到点 c;点 c 实现了外部平衡但失业进一步增加,即实现了外部平衡但更偏离了内部平衡。

此时,只有同时实施汇率贬值和财政扩张政策,才有可能使经济从点 b 回到点 a 的均衡位置。此时的汇率政策被称为支出—转换政策,因为它转换了需求方向,使需求在国内产品与国外产品之间转换。

还有一个办法,是使经济长期维持在点 b 处的失业状态,通过长时间的需求和产出的减少、价格水平的下降,使经济在点 e 处(与均衡点 a 的连线垂直于横坐标处)重新均衡。但此种办法在现实中很难实行,因为无论是政府还是公众都很难容忍长期高失业。

4.3 储备货币发行国通货膨胀和货币政策的输出

当储备货币发行国出现通货膨胀时,其他国家也不得不扩大货币供给,容忍通货膨胀,才能维持(实际)汇率稳定,这便是储备货币发行国通货膨胀和货币政策的输出。

假定某一非储备货币发行国的经济初始位置处于内部平衡和外部平衡的点 a,当储备货币发行国出现通货膨胀即 P^* 上升时,从产出曲线 $Y=Y_n=C(Y-T)+I+G+CA(EP^*/P,Y-T)$ 和经常项目曲线 $CA(EP^*/P,Y-T)=X$ 不难看出,非储备货币发行国名义汇率固定时,实际汇率贬值,这会使非储备货币发行国净出口增加、产出增加,在附图 4—11 中,经济会从点 a 移向区域 A,即出现过度就业和经常项目盈余。

过度就业会对非储备货币发行国国内价格水平产生向上压力,当国内产出 Y、价格水平 P 随国外价格 P^* 上升而上升后,国内实际货币供给余额减少,实际货币需求余额上升,国内利率有上升压力,汇率有升值压力。央行必须购买国际储备、卖出本币即增加国内货币供给,来降低和消除利率上升、汇率升值压力。经此途径,储备货币发行国的通货膨胀、货币政策传导到非储备货币发行国。

非储备货币发行国增加货币供给,价格水平 P 会随货币供给增加而上升,这会使实际汇率 EP^*/P 逐渐下降(升值)到原有水平,使产出曲线 $Y=Y_n=C(Y-T)+I+G+CA(EP^*/P,Y-T)$ 和经常项目曲线 $CA(EP^*/P,Y-T)=X$ 逐步回到点 a 位置,再次实现内部平衡和外部平衡。

要避免进口储备货币发行国的通货膨胀和货币政策,即当 P^* 上升时,避免因实际汇率 EP^*/P 贬值而使国内经常项目盈余增加、过度就业,就必须调低名义汇率 E 即使名义汇率升值,使实际汇率 EP^*/P 不变。在图中即是使 $Y=Y_n$、$CA=X$ 曲线同时往下移动到点 e 位置。而这又与固定汇率制度相矛盾。

附录5 第9章相关知识

理 性 预 期

预期普遍地存在于个人、企业、政府的行为中,经济学涉及预期的领域主要包括跨时消费、企业定价、销售、投资或存货决定、金融市场和货币市场、保险,以及寻租行为、代理和投标等。20世纪50年代和60年代,人们认为预期的形成基于过去的经验,这种预期形成的观点被称为适应性预期(adaptive expectations)。例如人们对通货膨胀的预期被认为是过去通货膨胀的(加权)平均值,如果过去通胀率稳定在5%的水平,则人们对未来通胀率的预期值就是5%;而当通胀率不断上升或下降时,人们对未来通胀率的预期值则是这些通胀率的加权平均值。

1.1 理性预期

适应性预期假定人们在形成对某一变量的预期时,仅根据过去的数据。事实上,当环境发生改变时,人们就会改变他们预测未来的方法,即人们会根据新的信息对预期作出迅速调整,只有这样,人类才会不断适应变化的环境。比如,人们对通货膨胀的预期既根据过去和现在的货币政策,还会考虑到未来可能的货币政策变动。

1961年7月,约翰·穆思(John Muth)在美国《经济计量学》杂志发表了论文"理性预期与价格变动理论",首次提出了理性预期(rational espectation)概念。20世纪70年代,经济学家卢卡斯发表了"预期与货币中性"一文,首先将穆思的理性预期假说同货币主义模型结合起来分析。

理性预期是指在利用所有可得信息的前提下,对经济变量做出的在长期来说最为准确的,而又与所使用的经济理论、模型相一致的预期。它包括以下两方面的含义。

一是如果某一变量的运动方式发生变化,对该变量预期形成的方式也会随之发生改变。例如,如果利率的运动方式是未来恢复到"正常"水平,如果目前的利率较低,对未来利率的最优预测就是它会上升到正常水平;但当利率的运动方式发生变化,如目前的利率较低,未来它仍会保持这一较低的水平,对未来利率的最优预测就是它会继续维持在较低水平。

二是预期的预测误差平均值为零且事先无法预知。预测误差的平均值为零表明,人们预期的平均值是正确的或是理性的。预测误差事先无法预知是因为如果某人能够事先预知误差,他就会迅速调整他的预测,从而使其预测的误差为零。

理性预期并不认为每个经济行为主体的预期都完全正确和与客观情况完全一致,而是指他们的预期与经济理论的预测趋向一致。例如,如果某人在交通高峰时间开车上班的时间为 15~25 分钟且平均分布,他开车上班时所有可得信息就是"高峰时开车上班",他对开车准时上班时间的最优预测即理性预期就是 $(15+25)/2=20$ 分钟。

"利用所有可得信息"的含义可以继续用上例加以说明:如果某天上班途中他碰到交通事故,他无法获知这一信息,在路上因堵车花了 50 分钟,他对开车上班时间 20 分钟的预测仍然是最优的或理性的,因为交通事故信息他无法获知。但是,如果他身边有收音机且广播中对这一交通事故进行了广播,他没开收音机或听到了没注意,仍然预期上班时间为 20 分钟,他对上班时间的这一预期就不是最优即是非理性的。

绝大多数经济学家接受理性预期假说的某些方面,但并不接受这一假说最严格的形式,主要原因是经济学家们并不都认为理性预期假说中所描述的人们所具有的知识水平,即现实中的人们并不一定能够根据"所有可得信息作出最优预测"。

1.2 理性预期与宏观经济学模型

理性预期理论在 1972 年由小罗伯特·卢卡斯(Robert E. Lucas)引入宏观经济学领域。他在《政策评价的计量经济学方法：一个批判》中指出，不仅传统的计量经济模型无法准确评估政策效果，公众对政策的预期也会极大地影响政策效果。卢卡斯的这一观点可以从下例中得到印证：经济不景气时，央行准备将短期利率从当前的 6% 一次性地调低至 3% 以刺激经济，以适应性预期为基础的利率的期限结构理论认为，"长期利率等于未来短期利率的平均值"（见第 4 章 3.2.1），央行一次性地调低利率只会对长期利率产生很小影响。但如果公众认为央行会永久性地保持较低的短期利率，长期利率就会出现较大幅度的下降。上述例子中，公众对央行利率变动的预期是适应性预期还是理性预期，决定了长期利率不同的下降幅度，从而对总需求特别是对投资需求产生不同的影响。

1.2.1 扩张性政策中的三个模型

1.2.1.1 新古典宏观经济学模型（理性预期、价格弹性）

假定经济处于长期均衡的初始位置，央行出台扩张性货币政策，总需求曲线向右移动。

如果这一政策在公众的意料之外，公众的预期价格水平仍维持不变，总供给曲线不移动。移动的总需求曲线与未移动的总供给曲线相交于短期均衡点 2[附图 5—1(a)]。

而如果这一政策在公众的预期之中，他们会要求增加工资，以保证他们的实际工资不会因扩张性政策所带来的价格上涨而下降，总供给曲线向左移动。总供给曲线与总需求曲线重新相交于总产出的长期均衡点 2，总产出不变、价格水平上升[附图 5—1(b)]。

让人吃惊的是，如果公众预期的政策扩张幅度大于实际的政策扩张幅度[附图 5—1(c)中公众预期政策扩张到 AD_2，但实际上只到 AD'_2]，则会使总供给曲线与总需求曲线相交于总产出低于长期均衡水平的点 $2'$，即扩张政策在带来价格水平上升的同时，反而引起了总产出的下降。

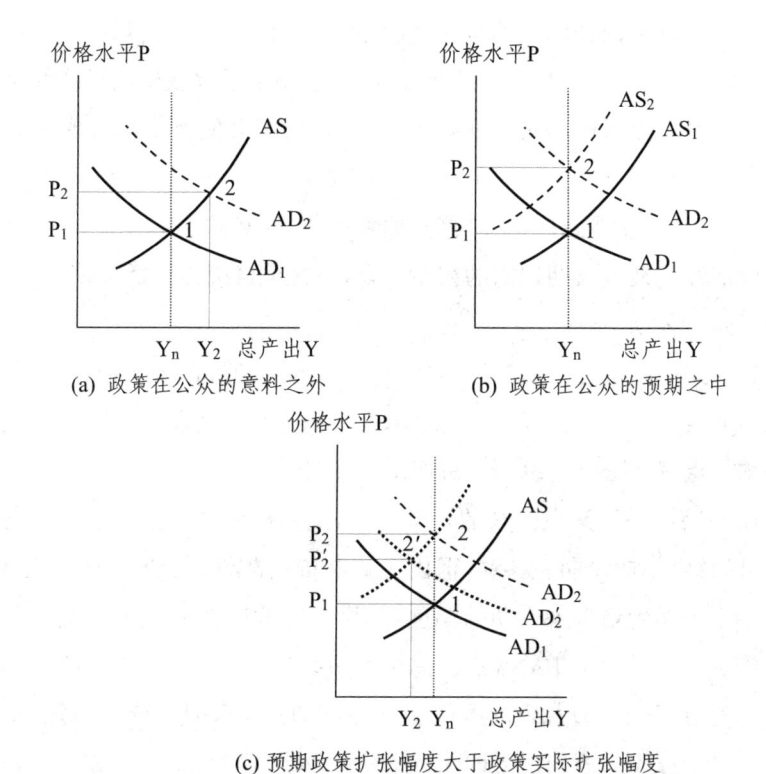

(a) 政策在公众的意料之外

(b) 政策在公众的预期之中

(c) 预期政策扩张幅度大于政策实际扩张幅度

附图 5—1　新古典宏观经济学模型中意料之外与预期之中的短期政策效果

但迄今为止,并无有说服力的证据证明,预期之中的政策恰好使总供给曲线移动到与(移动后的)总需求曲线相交于长期均衡点位置,从而使政策无效。

政策在公众的预期之中时产出不变、价格上升[附图 5—1(b)]这一结论,与新古典经济学中"政策不改变总产出水平"相同(被称为政策无效性命题,policy ineffectiveness proposition),所以这一模型被称为新古典宏观经济学模型。但意料之外的政策对总产出有影响,这是它与新古典经济学不相同的地方。

新古典宏观经济学模型的政策含义,一是政策要能影响产出,就必须使政策在公众的意料之外。二是如果政策制定者不了解公众预期就无法知道其政策效果;而要准确知晓公众预期几乎不可能,即使知道了公众预期,公众也会猜测政策制定者的政策计划,这决定了旨在稳定经济的相机抉择的政策可能不仅无效即不影响总产出,反而会使政策本身成为经济不稳定的因素。

1.2.1.2 新凯恩斯主义模型(理性预期、价格黏性)

假定经济处于长期均衡的初始位置,央行出台扩张性货币政策,总需求曲线向右移动。

如果这一政策在公众的意料之外,公众的预期价格水平仍维持不变,总供给曲线不移动。已移动的总需求曲线与未移动的总供给曲线相交于短期均衡点2[附图5—2(a)],总产出增加、价格水平上升。

而如果这一政策在公众的预期之中,预期价格水平上涨推动工资水平上升,总供给曲线向左移动,但因工资和价格黏性,工资和价格变动的幅度小于预期价格水平变动的幅度,总供给曲线向左移动的幅度小于新古典宏观经济学模型中的幅度。总供给曲线与总需求曲线相交于短期均衡点2[附图5—2(b)],总产出增加、价格水平上升,但总产出增加、价格水平上升幅度不如意料之外时大。

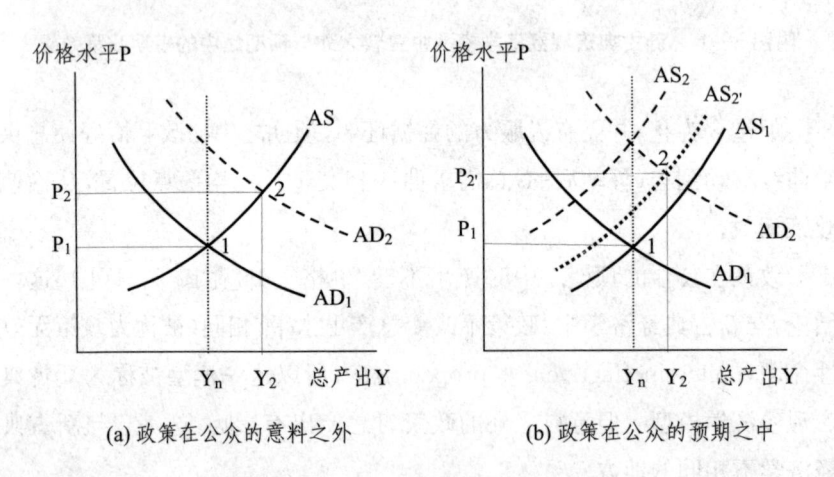

(a) 政策在公众的意料之外　　(b) 政策在公众的预期之中

附图5—2　新凯恩斯主义模型中意料之外与预期之中的短期政策效果

可见,新凯恩斯主义模型中,意料之外和预期之中的政策都会影响总产出,且意料之外政策的影响比预期之中的要大。

1.2.1.3 与传统经济学模型(适应性预期、价格黏性)的对比

传统经济学模型以适应性预期为前提,预期之中与意料之外政策效果相同。

在上述三个模型中,意料之外的政策对总产出和价格水平的影响相同。

在三个模型中,预期之中的政策对总产出、价格水平的影响不同。三个模型中预期之中的政策使需求曲线移动的幅度相同,但传统经济学模型中总供给曲线不移动[附图 5—3(a)],新古典宏观经济学模型中总供给曲线移动到与总需求曲线相交于长期均衡水平的位置[附图 5—3(b)],新凯恩斯主义模型中总供给曲线向右移动的幅度小于新古典宏观经济学中的幅度[附图 5—3(c)]。

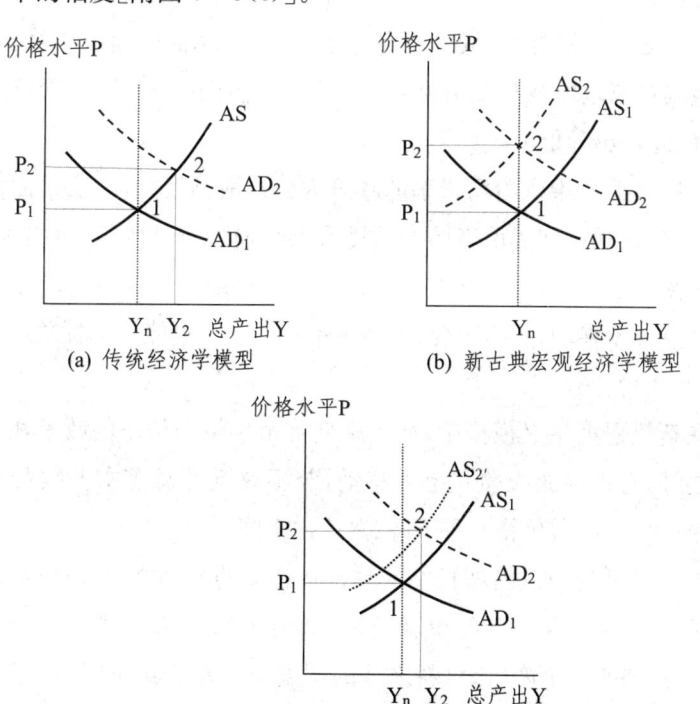

(a) 传统经济学模型

(b) 新古典宏观经济学模型

(c) 新凯恩斯主义模型

附图 5—3 新凯恩斯主义模型预期之中的政策效果是其他两个模型的折中情况

显然，新凯恩斯主义模型中总产出、价格水平变动的幅度位于传统经济学模型与新古典宏观经济学模型之间的位置。与传统经济学模型不同的是，新凯恩斯主义模型认为预期之中与意料之外的政策对总产出、价格水平有不同影响。

1.2.2 反通胀（紧缩性政策）中的三个模型

假定经济中出现了通货膨胀，总供给曲线不断向左、总需求曲线不断向右移动，价格水平攀升（附图 5—4）。此时，央行决定降低货币供给增长率、抑制通货膨胀，这种情况下，总需求曲线 AD 不再向右移动。

在传统经济学模型中，不论是意料之外还是预期之中的政策，总供给曲线都会移动到 AS_2，总需求曲线不移动，经济均衡点移动到 $2'$。价格水平下降、总产出下降［附图 5—4(a)］。

在新古典宏观经济学模型中，如果降低货币供给增长率的政策在公众的意料之外，总供给曲线继续向左上方移动，总需求曲线不移动，总供给曲线与总需求曲线相交于短期均衡点 $2'$［附图 5—4(b)］，价格水平有所下降、总产出降低。

如果降低货币供给增长率的政策为公众所预期到，总供给曲线不移动，因为公众预期到货币当局降低货币供给增长率的政策，价格水平、工资水平便不会上升；总需求曲线不移动。总供给曲线与总需求曲线的长期均衡点 1 不移动，产出不变、价格水平不变。反通胀不牺牲总产出和就业，没有代价。

在新凯恩斯主义模型中，如果降低货币供给增长率的政策在公众的意料之外，总供给曲线向左上方移动，与不移动的总需求曲线相交于点 $2'$［附图 5—4(c)］，价格水平下降、总产出下降。

如果降低货币供给增长率的政策在公众的预期之中，总供给曲线会移动到 AS_2 与 AS_1 之间的位置 $AS2''$，与不移动的总需求曲线相交于点 $2''$ 位置，价格水平下降（比意料之外的幅度大）、总产出下降（比意料之外的幅度小）。显然，预期之中的反通胀的政策效果要好于意料之外的政策效果。

(a) 传统经济学模型

(b) 新古典宏观经济学模型

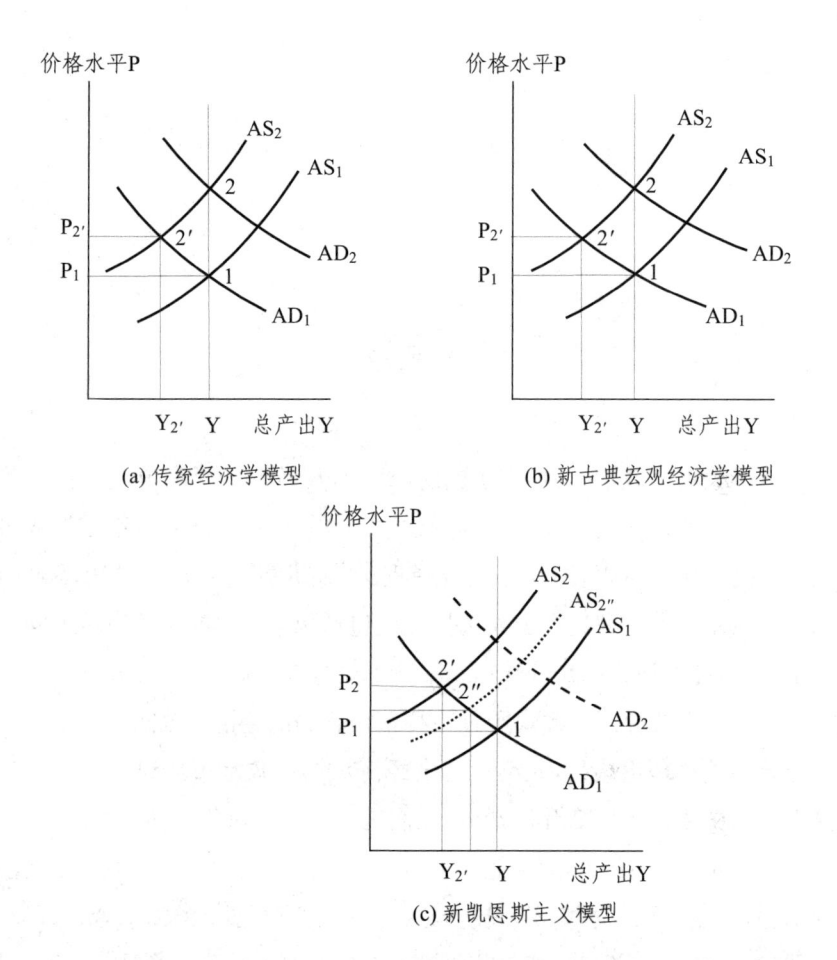

(c) 新凯恩斯主义模型

附图 5—4　三个模型中的反通胀效果

不难发现，无论是新古典宏观经济模型还是新凯恩斯主义模型，预期之中的政策效果都好于意料之外的政策效果，即以较小的总产出损失换取了价格水平的下降。而要实现预期之中的效果，公众对政策实施的确信至关重要。要在公众心目中建立政府反通胀的信心，政府就必须不受影响地适时地实施反通胀政策。

附录6 第11章相关知识

经济人范式

市场失灵为政府干预市场提供了理由,但政府能否高效地干预经济却是另一回事。现实情况是,政府的善意干预有可能出错(决策错误或将很好的决策执行得很差)。公共选择理论[①]就是探讨政府干预市场可能的负面作用的典型理论。公共选择理论包括两个独立的性质截然不同的两个方面,即经济人(Homoeconomicus)范式和交易经济学(Catalactics)方法。下面简要介绍与政府干预市场密切相关的经济人范式。

公共选择理论认为,人类社会由经济市场和政治市场组成。经济市场上活动的主体是厂商和消费者,他们之间交易的对象是私人物品,消费者通过货币选票来选择能给他带来最大满足的私人物品。政治市场上活动的主体是选民、利益集团和政治家、官员,政治市场上的需求者(选民和利益集团)和供给者(政治家和官员)间交易的对象是公共产品,人们通过民主选票来选择能给他们带来最大利益的公共物品(和政治家、政策法规)。

在经济人范式中,"个人是根据他们所受到的约束,为追求效用的极

[①] 1942年,约瑟夫·熊彼特的《资本主义、社会主义和民主》对公共选择理论进行了开创性的研究。诺贝尔奖获得者肯尼思·阿罗(Kenneth Arrow)严密的数学分析、安东尼·唐斯(Anthony Downs)1957年的《民主的经济理论》等研究成果,对公共选择理论作出了杰出贡献。1986年,美国乔治·梅森大学的詹姆斯·布坎南(James Buchanan)因在该理论上的杰出贡献而获得诺贝尔经济学奖。

大化而行动的,并且如果要对所有实际行为作出分析,就必须对效用函数进行专门论证"(布坎南,1989)。显然,在经济人范式下,人的本性无论处于什么位置都一样,最基本的动机是寻求私利与个人效用最大化。

政府机构中的行政官员与普通老百姓一样,也是效用如薪金、他所在的机构或职员的规模、社会名望、额外所得、权力和地位等的最大化者,这些效用的大小又直接和预算规模正相关,所以,行政官员必然追求预算最大化,这必然导致机构臃肿、效率低下、政府部门预算不断增长。

个体是组成群体和各类组织(包括政府)的基本细胞,个体行为的集合决定了集体行动。按照公共选择理论的主张,要减少集体行为的无效,改善民主决策过程的效率,就应该改进一系列规范与制度,建立有效率的公共选择机制。

经济人范式可以用来解释社会经济活动中一些相当广泛的问题。公共选择理论及其经济人范式的贡献还在于,公共选择理论把人的经济行为和政治行为纳入了统一的经济人分析框架。经济学假设人是利己的,政治学假设人是利他的,而公共选择理论及其经济人范式认为人的政治行为和经济行为一样,都受自利动机支配。

附录7 第13章相关知识

几种主要的正义观

现代西方主流的正义理论有自由至上主义、功利主义和自由主义，而其他理论如社群主义、女权主义、公民共和主义、文化多元主义等，主要是针对上述主流理论的批判和替换。

1.1 在西方政治实践中从未居主导地位的自由至上主义的正义观

自由至上主义的正义观的核心是：自由市场本质上是正义的。因为自由市场是能够最有效地增加社会财富的生产方式。

按照自由至上主义的代表人物诺齐克的"资格理论"，如果我们假定每个人对他们当下持有的财物拥有资格，正义的分配就只能是那些源于人们自由交换的分配；如果人们当下的财产是通过正义途径获得的，正义分配的公式就是"各尽所择，按择所予"[①]。所以，即使政府为了补偿某些人为自己不应得的自然残障所需额外开支（如肢残者的医疗、假肢、轮椅等开支）而进行强制性征税，也是非正义的；唯一正当的课税是旨在保护自由交换机制的背景制度，如保证人们自由交换的警察和法律制度提供

[①] "各尽所择，按择所予"(from each as they choose, to each as they are chosen)句型套用马克思的"各尽所能，按需分配"(from each according to his ability, to each according to his needs)，但却表达了与共产主义分配理想大相径庭的自由至上主义的分配理想。参见金里卡(2004)。

维持运转所需经费。

要行使"自我所有权"必需让人接受"绝对的财产所有权",对外部资源的初始获得的正义问题就成为论证的关键。诺齐克借鉴了约翰·洛克(John Locke)对无主资源拥有绝对权利的初始获得的论述[①]。洛克的论述有一个前提,即一个人初始占有无主资源时其他人是自愿的,这种占有行为是正义的。但这一前提并不为人所接受。因为从历史上看,初始获得往往是运用强力的结果。这就决定了,如果强力夺取是正当的,政府对现有财富进行再分配也应是正当的;如果强力夺取是不正当的,政府对初始不正当获得的外部资源通过市场(无数次)交换形成的财富进行再分配也应是正当的。所以,诺齐克的"资格论证"和"自我所有权"论证是不充分的,自由至上主义的正义观是站不住脚的。

尽管自由至上主义正义观的论证不充分,但实践中它的确赢得了一部分人的支持。原因是它的"滑坡"理论所关注的事实。这一理论认为,虽然对不平等的境况在原则上可以提出正当要求,但满足境况平等,社会开支就会不断增长,这必然会在实践上沿着一个滑坡滑向压制性的社会干涉、中央计划,甚至会走向奴役之路。

1.2 可能牺牲弱小群体利益并在政治实践中占主导地位的功利主义的正义观

功利主义具有如下两个特征:第一,功利主义所倡导的目标,即它所致力增进的善(the good),无论是幸福、福利(welfare)或福祉(well-bing)都不依赖于上帝的存在或灵魂的不朽,也不依赖于其他可疑的形而上学实体,它要求在追求人类福利或效用(utility)的过程中,应该公平地对待

[①] 洛克以17世纪英格兰的"圈地运动"为例,如果圈地运动使人们的总体利益保持不变或更好,对土地的这种占用就是可接受的,由于"公地悲剧"的存在,完全有可能"无产者失去了土地,但却获得了比以前更多的财物"(金里卡,2004)。占用的正当性就在于不使每个人的总体状况恶化,这就是诺齐克所称的"洛克式的限制性条件"。诺齐克认为这个限制性条件很容易满足,世界的绝大部分都将很快被私人占用,至此,由自我所有权便引出了对外部世界的绝对所有权。

社会的每一个成员。第二，功利主义是"后果论"。后果论要求我们检查相应的行为或政策是否能够产生某些明确无误的好处；只有那些改善人们生活的事情，在道德意义上才是好的。后果论与我们对道德领域与非道德领域进行区分的直觉相吻合。

在功利主义看来，人类社会的选择原则被解释为个人选择原则的扩展：如果假定个人的选择原则是要尽可能地增进自己的福利，满足他自己的欲望体系，社会的选择原则自然是要尽可能地推进群体的福利，最大限度地实现包括它的所有成员的欲望的总的欲望体系；一个人根据现在和未来的损失来衡量现在和未来的利益，一个社会也可以在不同的个人之间衡量满足和不满足。

功利主义直接地涉及一个人怎样在不同的时间里分配他的满足，不关心满足的总量怎样在个人之间进行分配。按照功利主义的社会观，"分离的个人就被设想为多种不同群类，应依据这些差别按照给予需求以最大满足的规则，来进行权利和义务的分配以及有限满足手段的配给"。功利主义的立法者所做出的决定，"就类似于一个考虑怎样通过生产这种或那种产品来获得最大利润的企业家的决定，类似于一个考虑怎样通过购买这些或那些商品来得到最大满足的消费者的决定"（罗尔斯，1988a）。在功利主义看来，原则上没有理由否认可用一些人的较大利益补偿另一些人的较少损失，或更严重些，可以为了使很多人分享较大利益而剥夺少数人的自由，即它允许为了大多数人的利益而牺牲弱小群体。

1.3 给弱势群体以更多关注的自由主义的正义观

在西方道德哲学中占主导地位的功利主义正义观的内在缺陷，使大多数当代政治哲学家都希望能找到能系统地取代功利主义的正义理论。约翰·罗尔斯（John Rawls）1971 年出版的《正义论》(*A Theory of Justice*)标志着这一愿望的实现。该书的巨大影响力在于政治哲学界对该书的广泛争论。德沃金的资源平等理论对自由主义理论的完善与发展作出了重要贡献。而阿马蒂亚·森对基本益品到实现个人目标的可行能力的考察为罗尔斯的理论提供了有力的补充。

1.3.1　罗尔斯的正义观及其差别原则

罗尔斯的正义原则:第一,每个人对一种平等的基本自由①之完全适当体制(scheme)都拥有相同的不可剥夺的权利,而这种体制与适于所有人的同样自由体制是相容的。第二,社会和经济的不平等应该满足两个条件:一是他们从属的公职和职位应该在公平的机会平等条件下对所有人开放;二是他们应该有利于社会之最不利成员的最大利益(差别原则)。

在秩序良好的社会里,即所有公民之平等的基本权利、自由和公平的机会都得到了保证的社会里,社会之最不利成员是指拥有最低期望的收入阶层。

第一个原则优先于第二个原则(自由的优先性),第二个原则中公平的机会平等优先于差别原则(正义对效率和福利的优先)。这种优先性意味着,在使用一个原则(或针对试验样本来检验它)的时候,我们假定在先的原则应该被充分地满足。第二个原则应该永远在一套满足了第一个正义原则的背景制度内运用(罗尔斯,2002)。

差别原则:罗尔斯认为,天赋不是道德上应得的,应当把个人的天赋看成是社会的共同资产,虽然自然资质的分布只是一个中性的事实,但社会制度怎么对待和处理它们却表现出正义与否的性质。"两个正义原则等于是这样一种许诺:把自然能力的分配看做是一种集体的资产,以致较幸运者只有通过帮助那些较不幸者才能使自己获利"。"正义否认为了一些人分享更大利益而剥夺另一些人的自由是正当的,不承认许多人享受

---

① 按照罗尔斯(2002)的阐述,平等的基本自由包括思想自由和良心自由、政治自由(如选举和被选举的权利)、结社自由、由人的自由和健全(生理的和心理的)所规定的权利和自由,以及由法治所涵盖的权利和自由。

这一自由清单的开列可以历史的和分析的方式进行。在分析的方式中,罗尔斯开列清单如下:对于自由和平等的人的道德能力的全面发展和充分运用,什么样的自由能够提供必要的政治条件和社会条件。他认为,第一,平等的政治自由和思想自由能够使公民在评价社会基本结构及其社会政策之正义的时候发展和运用这些能力;第二,良心自由和结社自由能够使公民在形成、修正和理性地追求他们的善观念的时候发展和运用他们的道德能力。所以政治自由、思想自由、良心自由和结社自由成为罗尔斯平等的基本自由的主体内容。

的较大利益能绰绰有余地补偿强加于少数人的牺牲"（罗尔斯，1988a）。罗尔斯的差别原则给那些出身和天赋较低的人以某种补偿，缩小甚至拉平他们与出身和天赋较高的人们在起点上的差距。

罗尔斯的最大最小策略就如同把某种反对不平等的否决权授予了较不利者，用罗尔斯的话说，"最大最小"策略就像是假定你的社会处境将由你最坏的敌人来决定一样（金里卡，2005）。这反映了他对社会最不利成员的偏爱和希望一个社会的所有成员都处于一种平等地位的愿望。但是，罗尔斯的差别原则违背了他对人们的选择和境况所作的区分：人们本应为自己的选择付出代价和承担责任，但差别原则却要求一些人为另一些人的选择代价提供补贴。

两个正义原则下的社会基本结构至少要满足下述五个方面的制度条件，才能保护人们的基本自由，同时防止过度的社会和经济的不平等（罗尔斯，2000）。第一，确保各种选举的公共经费和有关政策问题的公共信息之有效性。确保经费的目的是使被选的代表和官员独立于特殊利益集团的经济利益，而政策问题信息有效性的作用在于，有了这些信息才能形成政策，且公众才能利用其公共理性对政策进行理智的评价。第二，确定的机会均等，尤其是教育与培训的机会均等；如果没有这些机会，社会各方就无法参与公共理性的争论，或无法为社会和经济的政策进言。第三，满足自由主义第三个条件[①]的适当的收入和财富分配：必须确保所有公民获得他们理智而有效地实现其基本自由所必需的、适合各种目的的手段；缺少这一条件，那些拥有财富和较高收入的人就容易宰制那些财富和收入较少的人，并日益控制政治权力，使之有利于他们自己。这一要求要远远高于衣食居住方面或基本需求方面。第四，通过中央或地方政府，或其他经济与社会政策，社会作为最后雇主。缺乏长远的安全感和缺乏从事有意义的工作机会和求职机会，不仅会伤害公民的自尊，而且会伤害他

[①] 第一个条件是"某些权利、自由权和机会的具体规定"。第二个条件是这些自由的特殊优先性。第三个条件指各种维度，它确保着所有公民无论他们的社会地位怎样，都拥有充分适应于各种目的并使他们理智而有效地运用其自由权利和机会的手段。参见罗尔斯（2000）。

们的社会成员感,让他们觉得自己只是被社会收留的人。这会导致他们的自我憎恶、痛苦和愤恨。第五,全体公民的医疗保健(罗尔斯,2000)。

1.3.2　德沃金的资源平等对罗尔斯正义观的发展

罗尔斯的差别原则实质上以下述原则为依据:即正义的分配结构应该"敏于志向"(ambition-sensitive)与"钝于禀赋"(endowment-insensitive)[①]。德沃金(Dworkin)从理论上论证,可以通过"敏于志向"的拍卖来解决为选择承担代价,通过保险方案补偿自然劣势。

解决罗尔斯理论中为选择承担代价的办法:"敏于志向"的拍卖。假设每个人拥有相同的自然天赋,社会的所有资源都被拍卖,每个人都参加拍卖会,每个人手中都有同等程度的购买力,通过喊价竞买最适合自己生活计划的那些资源。如果拍卖会成功(不成功即重来),每个人都会对自己的竞买结果感到满意,即每个人都面临相同的情况:每个人都愿意要自己的而不是别人的那组拍卖品,此时的状态对每个人都是正义的,人们之间的差异正好反映了他们愿望的差异和生活态度的差异,每个人都要为自己的选择承担代价。这一状态如能得到贯彻,罗尔斯理论的三个主要目标,即尊重人的道德平等、缓和自然偶得和社会偶得的任意性及为我们的选择承担责任就可以实现。

补偿自然劣势:保险方案。人们在自然的基本益品方面的差异并非选择的结果,而通过"敏于志向"的竞拍无法满足自然的基本益品劣势者如残障者的特殊需要。如果我们设想在拍卖会前,从社会公共资源中支付自然的基本益品劣势者的额外成本(即先于拍卖),仍无法对某些自然劣势者(如智力严重迟钝者)进行完全补偿,使境况完全平等就是不可能的。而如果把所有的资源在拍卖前都给了这类残障者,其他人可能

[①]　敏于志向(ambition-sensitive)与钝于禀赋(endowment-insensitive:)由德沃金于1981年在其"What is Equality Part I : Equality of Welfare; Part II : Equality of Resources", Philosophy and Public Affairs, 10/34:185—246,283—345 中提出,它指人们的命运应该取决于自己人生的远大目标和计划即志向,而不应该取决于他们追求自己志向的环境和条件即自然禀赋与社会禀赋。参见金里卡(2004)。

一无所有。从这一点上看,罗尔斯不对自然劣势者进行补偿并非毫无道理。

从实践的角度看,德沃金的理想与罗尔斯差别原则几乎没有实用意义上的区别。德沃金的理论要求是如此之复杂,而要对这些要求从制度层面予以实施却又如此的困难,他的理论长处并不可能在实践上体现出来。

1.3.3 阿马蒂亚·森的可行能力正义观对罗尔斯正义观的发展

阿马蒂亚·森(Amartya Sen)[①]认为,罗尔斯的社会的基本益品(包括权利和自由、机会和权力、收入和财富,以及自尊的社会基础)主要是各种一般性资源,而相同的一般性资源所能提供的实质自由即可行能力,不同的人因存在个人的异质性(如伤残、疾病、年龄或性别)、环境的多样性(气候条件、传染病、污染及其他环境问题)、社会氛围的差异(特定地区公共教育的安排、治安状况、传染病和污染等)、人际关系的差别(既定的行为方式所需要的物质条件随社群而异)、家庭内部的分配(家庭内一个或多个成员的收入由大家分享)等一系列差异,而可能完全不同。按照森的观点,如果目的是集中注意个人追求自己目标的真实机会的话(如罗尔斯所明确提倡的),则要考虑的就不仅是各人所拥有的基本益品,而且还应包括有关的个人特征,他们决定了从基本益品到个人实现其目标的能力的转化。"森强调应考虑个人的异质性对从基本益品到实现其目标的可行能力上的影响(森,2002)。

---

① 阿马蒂亚·森(Amartya Sen)生于印度,至今仍保留印度国籍,享有"经济学良心"的美誉(经济学家罗伯特·索罗之语)。1957~1963年,他是以罗宾森夫人(Mrs. Joan Robinson)为首的经济学剑桥学派的重要成员,1998年获诺贝尔经济学奖,他的学术思想继承了从亚里士多德到斯密等古典思想家的遗产,联合国《人类发展报告》即按他的理论框架设计。联合国秘书长安南对森有如下评价:"全世界贫穷的、被剥夺的人们在经济学中找不到任何人比森更加言理明晰地、富有远见地捍卫他们的利益。通过阐明我们的生活质量应该不是根据我们的财富而是根据我们的自由来衡量,他的著作已经对发展的理论和实践产生了革命性的影响。联合国在自己的发展工作中极大地获益于森教授观点的明智和健全。"

主要参考文献

1. 埃克伦德、赫伯特著,杨玉生、张凤林等译:《经济理论和方法史》(第4版),中国人民大学出版社,2001年。
2. 巴罗著,沈志彦、陈利贤译:《宏观经济学》(第5版),中国人民大学出版社,2001年。
3. 巴罗著,李剑译:《经济增长的决定因素:跨国经验研究》,中国人民大学出版社,2004年。
4. 鲍莫尔、布林德著,方齐云、姚遂等译:《经济学:原理与政策》(第9版),北京大学出版社,2006年。
5. 布坎南著,吴良健、桑伍、曾获译:《自由、市场和国家》,北京经济学院出版社,1989年。
6. 布赖恩·斯诺登、霍华德·文著,王曙光、来有为等译:《与经济学大师对话——阐释现代宏观经济学》,北京大学出版社,2000年。
7. 多恩布什、费希尔、斯塔兹著,王志伟译:《宏观经济学》(第8版),中国财政经济出版社,2003年。
8. 法默著,方福前等译:《宏观经济学》(第2版),北京大学出版社,2009年。
9. 费雪著,陈虎如根据麦克米伦公司1930年版译:《利息理论》(第1版),上海人民出版社,1999年。(译者将作者Fisher译为"匪歇尔",后来国人习惯译为"费雪",本书中均为"费雪"。)
10. 弗里德曼著,胡雪峰、武玉宁译:《弗里德曼文萃》(上、下册),首都经贸大学出版社,2001年。
11. 弗里德曼、弗兰克·H.哈恩著,陈雨露、曾刚、王芳等译:《货币经济学手册》,经济科学出版社,2002年。
12. 格罗斯曼、E.赫尔普曼,何帆、牛勇平、唐迪译:《全球经济中的创新与增长》,中国人民大学出版社,2009年。
13. 赫尔普曼著,王世华、吴筱译:《经济增长的秘密》,中国人民大学出版社,2007年。
14. 赫舒拉法、阿米亥·格雷泽、大卫·赫舒拉法著,李俊慧、周燕译:《价格理论及其应用:决策、市场与信息》(第7版),机械工业出版社,2009年。
15. 金里卡著,刘莘译:《当代政治哲学》(上、下册),上海三联书店,2004年。
16. 凯恩斯著,高鸿业译(重译本):《就业、利息和货币通论》,商务印书馆,1999年。

17. 克鲁格曼、茅瑞斯·澳伯斯法尔德著,蔡荣、郭海秋等译:《国际经济学》(第5版),中国人民大学出版社,2002年。
18. 克鲁格曼著,刘波译:《萧条经济学的回归》,中信出版社,2009年。
19. 罗尔斯著,何怀宏、何包钢、廖申白译:《正义论》,中国社会科学出版社,1988年a。
20. 罗尔斯著,何怀宏、何包钢、廖申白译:《正义论》"序言",中国社会科学出版社,1988年b。
21. 罗尔斯著,万俊人译:《政治自由主义》,译林出版社,2000年a。
22. 罗尔斯著,万俊人译:《政治自由主义》"平装本导论",译林出版社,2000年。
23. 罗尔斯著,姚大志译:《作为公平的正义——正义新论》,上海三联书店,2002年。
24. 马歇尔著,廉运杰译:《经济学原理》,华夏出版社,2005年。
25. 曼昆著,张帆、梁晓钟译:《宏观经济学》(第5版),中国人民大学出版社,2005年。
26. 梅耶、詹姆斯·S. 杜森贝里、罗伯特·Z. 阿利伯著,洪文金、林志军等译:《货币、银行与经济》,上海人民出版社,1994年。
27. 米什金著,郑艳文译:《货币金融学》(第7版),中国人民大学出版社,2006年。
28. 米什金著,姜世明译:《下一轮伟大的全球化》,中信出版社,2007年。
29. 萨拉-伊-马丁著,黄少卿译:《15年来的新经济增长理论:我们学到了什么?》,中信出版社,2005年。
30. 萨缪尔森、威廉·巴耐特著,曹和平、雷震、叶静怡等译:《经济学家之经常学家——与诺贝尔奖获得者和候选者的对话》,北京大学出版社,2008年。
31. 萨缪尔森、威廉·诺德豪斯著,萧琛主译:《经济学》(第17版),人民邮电出版社,2004年。
32. 阿马蒂亚·森著,任颐、于真译:《以自由看待发展》,中国人民大学出版社,2002年。
33. 史卓顿、莱昂内尔·奥查德著,费韩辉等译:《公共物品、公有企业和公共选择》,经济科学出版社,2000年。
34. 斯蒂格利茨,梁小民、黄险峰译:《经济学》(第2版),中国人民大学出版社,1997年。
35. 斯蒂格利茨、布鲁斯·格林沃尔德著,陆磊、张怀清译:《通往货币经济学的新范式》(第1版),中信出版社,2005年。
36. 斯蒂格利茨、何塞·安东尼奥·澳坎波、雪瑞·施皮格尔、里卡多·弗伦奇-戴维斯、迪帕克·纳亚尔著,刘卫译:《稳定与增长——宏观经济学、自由化与发展》,中信出版社,2008年。
37. 亚当·斯密著,唐日松等译:《国富论》,华夏出版社,2005年。
38. 索洛、泰勒、弗里德曼著,张晓晶、李永军译:《通货膨胀、失业与货币政策》,中国人民大学出版社,2004年。
39. 泰勒著,李绍荣、李淑玲等译:《宏观经济学》(第5版),中国市场出版社,2006年。